国家级一流本科专业建设成果

Intelligent
Digital
Advertising
Copywriting

主编　马中红

数 智 广 告 传 播 系 列 教 材

数智广告
文案创作

马中红　吴映秋　著

苏州大学出版社
Soochow University Press

图书在版编目（CIP）数据

数智广告文案创作 / 马中红，吴映秋著. -- 苏州 ：苏州大学出版社，2025. 7. -- (数智广告传播系列教材 / 马中红主编). -- ISBN 978-7-5672-5307-0

Ⅰ. F713.8-39

中国国家版本馆 CIP 数据核字第 2025C04K10 号

SHUZHI GUANGGAO WEN'AN CHUANGZUO

责任编辑：杨 柳　　**装帧设计**：吴 钰

出版发行：苏州大学出版社
社　　址：苏州市十梓街 1 号
邮　　编：215006
印　　刷：苏州工业园区美柯乐制版印务有限责任公司
版　　次：2025 年 7 月第 1 版
印　　次：2025 年 7 月第 1 次印刷

网　　址：http://www.sudapress.com
邮　　箱：sdcbs@suda.edu.cn
开　　本：718 mm×1 000 mm　1/16
印　　张：18
字　　数：277 千
定　　价：58.00 元

图书若有印装错误，本社负责调换
苏州大学出版社营销部电话　0512-67481020
苏州大学出版社天猫旗舰店　https://szdxcbs.tmall.com

总序 General preface

广告的演进史，本质是人类传播技术的革命史。从青铜铭文到印刷海报，从广播电视到数字屏幕，每一次媒介迭代都在重塑广告的基因。今天，我们正站在范式迁移的临界点——数智技术已从传播工具进化为广告生态的操作系统，它不仅重构了广告的认知逻辑、产业形态与价值内核，更在广告传播学领域掀起一场静默的革命。“数智广告传播系列教材”的诞生，有望在这场颠覆性变革中为学习者绘制知识蓝图，搭建通往未来的能力之桥。

一、认知升维：从单向灌输到动态共生

传统广告的线性传播链正在瓦解。当弹幕实时改写视频叙事，当直播间的用户反馈秒级重塑产品话术，广告传播已演变为多节点、可逆的交互网络。用户不再是传播链条的终点，而是网络中的活性节点——既是消费者，也是生产者与重构者。

内容生产领域同样经历基因突变。生成式AI承担了信息型文案、多模态素材的批量生产，人类创意者则蜕变为“提示词工程师”与“伦理校准者”。传统的“简报—创作—修改”的线性流程，被“人机并行创作—实时测试—动态优化”的循环回路取代。创意价值从内容本身迁移至人机协同规则，提示词库、伦理协议、风格数据集成为核心资产。

效果评估体系更是迎来范式革命。传统媒体曝光量，如千人成本（Cost Per Mille，CPM）、总收视点（Gross Rating Point，GRP）仅能回答

“广告被多少人看见”，而情感计算技术通过追踪用户从情感共鸣到消费决策的全链路行为，将“广告如何改写用户行为 DNA”可视化。这种评估范式的内核，是将广告科学从渠道中心主义转向用户行为学。

二、产业裂变：技术重构竞争生态

当传统 4A 广告公司还在雕琢文案修辞时，技术型科技公司已经在用算法重绘“广告战场”。谷歌 PMax 通过强化学习动态调配全渠道预算，其核心竞争力并非创意，而是跨平台用户行为预测模型——它能预判大学生深夜刷视频时的速食冲动，或在通勤邮件中植入咖啡广告的精准时机。Meta Advantage+则将效率推向极致：每日生成 10 万级广告素材，通过“曝光—停留—转化”数据实时淘汰劣质创意，践行着残酷的“广告达尔文主义”。

AI 创业公司则在垂直领域对广告展开精准爆破。某科技公司的“创意中台”将汽车广告降维为数据填空，只要输入汽车参数，AI 便自动输出设计素材、合规报告与跨渠道适配方案。Jasper AI 更以每分钟百条文案的速度，实现 50 个语种的实时本地化，甚至能将中文谐音梗转化为西班牙双关语。当创意价值从艺术性转向算法效能，传统创意溢价被彻底解构。

品效合一的生存压力更在催生服务模式的进化。现在电商平台直播间必须同步实现话题热搜—品牌声量、秒级转化—即时收益、用户沉淀—私域资产三重目标，关于如何应对这些挑战，我们将在本系列教材中尽可能地支招。因为我们深知，当下的广告教学对广告人才的培养要求已非昔日掌握单一技能即可，而是要让他们成为杂交的、复合型的人才。广告文案创作须掌握用 SQL（Structured Query Language，结构化查询语言）查询用户画像；广告设计指导须懂得调校 Disco Diffusion 参数；广告战略总监须手握三棱镜——一端折射生成式 AI 技术潜力，一端映射 GDPR（General Data Protection Regulation，《通用数据保护条例》）伦理边界，一端聚焦品牌资产沉淀。而且，我们也看到广告行业一些新兴的职业角色，如“广告数据清洗师”“AI 广告提示工程师”等正在向我们招手，他们亟须通过广告教育加以培养。广告从业者的能力基因正在被重构。

三、人文警醒：算法狂欢中的价值锚点

在此剧烈变动之中，我们一定要清醒地意识到技术赋能的另一面是深不见底的伦理深渊。当算法能精准操纵情感、数据可殖民人性，AIGC（Artificial Intelligence Generated Content，人工智能生成内容）正消解原创，广告业面临前所未有的价值失重危机。

数据霸权最为突出。企业通过社会网络分析构建的360°用户画像，已形成数字化的“圆形监狱”——一种全景监控结构。典型案例中，某母婴品牌在捕捉到“产后抑郁”搜索记录后，持续推送“宝宝湿疹严重后果”等焦虑广告，通过“攻击”脆弱心理获取消费流量。更隐蔽的压迫在于阶层固化算法——用户点击一次低价商品，即被永久标记为价格敏感群体，从此被高端信息“流放”。

情感操纵同样触目惊心。短视频平台通过“无限下滑—随机奖励”机制，利用多巴胺分泌规律制造成瘾性，使用户沦为“生化反应的奴隶”。而创意异化危机已在艺术领域爆发：Midjourney 批量生产的赛博图像导致符号的同质化、滥俗化，某 4A 公司的人类创意团队因降格为“提示词微调员”而自嘲为“艺术民工”。

本系列教材始终将批判性思维贯穿数智变革全过程，将伦理警醒转化为可操作的基建系统，贯穿从认知到实践的全链条。认知层面，我们强调增设伦理警示案例；工具层面，设计研究方法如内置伦理检测插件对数据加密处理；制度层面，我们呼吁建设人机协同机制，明确权责边界、创作版权等。

四、锻造广告体系化知识地图

本系列教材以“理论—技术—战略—创作—评估—实践”七个维度为轴线，试图构建数智广告人才的能力金字塔。这一体系绝非机械的能力拼盘，而是有机融合的认知生态系统——每一维度既独立支撑特定能力，又与其他维度深度融合，形成推动人才进化的知识齿轮组。

一是理论理解和应用能力，这需要重构数智时代的认知坐标系。《创意、视觉、营销、传播——理解广告》作为基础性教材，承担认知升维的核心使命。当传统广告理论在算法冲击下摇摇欲坠，该书以“营销”与

“传播”的本质嬗变为锚点，重建数智广告的哲学思维，既解构技术迷思，揭示程序化购买背后的权力重组，破除技术中立的幻觉，又重新阐述传播本质，将广告从单向说服重新定义为意义共建网络。学生在此获得的关键思维能力是在ChatGPT生成的海量文案中，识别哪些触及了传播本质——建立品牌与人的价值共鸣，而非信息噪声的堆砌。

二是技术认知能力。《数智媒体艺术》是破除技术恐惧症的“解毒剂”。当NFT（Non-Fungible Token，非同质化代币）、生成式AI、全息投影等术语成为行业壁垒，这本教材以艺术实践为“手术刀”，细腻地“解剖”了技术黑箱的运作机理，并从技术民主化实践和技术合法性思辨的角度强化学生认知；在NFT艺术确权实验中，学生既学习区块链的加密原理，也辩论数字藏品的文化亵渎风险——如AI生成“赛博佛像”对宗教神圣性的消解。这种认知的价值在《数智品牌营销》中被再次强调，当策划奢侈品NFT联名时，学生能精准调用区块链的智能合约机制设计分成规则，而非空谈“元宇宙营销”。

三是品效协同的战略思维能力。在碎片化、实时化的数智战场，《数智品牌营销》侧重于锻造学生的决策预见力，包括但不限于如何量化用户从好奇、共鸣到行动的情感转化效率，用于指导直播间秒级调整话术；通过Gucci×Superplastic案例，解构品牌调性契合度与用户共创深度的跨界公式；模拟AIGC内容的风险与收益平衡，制定人机权责分配协议。这些方法和模型的价值在于将战略从经验玄学转化为可计算的科学。

四是基因重组式的内容创造力。《数智广告文案创作》是突破媒介边界的创意突变场。当传统广告文案技巧在弹幕、直播、AIGC冲击下失效，这本教材重建了广告文案创作的方法论，如提出“人机协同创作的五阶模式”，对提示词设计、伦理校准、风格加密进行全流程规范，确保ChatGPT生成的万条文案保留人性温度；强调弹幕叙事语法和新符号系统，将碎片化互动转化为品牌故事线；对跨媒体故事架构进行设计，使“短视频悬念+直播揭晓+社群二创”构成完整的叙事链，使碎片化传播凝聚为情感洪流。

五是效果洞察能力，打破直觉思维限制，转向科学实证。《数智广告效果调查方法》提供了科学决策的标尺。当行业深陷数据过载而洞察短缺的泥潭，这本教材构建了两套实证体系：一是显微镜式的，可通过眼动仪和脑电图的微观控制实验，量化广告中婴儿笑脸出现 0.5 秒对购买冲动的具体影响；二是雷达网式的，利用社会网络分析可追踪用户从微博吐槽到私域复购的全链路，识别 KOL（Key Opinion Leader，关键意见领袖）与 KOC（Key Opinion Consumer，关键意见消费者）的真实影响力权重。这些实证方式的革命性价值在于终结广告业“我觉得”而无真凭实据的决策现象，改变广告内容的创作方式。

六是体验人机共感的神经接口，提升设计能力。《数智时代 UI 设计》将填补学生关键能力的断层。当交互界面成为品牌与用户的核心情感触点，设计将如何转向？这本教材聚焦技术理论和实践前沿，讨论生物传感界面如何通过肌电手环捕捉用户浏览广告的潜意识波动，动态调整界面色彩与信息密度；如何把握跨模态情绪映射，将用户语音评论的声纹特征实时转化为视觉粒子动画；如何为视障用户开发广告信息骨传导方案，履行数字平权责任，建设无障碍设计伦理。由此，与《数智媒体艺术》的生成式 AI 结合，学生可以实践从 AI 生成界面原型、生物反馈测试到伦理审查的闭环设计。

七是在复杂系统中的实战应变能力。《数智广告实战案例》是能力集成的终极试炼场。它通过模拟真实战局，培养学生驾驭不确定性的能力，包括热点事件转化，如何在 24 小时内响应社会情绪地震，完成从情绪洞察到 AI 内容生成及伦理风险预案的全链响应；进行品牌的技术诊断，找出企业真实痛点，制订出风格加密及反套路训练集等解决方案；在品牌跨国营销的前提下，如何为同一品牌设计 50 个语种传播策略，平衡 Jasper AI 的效率与文化转译深度；等等。

七方面能力的真正力量在于其化学反应式的裂变效应而非机械叠加：技术认知赋能战略思维，内容创造与效果洞察闭环，体验设计与实战应变融合。这种共生关系在教学中可组合为跨教材项目制学习，培养数智时代的广告通才，学生既能用 Python 清洗数据，也能用广告传播哲学批判数据霸权；能精通提示词工程驯化 AI，更能守护人性温度——所有技术的终点，应是人的丰盈与尊严。因此，本系列教材不仅是培养学生广告创制的能力图谱，更是一幅在算法迷雾中不迷失方向的认知导航图。当广告教育完成从技能培训到认知操作系统构建的跃迁，广告专业的学生方能在数智洪流中成为真正的冲浪者而非溺水者。

五、在数据洪流中守护人性灯塔

当算法比我们更懂得如何激发欲望，当数据比我们更清楚如何制造焦虑，广告人的使命不能停留在更高效地操纵用户上，而是以技术为火炬，照亮人之为人的尊严。在这种情况下，广告教育的终极使命愈加清晰——培养驾驭技术的智者，而非侍奉算法的劳工。本系列教材以双刃为特质：一面消解技术黑箱，教会学生用差分隐私算法守护数据主权，用提示词工程在 AI 洪流中筛选人性温度，用生成对抗网络（Generative Adversaria Network，GAN）训练国产 AI 的文化基因；一面锚定文明坐标，在情绪模型中植入多巴胺操纵的红线，用文化神圣性原则抵御符号滥用。

这不仅是专业教育，更是数字文明时代的公民培育。当算法试图将人性压缩为行为数据集，我们以教材为盾，守护那些无法量化的价值：创意的灵光、文化的尊严，以及人之所以为人的脆弱与高贵。

广告的本质从来不是商品的推销术，在数智时代的深水区，它应是人与技术和解的桥梁，是商业与人文共舞的广场，是冰冷数据中永不熄灭的人性微光。

马中红

于姑苏狮子山畔

2025 年 7 月

目录 Contents

第一章

广告文案概念界定与创作观

第一章 广告文案概念界定与创作观

第一节 广告文案的定义及创作特征

一、广告文案的概念之争
二、广告文案的定义
三、广告文案创作的特征

第二节 广告文案观

一、早期广告文案观
二、近代广告文案观
三、现代广告文案观

第三节 数智广告文案观

一、过程化内容创新
二、参与式内容生产
三、数据与流量驱动创作
四、可视化与可交互
五、人工智能技术协助创作
六、跨平台联动

导读：

本章首先甄别了“广告文案”的内核和外延，提出了“大文案”的概念。其次归纳并提炼了广告文案创作的六大特征，包括实用性、真实性、醒目性、简明性、精准性和交互性。再次通过回顾广告文案创作观念的海内外演变简史，梳理了重要的广告文案创作流派和具有代表性的创作者的理论观点，包括20世纪20年代以来的艺术派与科学派之争，40—60年代以罗瑟·瑞夫斯（Rosser Reeves）、李奥·贝纳（Leo Burnett）、大卫·奥格威（David Ogilvy）、威廉·伯恩巴克（William Bernbach）为代表的“四大创造性广告哲学流派”的文案创作思想，以及以艾·里斯（Al Ries）和杰克·特劳特（Jack Trout）、乔治·路易斯（George Lois）为代表的当代广告文案创作观。由此，我们可以洞察这些理论在今天的现实意义和发展变化，以及当下数智广告文案观的具体表现。

本章学习目标：

1. 把握广告文案的核心意义和波及范围。
2. 了解广告文案创作观念的发展历史。
3. 洞悉数智广告文案的主要观点。

本章案例与分析：

包括广告文案代表性创作者的经典广告作品及鉴赏、数智广告创作案例及营销案例。

扫一扫

扫描二维码欣赏案例

第一节 广告文案的定义及创作特征

文字语言几乎是大多数广告的灵魂和主体，广告成功与否与此关系重大。但长期以来，我国广告界有一种很偏颇的看法，认为在广告创作过程中，广告计划的拟定、媒体的选择才是重要工作，文字语言则是无足轻重的，只要能够进行简单的编排组合即可，不需要什么技巧和学问。这种观点严重影响了有关广告文案的理论研究和实际创作。

与此相反，国际广告界非常重视广告文案的创作。美国广告学家大卫·奥格威说："广告是词语的生涯。"美国广告人士 H. 史戴平斯（H. Stapins）更直截了当地说："文案是广告的核心。"曾任美国广告协会主席的保罗·B. 威斯特（Paul B. West）也认为，广告的生命在于广告文案。

美国许多杰出的广告人和广告公司的总裁都是广告撰文员（从事广告文案撰写的人，被称为"广告撰文员"）出身，并且身居高位时也不放弃亲自撰文，如大家熟知的威廉·伯恩巴克、李奥·贝纳、乔治·葛里宾（George Cribbin）、大卫·奥格威、罗瑟·瑞夫斯等。

一、广告文案的概念之争

既然广告文案在广告中具有不可忽视的重要地位，那么什么是广告文案呢？历来对于"什么是广告文案"的理解和回答没有统一的标准，综合国内外各种说法，可以将其概括成以下四种观点。

第一，广告文案仅仅指广告作品的主体文字。这是一种非常狭义的理解，好比一个人的身体，明明由头部、身躯、四肢等组成，却只将身躯等同于身体。

第二，给主体文字加上大标题或副标题后被认为是广告文案。这样的解释虽然较第一种要宽泛些，但是依然只是注重广告作品的部分文字，因此也是对广告文案的一种狭义理解。

第三，广告作品中用文字所表现的部分即广告文案。印刷媒体广告中涉及文案、布局、字体造型等，这里的文案包括了广告标题、主体文案、广告口号、图片说明、说明性文字、商品名称、公司名称、价格等；电子媒体广告中涉及视觉、听觉等组成要素，这里的文案包括了字幕、旁白、歌词等。

第四，广告作品的全部要素即广告文案。这是广义上的理解。这里的"文案"通常出现在广告效果调查和测试中，被称为"文案测验"（Copy Test）。所谓"文案测验"，是对广告文案及广播电视广告所做的测验，包括文案能引起注意的程度、造成印象的深浅、传达信息的功能，以及能否改变消费者的态度等。① 因此，此观点下"文案"的概念包括了非常广泛的内容，从企业标志、公司名称、标准字体、标准色彩到插图、照片、留白、编排等。

以上四种观点，可谓"仁者见仁，智者见智"，在国内外广告界均具有一定程度的代表性。广告文案创作的理论研究也处于变动不居之中。对于"什么是广告文案"的理解和回答，既没有定型的说法，也没有权威性的定义。

二、广告文案的定义

从词意上看，所谓的"文"，既可以指"文字"，也可以指"文章"，泛指用语言文字写成的篇章；所谓的"案"，既可以解释为"几案"（一种矮长桌），也可以引申为"案头工作""伏案而作"，用来泛指从事文字工作。英文中的"Writing Copy"也泛指一切文字写作。

严格来说，"广告"二字，本就不仅仅指由文字、图像、音乐所构成的广告作品，广泛意义上可以指一个建立在市场调查、战略分析、策略筹划、媒体推广和整合营销传播基础上的广告活动。在大众媒介时代，广告主要基于报纸、广播、电视、杂志四大媒体发布，我们将广告理解成"作品"还情有可原，但在数智传播时代，如果我们还以"作品"去理解广告就落后于广告实践了。今天的"广告"是"大广告"，囊括了品牌传播过程中所有信息的生产和传播过程。

---

① 樊志育．市场调查［M］．上海：上海人民出版社，1995：122-127.

从“大广告”的视角出发，我们认为“广告文案”可以被广义地理解成一种“大文案”。也就是说，凡是在广告整合营销传播中为广告而撰写的语言文字都可以被称为“广告文案”，既包括广告策划书、广告媒体计划书、广告活动策划书、广告调查报告等，也包括广告整合营销传播过程中所产生的书面文本，如广告提案、广告总结报告等，还包括广告业务部门为开展广告活动而编制的广告订单等有关的文字资料。“大文案”位于“后台”，不被消费者直接接触，但作为一个广告人、一个广告撰文员，需要熟悉并掌握相应的写作技巧。

广告“小文案”位于“前台”，是消费者能直接感知和接收到的产品或品牌信息，即产品或品牌广告中的文字。从这个意义上说，我们同意上述第三种观点，即“广告文案”是指广告作品中用文字所表现的部分，它与广告作品中其他元素如图画、照片、线条、音效、色彩等相提并论。具体而言，“小文案”可以体现在广告标题、主体文案、广告口号、图片说明、说明性文字、商品名称、公司名称及公司网址、社交媒体账号名称、视频脚本、消费者互动话术等方面。我们在本书中所说的“广告文案”，基本持“小文案”的概念。

三、广告文案创作的特征

广告文案是一种以推销产品、塑造品牌形象、与消费者保持长期沟通为目标的具有较强功利性的应用类文本，既受制于文体类型的约束，往往又不拘泥于应用类文本的既定窠臼和模式框架，在体裁和表现手法上刻意追求创新、突破，可以自由运用多种修辞手法、语言风格和表现形式。具体而言，现代广告文案创作具有实用性、真实性、醒目性、简明性、精准性、交互性等鲜明的特征。

（一）实用性

实用性是广告文案创作的最大特点。威廉·伯恩巴克告诫广告创作人员时说：“他（笔者按：指广告文案创作人员）能够控制其想象力，因此他的每一个观念，每一个构想，他所写下去的每一个字，他所画的每一条线，在他所摄取的每一张照片中的明或暗，都使得其原始的主题或他所决定必须传达的商品优点更生动、更可信、更有说服的能力。”①

乔治·葛里宾也说：“最重要的是我们是干什么的？我们是把组合的文字放在一起以说服别人去买商品的人。因此在同一时间我们从事两种职业：既作撰文员又要作推销员。”②

广告要用尽可能低的费用把产品信息输送到目标消费者脑海中，这是广告最大的艺术。而对于广告创作具有举足轻重作用的文案部分，其最大的特征就是要能吸引人们的注意力，然后把产品的优点传达给人们，让他们记住、认同并愿意为此采取购买行动。目的很明确、很功利，违反这一特征的广告，哪怕制作得再精美、再生动，也算不上是好的广告。

认知并把握好广告文案创作的实用性特征，要妥善处理好广告实用性与艺术性的辩证关系。我们时常见到一些广告文案不是过分追求语言的完美而忽视它的功能和目的，让人记住了情节却忘了品牌是什么，就是赤裸裸地叫卖，不加修饰。罗瑟·瑞夫斯称前者为“错误的指示”“分散注意力的技术”，使人眼花缭乱而不明就里；后者以其丑陋庸俗、粗制滥造，同样将受众的注意力排除在外。因此，广告文案既要讲究艺术性，更要讲究实用性。广告的实用性功能可以称得上是极其功利的，这是第一位的；它的审美意义则是从属的，是第二位的。广告只有将其艺术性与实用性相结合才是真正有价值的，如果没有这种结合，那它只是供人欣赏的艺术作品，而不是具有销售和沟通能力的广告作品。

（二）真实性

广告真实性是指广告应该真实、客观地传播有关产品或服务的信息，对其功能、价值、特点、效果的宣传不能吹嘘夸大，不能弄虚作假。对撰写广告文案而言，所谓的“真实性”具体体现在以下三个方面。

1. 以事实为依据

广告介绍的产品和服务须是真实的，是客观存在的；广告表现和传播

---

① 威廉·伯恩巴克．广告的最伟大工具［M］//汤姆·狄龙，等．怎样创作广告．刘毅志，译．北京：中国友谊出版公司，1991：62.

② 乔治·葛里宾．文字与撰文员［M］//汤姆·狄龙，等．怎样创作广告．刘毅志，译．北京：中国友谊出版公司，1991：112.

的内容必须有大量关于该商品或服务的、真实的、有案可查的详情实录，陈述的每一点都必须是客观事实。真实性是基于这样一个前提——来源真实。只有商品真实，才能实现广告作品中信息内容对消费者真实的引导，使产品真正被消费者接受和利用。

2. 诚实守信

大卫·奥格威说："我们喜欢论点诚实、对待客户诚实以及最重要的是对消费者诚实的人。"① 大卫·奥格威还谆谆告诫所有的广告人——"千万不要写那种你不愿让你的家人看的广告""你不会对你的妻子说谎话，也不要对我的太太说谎，己所不欲，勿施于人"，② 可谓金玉良言。广告是具有责任的信息传播，因此凡广告文案中的承诺，广告主都应该努力去兑现，否则就构成欺骗和虚假广告，有违广告的真实性特征。

3. 信息完整

在许多夸大的广告文案中，不真实主要表现为广告内容的不完整，如只谈产品好的方面，而隐藏坏的方面、不足的方面。还有一种可能是，尽管提供了真实的材料，但不完整。这种扬长避短的广告文案也是不真实的。

广告文案既需要介绍产品的优点，也可以根据具体情况向消费者提出必要的劝告。对某些特殊商品（如药物、化妆品等）的使用，应指出可能发生的副作用。消费者只有觉得广告内容是真实的，有了安全感之后，才会做出购买的决定。比如，某服装品牌提出的"这款运动内衣在某国是采用上好的染料、优秀的技术染色的，但遗憾的是茶色的染色还没有完全达到不会褪色的标准，还是会稍稍褪色"，某钟表品牌提出的"本店的一批手表，走时不太精确，24 小时慢 24 秒，请君看准择表"，都将产品不尽如人意的地方如实地告诉了消费者，坦率、真诚。

在实际写作中，广告撰文员最不易把握的可能就是如何处理好艺术夸

① 大卫·奥格威. 一个广告人的自白：纪念版［M］. 3 版. 林桦，译. 北京：中信出版社，2015：5.

② 大卫·奥格威. 一个广告人的自白：纪念版［M］. 3 版. 林桦，译. 北京：中信出版社，2015：141.

张手法的使用与保持真实性之间的关系。比如，某香皂广告语“今年二十，明年十八”则卷入了“是涉嫌虚假广告还是采用艺术夸张手法”的争论之中。区别艺术夸张手法和虚假说辞，主要以广告整体的效果是否会对消费者产生误导为标准，如果夸张引起了消费者的误解，就失去了广告的真实性。

（三）醒目性

广告是一种“眼球”经济，广告作品如果不能引起受众的注意，不能激发他们看和听的欲望，广告信息就得不到传递，更遑论促进销售，产生经济效益了。因此，“抢眼”——抢夺受众的注意力，是广告产生效果的第一步。

从海量的信息中抓住受众的注意力，广告文案的醒目性就显得特别重要。这里所说的“醒目”主要体现在：广告主要信息显著、突出，能使受众迅速抓住重点，了解主要内容；广告内容表现具有奇异性，能激发受众的好奇心。要达成广告文案的醒目性，就要特别注意以下四对关系。

1. 主要信息与次要信息

一则广告通常由主要信息和次要信息构成，应该将主要信息放在广告作品中最醒目的位置上，并“千方百计”地加以突出、强调。现实中很多广告容易在这方面犯错，比如，主要信息没有被放到关键位置而是淹没在大量无关话术中，企业品牌名称总使用代名词，等等。

2. 信息处理的明确与模糊

醒目性要求广告的主要信息明确、突出，能被消费者接受，而不是不明就里或仅仅看懂。比如，“滴滴香浓，意犹未尽”，这则广告文案将咖啡的香浓美味清晰、明白地表达了出来。当然，我们强调广告信息处理的明确性，并不是一概否定信息传递适度的模糊性。同样是咖啡广告，“味道好极了”的文案亦被人称道，而究竟是怎样的好，这是说不清道不明的，但这种好消费者是能感知到的。

3. 信息表现的平中出奇

除了明确表达主要信息外，广告文案还应强调信息表达的奇异性。要突破大量平庸的、抹杀商品个性的广告文案，必须力求“出奇制胜”，做到“语不惊人死不休”。威廉·伯恩巴克说过：“如果要打破了一切规则才能被人注意，那我宁可打破一切规则。”① 当然，这种破坏与标新立异的前提是从商品本身出发的，否则就毫无意义。

4. 奇异的基础是个性

产品要有个性，广告文案的表现也需要有个性。如德国贝克啤酒“喝贝克，听自己的”（见章首二维码 1-1 广告鉴赏）②，就用拟人化手法展现了贝克啤酒的绅士气质，让人眼前一亮。

在广告文案中合理地借助悬念，借助适度的夸张、幽默、恐怖等手法，也能使广告文案的表现非同一般。如我国台湾著名的广告创意人龚友诚的“声宝洗衣机——床单篇”的广告作品（见章首二维码 1-2 广告鉴赏），广告诉求的重点在于声宝洗衣机具有独特的臭氧杀菌功能。电视广告的创意表现融夸张、幽默等于一体，令人印象深刻。

（四）简明性

每一个广告主都希望以最少的投入获得最好的效果，同时大多数受众关注广告都是无意识的、不自觉的、带有强制性的，因此广告文案应该简洁明了，绝不能像一般论述文那样尽情尽兴地旁征博引、洋洋洒洒。

要使广告文案简洁明了，首先，文案的语言必须通俗、精练，掌握日常会话的特点。大卫·奥格威曾说，创作每一则广告时，仿佛都是在酒宴上对坐在自己身边的女士低语，亲切、自然，娓娓动听。其次，每一则广告中的诉求点必须单一，信息量太大就容易缺少重点，受众就记不住。单一诉求则有许多过人之处。第一，单一诉求可以促使广告主集中一点，全力攻之。像海飞丝的“头屑去无踪”、舒肤佳的“有效除菌”、潘婷的“拥有健康，当然亮泽”等文案之所以能深入人心，正是因为其诉求的简洁单一。第二，单一诉求有助于提高产品的可识别性。因为只有一个诉求点，相比之下，这样的文案更容易进入消费者的脑海中，并促使消费者借此来辨识产品。比如，尽管洗发水市场品牌林立，但是要去屑找海飞丝、要柔顺找飘柔、要营养找潘婷，似乎已经成为消费者不假思索就能做出的选择了。

---

① 转引自马中红．广告文案创意新论［M］．上海：上海三联书店，2006：224.

② 本教材中括注的“见章首二维码+序号+广告鉴赏/广告组图/广告视频”，如（见章首二维码 1-1 广告鉴赏），由扫描各章章首的二维码所得，是重要的学习指导资料。序号以此类推，后不再一一解释说明。

（五）精准性

广告文案的精准性主要体现在内容信息传达、目标受众定位、情感共鸣引发及购买行为促成等方面的准确性和针对性上。通过精确的语言使用和明确的购买号召，广告文案不仅能够清晰地表达信息，还能有效地激发受众的购买欲望，从而促成购买行为的发生。这种精准性确保广告在全球化和跨文化的背景下依然能够保持其有效性和吸引力。

数智时代的人工智能技术，如自然语言处理（Natural Language Processing，NLP）、智能推荐系统、情感分析等使得广告文案创作更加精准。人工智能技术能够智能选择关键词，精准捕捉用户的情感需求，并实时调整内容以适应市场变化。这些技术的综合应用，让广告文案不仅流畅、优雅，而且能够精准地触达目标用户，增强营销效果，满足用户的个性化需求。

（六）交互性

广告文案的交互性是现代广告领域的一大革新，它彻底颠覆了传统广告的单向传播模式，为品牌与用户创造了双向沟通的全新体验。这种交互性不仅体现在用户的积极参与上，更在情感共鸣、即时反馈和个性化体验等多个维度上丰富了广告的内涵。通过鼓励用户点击、滑动、输入等的互动行为，广告主实现了与用户的实时对话，使用户从被动接受者转变为积极的参与者，比如，抖音某自媒体博主的评论区，成为品牌方的集合地，品牌方纷纷通过赠送礼品等优惠方式吸引用户点赞（图 1-1）。用

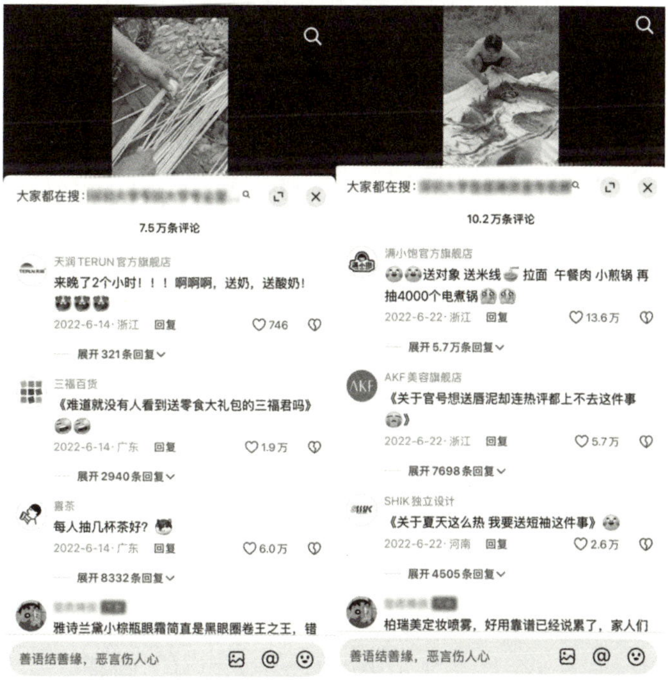

图 1-1　抖音某自媒体博主评论区

户获得实惠，品牌收获用户好感，自媒体博主也拥有更多流量，这种共赢的互动营销方式成为诸多广告主的选择。广告的趣味性和吸引力则在更深层次上激发了用户关注。

同时，广告文案的交互性还体现在广告主能够即时收集用户的反馈，为品牌提供宝贵的市场信息和用户洞察，助力品牌不断优化广告策略。更重要的是，借助智能推荐系统等技术手段，广告文案能够为用户提供个性化的内容推荐和互动体验，满足用户的个性化需求，从而提高广告的针对性和精准度。

第二节　广告文案观

如果说科学技术与媒体的发展是广告文案发展的外在力量，那么层出不穷的广告理论则是广告文案发展强大的内在力量。从近代至现当代，形象至上的艺术派和理性至上的科学派始终像两条并行的铁轨一样，不断向前延伸，在不同的时代、不同的经济文化语境下各自发展，并在某些交会点上融于一体。艾尔默·考尔金斯（Elmo Calkins）、希尔道·麦克马纳斯（Theodore MacManus）是近代艺术派的代表人物，而约翰·肯尼迪（John Kennedy）、克劳德·霍普金斯（Claude Hopkins）及由约翰·沃森（John Watson）参与的智威汤逊广告公司则是当时科学派的杰出代表。现代以来，罗瑟·瑞夫斯、李奥·贝纳、大卫·奥格威、威廉·伯恩巴克及艾·里斯、杰克·特劳特、乔治·路易斯等在继承前人广告创作理念的基础上，各有侧重地发展出了杰出的广告创作观并身体力行地创作了一大批传世的经典广告作品。他们的理论不仅影响了当时的广告创作，而且历久弥新，对我们当代的广告文案创作起着同样重要的作用。

一、早期广告文案观

（一）艺术派

艺术派的代表人物艾尔默·考尔金斯在 1902 年与人合伙开办了一家广告公司，负责提供广告文案与设计，同时提供订购媒体业务。此举改变了美国广告仅注重推广商品商标的行业现状，凸显了艺术对于广告的重要性。在他看来，广告艺术家进行创作的条件，与米开朗琪罗为西斯廷教堂画《最后的审判》的时候并没有什么太大的不同。艺术之所以成为艺术，并不是因为米开朗琪罗画的是宗教而不是汽车，而是因为他本身就是一位伟大的艺术家。他在作品中应用了艺术，而广告就在这种艺术范畴之内。艺术的质量依赖于艺术家，而不是创作时的客观环境。

在广告实践中，艾尔默·考尔金斯一反当时的流俗，认为媒介的选择和广告客户的预算规模并不是促使广告产生效果的最重要因素，相反要注重广告本身的艺术价值。这一观念充分体现在艾尔默·考尔金斯的一系列广告代表作品中，其中，最为人称道的是他为莱克瓦纳铁路公司所设计的系列广告（见章首二维码 1-3 广告鉴赏）。

希尔道·麦克马纳斯进一步发展了这种软性销售的风格，他将广告效果建立在受众阅读时的心理暗示和自然联想上，在文案中强调通过受众的二度创作来达成广告传递完美形象的目的。希尔道·麦克马纳斯为通用电气公司、凯迪拉克所创作的广告文案产生了经久不衰的艺术魅力，尤其是后者帮助希尔道·麦克马纳斯确立了软性销售派的领袖地位。凯迪拉克“惩罚领导”这一散文艺术式广告（见章首二维码 1-4 广告鉴赏），不仅获得了品牌方的认可，更引发了消费者的情感共鸣。

（二）科学派

与此同时，科学派也非常盛行，出现了许多代表人物，如约翰·肯尼迪、克劳德·霍普金斯、阿尔伯特·拉斯克尔（Albert Lasker）、斯坦利·莱索（Stanley Resor）等。

约翰·肯尼迪是洛德–托马斯广告公司芝加哥办事处的首席广告撰文员，他的广告文案观主要体现在两个方面：一是“纸上推销术”（Sales in Print），即将广告当作商业新闻，他认为这种新闻要用详细而坦率的风格，而不应该用韵诗、软销售广告画和一般的断言，广告应该在报刊上直接阐明推销人要亲自对消费者说的话。二是强调因与果，即广告文案应该为消费者购买某种产品提供一个合情合理的原因，说明这种产品值得购买的具体理由。这种广告文案观，在今天看来似乎是非常明确的，不言自明的，但是如此鲜明的观点对当时的广告理论则产生了根本性影响，甚至开创了新一轮的广告策略。约翰·肯尼迪为舒普博士的康复剂所创作的经典广告，以及一则洗衣盆广告（见章首二维码 1-5 广告鉴赏），都用真诚的口吻，向消费者娓娓道出购买商品需要承担的费用，说服消费者可以负担得起并鼓励消费者尝试。

约翰·肯尼迪将这一方法教给了阿尔伯特·拉斯克尔，他又把因与果的行动准则传给了当时在该公司见习的广告撰文员即后来大名鼎鼎的克劳德·霍普金斯。

克劳德·霍普金斯是广告界最有影响的广告撰文员之一，他在他的广告中首先提出提供免费样品和使用优惠券，并提出一条重要的广告法则："一个好的产品，它最好的推销员就是它自己。"① 也就是说，广告宣传中如果不能提供免费的样品让消费者试用，而是仅靠书面或口头的宣传，成功卖出产品的概率非常小。他对后世广告创作影响最深远的是"预先占有权"理论。

所谓"预先占有权"，克劳德·霍普金斯在《我的广告生涯·科学的广告》中有具体的阐释：

> 某种产品并不独特，并不包含特别巨大的优势，也许有无数的人都能制造它，但是只要你先说出来在其中所费的工夫，说出那些别的制造商认为很平常、很不值一提的过程和特点，你的产品就有可能成为这一行业的成功代表。如果将来也有哪个产品宣传这一过程，它们就等于在为你做广告。很少有做广告的产品不被别人模仿，很少有哪种领先产品具有绝对的领先优势。它们其实只是最早说出某些公认的事实而已。②

先发制人，即将同类产品中可能是非常普遍的产品特征，视为自己产

---

① 克劳德·霍普金斯．我的广告生涯·科学的广告［M］．邱凯生，译．北京：新华出版社，1998：23.

② 克劳德·霍普金斯．我的广告生涯·科学的广告［M］．邱凯生，译．北京：新华出版社，1998：73.

品独一无二的特点，率先声称自己拥有这样的特征，并将此告诉消费者。奉行这样的理念，克劳德·霍普金斯为喜力啤酒创作了魅力永续的广告作品（见章首二维码 1-6 广告鉴赏）。

1920 年，行为心理学家约翰·沃森从约翰斯·霍普金斯大学退休，去智威汤逊广告公司协助工作，这为科学派的广告文案理念奠定了更加科学的基础。约翰·沃森声称已经发现了预告人类行为和操纵人类行为的基本技术。根据约翰·沃森的说法，广告主要秘密地关注人类的基本内驱动力（如爱情、恐惧和愤怒等），并且一而再、再而三地使某种驱动力因素与他们的产品联系起来。这种观点在当时风靡一时。尽管心理学在广告方面的运用被过分夸大了，但是倾听隐藏动机和愿望并运用心理学的销售方法在当时及 20 世纪 50 年代仍强烈地冲击了广告界。

比如，根据约翰·沃森的研究结果，智威汤逊广告公司在大量的广告创作中，将妇女内心隐秘的需求和欲望作为广告创作依据，鼓励广告应该经常强化甚至培植某种焦虑和恐惧，要把妇女最害怕的、唯恐在不经意间冒犯别人的这种想法加以强化，充分利用这种心理来创作广告，从而“操纵”妇女深藏不露的需求和欲望，比如，希望被追求、被喜爱，进而加入成功的中产阶级行列，等等。智威汤逊广告公司成功地将社交恐惧症、鼓励与仿效的心理等混合制作成感染力极强的广告作品，引起女性消费者的条件反射，让她们渴望拥有这些产品。其中，最经典的广告作品是为利斯特灵创作的“呼吸除味剂”广告，名为《常作伴娘可从未作新娘》（见章首二维码 1-7 广告鉴赏）。

20 世纪 30 年代开始，美国进入经济大萧条时期，这一时期最明显的表现是消费过热的情况消失了，需求减少了，失业人员增多了。这一时期的广告创作突出了两个极有价值的手法：一是价格优势，虽然这不是什么新的理念，但在经济萧条的背景下不失为一种很好的手段；二是抓住消费者在经济上缺少安全感的心理，再次利用恐惧、负疚、羞耻和谴责等，以增强广告的说服力，有的甚至到了肆无忌惮的地步。

二、近代广告文案观

第二次世界大战结束后直至20世纪60年代止，是美国广告业的鼎盛时期。战后经济的繁荣刺激了种类繁多的消费品的生产，汽车、电子产品、医药产品等风靡一时，这也刺激了广告业的蓬勃发展，一方面表现在广告费用的快速增长上，从1945年至1960年，美国每年用于广告创作与投放的总费用增长了三倍；另一方面表现在广告流派和广告创作主张的多元化上。这一时期最具影响力的广告文案理论是所谓的“四大创造性广告哲学流派”，这些流派分别以罗瑟·瑞夫斯、李奥·贝纳、大卫·奥格威和威廉·伯恩巴克为代表。

从任何一个流派中，我们都能看到20世纪20年代以来艺术派和科学派关于广告文案创作观念所遗留下来的精髓。罗瑟·瑞夫斯不遗余力地继承了科学派的硬性销售理念，提出了“独特的销售主张”（Unique Selling Proposition，USP）；李奥·贝纳和大卫·奥格威在科学技术与艺术戏剧性之间力求创造出品牌的个性形象；而威廉·伯恩巴克则旗帜鲜明地继承并发扬了艺术派的理论主张，提出了广告内容与形式并重的“新广告”理论。这些理论，时至今日还在影响着我们的广告实践活动。

（一）罗瑟·瑞夫斯与“独特的销售主张”

罗瑟·瑞夫斯是20世纪50年代最有影响力的广告撰文员之一。罗瑟·瑞夫斯的广告理念非常鲜明，他认为广告的主要目的是取得大众的关注，而不是取悦潜在的消费者，并且广告创作者不能过高地估计消费者的智力及注意力。因此，他认为在纷乱的广告信息中必须找到一个简单的方式，那就是广告只能重复一个简单的主题。1961年，罗瑟·瑞夫斯在他的著作《广告中的现实》中，对上述基本原则做出了解释：“消费者只从一则广告中记取一件东西——一个强有力的许诺，或是一个强有力的概念。”① 因此，在罗瑟·瑞夫斯看来，理想广告应该有“独特的销售主

① 转引自朱丽安·西沃卡．肥皂剧、性和香烟：美国广告200年经典范例［M］．周向民，田力男，译．北京：光明日报出版社，1999：365.

张”。这一理论的提出在当时引起了极大的反响，罗瑟·瑞夫斯自己也运用这个理论创作出了像M&M巧克力这样经典的广告作品（见章首二维码1-8广告鉴赏）。广告实践获得的巨大成功，反过来又印证和推广了“独特的销售主张”广告创作理论。

罗瑟·瑞夫斯的“独特的销售主张”，包含以下三个特点：第一，每一则广告都必须清晰明了地向消费者提出一个强有力的说法，告诉消费者“购买此物，您将得到特别的实惠”；第二，要从产品内部发现一个竞争对手所不具备的产品特点，并且加以突出表现；第三，对这个产品特点要用平实的语言不断地加以重复表现。“重复”是罗瑟·瑞夫斯最为看重的广告创作特点之一。

（二）李奥·贝纳与“与生俱来的戏剧性”（Inherent Drama）

和同时代的广告思想家罗瑟·瑞夫斯一样，李奥·贝纳也将广告创意和创作的重点放在产品本身，他鲜明地以“与生俱来的戏剧性”概括了自己的广告创作理念。所谓“与生俱来的戏剧性”，用他自己的话来说就是“在我们的工作室中的基本观念之一，是我们在每一商品中所称之为‘与生俱来的戏剧性’。我们最重要的任务是把它发掘出来并加以利用，而不是投机取巧，或依靠雕琢的技巧及牵强的联想。我不认为你一定要作的像他们所谓‘不合常规’才有趣味。一个真正有趣味的广告或播词及广告影片是因为它自己本身的非常珍罕难得一见才‘不合常规，不落俗套’”①。

在这里，李奥·贝纳展示了他不同于其他广告制作人的天才之处。他认为，任何一件商品都具有“与生俱来的戏剧性”，而不需要人为地将戏剧性强加给商品，尤其不需要像当时大多数广告人所做的那样，以竞赛、奖励作为附加条件，或玩弄一些小把戏，甚至以性作为诱饵来吸引消费者关注广告。相反，戏剧性存在于商品本身，广告人所需要做的事就是将这种内在的戏剧性发掘出来，并让它成为广告中的“英雄”。换言之，李奥·贝纳所强调的“戏剧性”，是从产品本身来看待产品的一种特殊方式，

① 李奥·贝纳．请不断注意听取那微小的心声［M］∥汤姆·狄龙，等．怎样创作广告．刘毅志，译．北京：中国友谊出版公司，1991：80.

“产品本身所具有的能使它在市场中长期生存的东西……目的是为了赢得市场。把握这种东西，无论它是什么，并使它引人注目”①。为此，李奥·贝纳提出要“不断注意听取那微小的心声”，要让自己浸透在商品的知识中，对商品和买商品的人有深度的访问，直至能在脑海中将他们如何使用这种商品，以及这种商品在哪些方面能引发兴趣清晰地描述出来。这样的创作理念在李奥·贝纳创作的许多食品广告中都得到鲜明的体现，如“绿巨人”罐装豌豆广告，以及他为美国肉类协会所创作的广告（见章首二维码 1-9 广告鉴赏）。

李奥·贝纳强调广告创作中调动受众潜能的重要性，即如何让受众参与进来，利用受众已有的生活经验为产品注入丰富的生活内涵。为此，在李奥·贝纳的广告创作中，除了叙述冷冰冰的产品事实外，他还从美国历史及民间故事中寻求灵感，创造出许多有代表性的人物及象征物，如家乐氏（Kellogg's）早餐麦片吉祥物“老虎托尼”（Tony the Tiger）及“抓抓”（Snap）、“松松”（Crackle）、“爆炸”（Pop）三兄弟，产品的“人格化”无疑是李奥·贝纳“与生俱来的戏剧性”广告理念的又一种表现，其中，最值得人称道的是他为万宝路香烟创作的万宝路男子形象（见章首二维码 1-9 广告鉴赏）。

（三）大卫·奥格威与“品牌形象”

被广告界称为“广告怪杰”“创意旗手”“最伟大的广告撰文员”的大卫·奥格威是天生的广告人，他具备一种特殊的才能——不仅无师自通地知道如何搜集市场资料，还知道如何天才般地使用这些资料。或许正是这种特殊的才能，才成就了大卫·奥格威光辉灿烂的广告事业，以及他一系列的广告创作理念——“我们做广告是为了销售产品，否则就不是做广告”②，优秀的广告应该“不引公众注意，它自身就销售出产品”③，“我的

---

① 转引自朱丽安·西沃卡．肥皂剧、性和香烟：美国广告 200 年经典范例［M］．周向民，田力男，译．北京：光明日报出版社，1999：370.

② 大卫·奥格威．一个广告人的自白：纪念版［M］．3 版．林桦，译．北京：中信出版社，2015：7.

③ 大卫·奥格威．一个广告人的自白：纪念版［M］．3 版．林桦，译．北京：中信出版社，2015：XⅢ.

‘神灯’建立于调查研究的基础之上”①，以及“不论做什么广告都不是一劳永逸的事，而是对他们的品牌个性的长期投资”②，等等。其中，最能体现大卫·奥格威创作理念精髓的当属他的“品牌形象”理论。

大卫·奥格威率先发现并关注到消费者已经开始从挑选商品发展到挑选商品的品牌，他不仅出色地完成了营养液、信用卡、衬衫、香皂、汽油等产品的品牌塑造，而且逐渐确立了自己的品牌塑造理念。

那么，大卫·奥格威的“品牌形象”理论内涵究竟是什么呢？

其一，人们不是因为商品本身才去购买商品的，而是因为他们把这一商品与某种特殊的形象联系起来了。因此，“要给每个广告一种与之相称的风格，创造出其正常的个性特色，这才是最伟大成功的奥秘所在”③。看过大卫·奥格威给劳斯莱斯做的杰出的汽车广告（见章首二维码 1-10 广告鉴赏），我们就能明白什么是“个性特色”。

其二，任何广告都是对品牌个性的长期投资，也就是说，广告不应该着眼于眼前的利益，而是要尽力去创造并维护一个品牌。尤其是在产品同质化的情况下，消费者选择产品时很少理性地去关注产品功能方面的特点，更多的是选择品牌，因此广告应该重视使用形象来满足消费者的心理需求。大卫·奥格威身体力行，在 1951 年创造出了家喻户晓的广告“穿哈撒威衬衫的男人”（见章首二维码 1-10 广告鉴赏），是“品牌形象”理念更具说服力的体现。

大卫·奥格威的“品牌形象”理念既包含罗瑟·瑞夫斯理性、技术主义的成分，也有李奥·贝纳情感性、个性化的形象艺术成分。大卫·奥格威和罗瑟·瑞夫斯一样十分重视相关的调查研究，他曾提出每个广告人都要学会从各个方面收集信息和数据，比如，从邮购公司、百货公司、调查公司、媒介机构及他人的成果中；同时，他又特别注重通过广告赋予产品

---

① 大卫·奥格威．一个广告人的自白：纪念版［M］．3 版．林桦，译．北京：中信出版社，2015：132.

② 大卫·奥格威．一个广告人的自白：纪念版［M］．3 版．林桦，译．北京：中信出版社，2015：143.

③ 转引自朱丽安·西沃卡．肥皂剧、性和香烟：美国广告 200 年经典范例［M］．周向民，田力男，译．北京：光明日报出版社，1999：374.

某种特别的个性形象，强调赋予这种形象足够的故事性。因此，我们可以说，大卫·奥格威的“品牌形象”理念是一种科学主义的广告哲学思想。这种思想甚至可以追溯到“从克劳德·霍普金斯的科学理论及雷蒙德·鲁宾凯姆的形象传统中寻求灵感”①。“品牌形象”理念也是美国历史上精粹的广告创作理念的新的发展。

（四）威廉·伯恩巴克与“新广告”

1949 年，威廉·伯恩巴克与人合作组建了多尔–邓恩–伯恩巴克股份公司（Doyle Dane Bernbach，简称“DDB”，又译为“恒美广告”），多尔是总经理，邓恩主管经营与财政，而威廉·伯恩巴克则负责撰稿和创意。DDB 的第一个广告客户是位于纽约 34 街的奥尔巴赫百货公司（Ohrbach's），为改变其品位不高的形象，威廉·伯恩巴克一反当时广告界的传统，为奥尔巴赫百货公司提出了“最高级的服装，最低廉的价格”的主张（见章首二维码 1-11 广告鉴赏），并且数十年一直通过富有创造性的广告宣传这一主张，使奥尔巴赫百货公司一度成为全美最著名的公司之一。

以此为起点，威廉·伯恩巴克提出了一系列当时看似颇为激进的广告新主张，并且以其创造性的新方式再次领跑了广告业又一轮新的创作哲学。

那么，威廉·伯恩巴克的广告新理念体现在哪些方面呢？

威廉·伯恩巴克是一个“彻头彻尾”的广告艺术派。他继承了美国早期广告中艾尔默·考尔金斯、希尔道·麦克马纳斯所倡导的软性销售风格，强调广告首先是一种艺术，“广告在基本上是说服……而说服的发生并不是科学而是艺术”②，“说服力不是一种科学而是一种艺术”③。在充分肯定了广告艺术的力量和否定了广告伪科学作用的前提下，威廉·伯恩巴克进一步阐明了自己“新广告”观的第二层含义，即强调广告中必须具有富有创造力、想象力和直觉力的构想。他认为，销售说辞不是广告工作的

---

① 朱丽安·西沃卡．肥皂剧、性和香烟：美国广告 200 年经典范例［M］．周向民，田力男，译．北京：光明日报出版社，1999：372.

② 威廉·伯恩巴克．广告的最伟大工具［M］//汤姆·狄龙，等．怎样创作广告．刘毅志，译．北京：中国友谊出版公司，1991：64.

③ 转引自威尔斯，等．广告学　原理和实务［M］．张红霞，杨翌昀，译．昆明：云南大学出版社，2001：25.

终点，而是开始，广告人需要有丰富的想象力，能像创作力旺盛的艺术家那样，将销售说辞做艺术化的处理，从而让消费者了解它、记住它。

利用这种“新广告”理论，威廉·伯恩巴克为许多二流的零售商及服务和汽车公司等成功地制作了广告，比如，著名的艾维斯汽车租赁公司广告、大众甲壳虫汽车广告等，印证了他自己所说的：“只有你诚实地、充满想象力地工作，才能赋给那些死板的事实以生命，使看过它们的人士都认为值得纪念。也只有你才能对世界证明有高尚情趣、有好的艺术、好的文字才是好的广告。”①

三、现代广告文案观

20 世纪 60 年代末 70 年代初，美国进入新一轮的危机，经济逐渐衰退，通货膨胀，美国以外的产品以价低质优大量进入美国市场，引发了美国国内产业结构的调整和市场竞争的加剧。为应对这一市场新动向，广告主重新采用一些陈旧的广告手段，如硬性推销等，并且越发地强调市场调查、商品比较等。进入 20 世纪 80 年代后，一方面，大量的海外移民进入美国，刺激了美国经济的复苏和消费市场的发展；另一方面，美国的公司也大量向海外拓展市场，广告公司随之移向海外，在这种新经济模式下，广告业也出现了巨大变化——跨国广告公司服务于全球化的品牌。因此，品牌概念再次得到强化，同时硬性推销的战略再次被摒弃，转而追求全球流行时尚趋势和本土文化意蕴相融的广告观念与风格。这一时期，最著名的广告创作理论是由艾·里斯、杰克·特劳特和乔治·路易斯创造的。

（一）艾·里斯、杰克·特劳特与定位（Positioning）理论

20 世纪 60 年代，美国逐渐进入买方市场，要想在竞争激烈的市场上争取到一席之地，首先必须理性地面对这个市场和市场上的消费者。“定位”之说，初见于美国产业行销杂志。20 世纪 60 年代末期，定位理论由美国两位资深的广告专家艾·里斯和杰克·特劳特提出，是具有划时代意

① 威廉·伯恩巴克．广告的最伟大工具［M］//汤姆·狄龙，等．怎样创作广告．刘毅志，译．北京：中国友谊出版公司，1991：71.

义的广告理论。定位理论要求“寻找市场空隙，挖掘消费者心理需求”，这样才能在市场上开拓出有利于自己生存、发展的空间。

所谓“定位”，简单地说，就是使产品在未来的消费者心目中占有一个合适的位置。定位的基本方法不是要在消费者心里形成一种新的不同的看法，而是企图巧妙地使消费者心里已有的看法和新的看法连接起来。

定位的核心内容，是让产品信息进入消费者心里，要做到这一点，有两种方法：一是驱逐消费者心目中更倾向的品牌。这在一般情况下是难以办到的。二是把自己的品牌用某种方法与更倾向的品牌产生关联。相比之下，这比较容易做到。因此，定位理论特别强调要重视竞争对手，竞争对手的位置和自己的位置同样重要，有时甚至更为重要。

在利用定位理论撰写广告文案时（见章首二维码 1-12 广告鉴赏），特别强调两个方面：一是与竞争对手的比附，二是找出具有特征的销售点。下面着重介绍第一个方面。

所谓“比附”，就是将自己的品牌与其他竞争品牌，尤其是消费者心目中更倾向的品牌进行对比，从而寻找到与市场上具有领先者地位的品牌相似的地方，借以突出自己品牌的特点与优势。例如，日产风度就采取了与丰田凯美瑞比附来突出自我品牌的定位方法。其实，这样的理论和创作方法，在威廉·伯恩巴克的“新广告”理论中已初露端倪，他为艾维斯汽车租赁公司撰写的广告文案——“我们只不过是第二位”便是早期比附定位方法的经典案例。

比附的另一种方式是和竞争对手进行层次区别，利用这种方法取得成功的是七喜。七喜巧妙地将自己的品牌同已有的知名品牌联系起来，同时又在层次上区别开来，达到在消费者心目中占据第三位的效果。

寻求独特的层次区别，必须扬弃传统的广告理论。因为传统的广告理论要求我们从产品中寻求“说辞”“观念”，去发掘与生俱来的固有特征，找到产品的独特之处也就找到了广告的制胜之法。而定位理论强调，这些产品的特征并不存在于产品之中，而存在于消费者的心中，存在于消费者的需求中，就如同我们不可能在七喜的罐子里找到“非可乐”的构想，而只能在消费者的需求中找到。

（二）乔治·路易斯与叛逆广告

关于乔治·路易斯，广告界曾经赋予他许多不同凡响的称谓，用来赞誉他震惊麦迪逊大街①的广告创意，如“麦迪逊大街的坏孩子”“广告疯子”“最顽皮的淘气鬼”“广告界的莽夫”等。乔治·路易斯也以自己不羁的性格和大胆前卫的广告创意风格印证了这些称谓。在《蔚蓝诡计——颠覆市场的广告创意智库》中，乔治·路易斯写道：

> 广告是一种有毒气体，它能让你流泪，搅乱你的神经系统，再把你弄得神魂颠倒。②
>
> 定位的道理非常浅白，就像上厕所前，一定要把拉链拉开一样。③

而他在广告作品中确实也身体力行，最大可能地挑战了传统经典的广告理论。乔治·路易斯说：“小心惯例成为创意的绊脚石。”④ 他认为，广告应该打破一切陈规，包括那些所谓的“科学定律”。广告是艺术，优秀的文案和创意不是大卫·奥格威模式的广告学校能教出来的，“至少对我而言，大多数人都往同一方向前进时，反而证明了新的方向才是唯一的方向”⑤。基于此逻辑，乔治·路易斯为众多品牌创作了匪夷所思但效果惊人的广告作品，最为经典的是麦宝玉米片“我也要”广告（见章首二维码 1-13 广告鉴赏）。

第三节　数智广告文案观

数智广告通过技术的革新，将艺术派与科学派的争论带入了一个全新的维度，即不仅仅是关于广告是更倾向于艺术创作还是科学实验的讨论，

---

① 麦迪逊大街是美国纽约市广告公司最集中的一条大街，通常以此来指代美国的广告业。

② 乔治·路易斯，比尔·匹兹．蔚蓝诡计：颠覆市场的广告创意智库［M］．刘家驯，译．海口：海南出版社，1996：9.

③ 乔治·路易斯，比尔·匹兹．蔚蓝诡计：颠覆市场的广告创意智库［M］．刘家驯，译．海口：海南出版社，1996：42.

④ 乔治·路易斯，比尔·匹兹．蔚蓝诡计：颠覆市场的广告创意智库［M］．刘家驯，译．海口：海南出版社，1996：52.

⑤ 乔治·路易斯，比尔·匹兹．蔚蓝诡计：颠覆市场的广告创意智库［M］．刘家驯，译．海口：海南出版社，1996：59.

更是关于在高度技术化的环境中，广告是更需要依赖先进的工具还是更应强调人的思维、情感与创造力的探讨。数智广告的真正魅力并不在于单一地追求艺术或科学的极致，而在于巧妙地融合二者，实现技术与人文的和谐共生。在这个过程中，技术不再是冷冰冰的工具，转而成为激发人类创意、提升广告效果的强大助力。AI 和机器学习等技术，虽然能够自动处理大量数据，做出智能决策，但它们仍需以人类的智慧与情感作为指引。广告创作者需要利用这些技术提供的洞察，结合自身的创意直觉和对消费者心理的理解，设计出既精准又富有感染力的广告内容。同时，人类也需要对技术进行监督和指导，确保广告内容的合法合规，避免技术滥用带来的负面影响。

数智广告体现了人与技术之间更为深层次的互动关系。在高度数字化的今天，广告不再仅仅是信息的单向传播，而成为品牌与消费者之间双向沟通、建立情感联系的桥梁，广告文案起到了链接作用。这些文案不仅要能够精准传达品牌信息，还要能够触动用户的情感，引发共鸣，从而实现广告的商业价值与人文关怀的双重提升。数智广告还赋予广告文案更多的表现形式和更大的互动空间。在社交媒体、短视频、互动广告等新型媒介形式中，文案不再局限于文字本身，而是可以与图像、视频、音频等多种元素相结合，实现更加生动、立体的传播效果。同时，消费者也能够通过评论、点赞、分享等互动方式，参与到广告文案的创作和反馈过程中，这种参与感和互动性进一步强化了广告的人文价值。

数智广告文案观所体现的，是对传统广告文案观中艺术派与科学派争论的延续与超越，它证明了在技术与人文的交汇点上，广告行业能够创造出既高效又能引发情感共鸣的广告作品。数智广告文案观主张多元主体的重组、链接与协作，通过技术的运用与应用场景的扩展，品牌方、用户、广告代理商、社交媒体平台及 MCN（Multi-Channel Network，多频道网络）机构共同参与了广告文案的生产。在这个过程中，技术与人的思维和情感相互依存、相互促进，共同推动了广告行业向着更加智能、更加人性化的方向发展。

一、过程化内容创新

在数智广告文案的创作过程中，要注重内容的动态生成和持续优化。通过实时分析用户行为、兴趣等数据，广告文案可以针对不同用户群体、不同时间段或不同场景，提供更具针对性和个性化的内容。这种创新方式不仅提高了广告的转化率，还增强了用户的参与感和体验感。

在过程化内容创新方面，广告主/品牌方正逐步转变传统的静态广告文案的创作模式，采用一种更为灵活、动态的策略，以适应不断变化的市场需求和用户行为反馈。这种转变的核心在于，随着时间的推进和用户反馈的演变，广告文案内容得以持续更新，甚至整个创作策略都可能发生调整。具体表现为：

1. 动态响应市场需求

市场趋势和用户偏好是不断变化的，品牌方通过持续监测市场动态，包括季节性需求、流行文化、社会热点等，能够及时调整广告文案的主题和风格，确保广告内容具有吸引力，并与当前市场环境保持高度相关性。例如，在特定节日或纪念日期间，推出与节日氛围相契合的广告文案，可以引发用户的情感共鸣，提升用户的参与度。

2. 用户行为反馈驱动广告文案优化

用户行为数据是过程化内容创新的重要参考。品牌方可利用数据分析工具，收集并分析用户的点击、浏览、购买、评论等互动行为，从中洞察用户的真实需求和偏好。基于这些反馈，可以对广告文案进行有针对性的优化，比如，调整语言风格、强化产品卖点、增加互动元素等，以更好地吸引目标用户群体。

3. 实时调整创作策略

广告文案的创作策略不再是一成不变的，品牌方会根据广告效果评估和用户反馈，快速调整广告文案的创作方向。这意味着广告文案可以从强调产品特性转向讲述品牌故事，或是从理性诉求转向情感共鸣，甚至是在不同时间段或平台上采用完全不同的文案风格。这种灵活性确保了广告能够持续吸引用户的注意，从而提高广告的有效触达率和转化率。

4. 持续迭代与创新

品牌方需要建立一套有效的监测和反馈机制，定期回顾广告文案的表现，识别存在的问题，发掘隐藏的机会，然后基于这些洞察进行迭代创新。通过引入新的创意元素，尝试不同的媒介渠道，利用最新的技术工具，如AI生成文案等数智技术，来提高广告文案的创意水平和个性化程度。

二、参与式内容生产

参与式内容生产强调用户在广告文案创作过程中的参与和互动。数智广告文案可以利用社交媒体、用户评论等渠道，收集用户的意见和建议，甚至邀请用户直接参与广告文案的创作。首先，用户生成内容（User Generated Content，UGC）可以被品牌方用到广告文案中。比如，2017年网易云音乐将用户对歌曲的评论贴到杭州地铁1号线列车车厢内（见章首二维码1-14广告组图），打造了一辆“乐评专列”。“乐评专列”吸引了大量乘客驻足、打卡，网易云音乐的走心之举收获了用户的认可，加深了用户对它的喜爱。其次，用户通过社交媒体互动参与到广告文案创作中，比如，品牌方可以在社交媒体上发起话题讨论、挑战赛或问答活动，鼓励用户围绕品牌或产品发表观点、创作内容。这些用户生成的内容可以被品牌方整合到广告文案中，形成独特的品牌声音和故事。与此同时，用户也可以参与投票与选择，其结果成为品牌方创作与筛选广告文案的参考依据。

参与式内容生产尤其注重用户的主动性，除了品牌方邀请的特定用户群体，如自媒体博主参与推广外，其他用户也会因为对产品的喜爱、好奇，或在“凑热闹”心理的影响下自发参与到广告文案的创作中，从而形成持续的热度，达到为品牌免费宣传的效果。比如，2023年，在瑞幸咖啡与茅台的联名营销中，有不少文案是普通用户通过微信朋友圈传播的，出于对产品的新鲜感，以及对熟人好友的信任感，大量自创的“草根式”文案帮助品牌实现了大规模宣传。参与式内容生产同时增加了广告文案的多样性、真实性、趣味性和互动性，提高了用户的忠诚度。

三、数据与流量驱动创作

数据与流量驱动创作是数智广告文案的核心特征之一。通过分析用户数据、市场趋势和流量分布等信息，广告文案可以精准定位目标受众，制定更有效的传播策略。同时，可实时调整广告文案内容和投放方式，以实现最佳的广告效果。

随着社交媒体平台的发展，广告投放更加多元化，富有个性，且精准有效，平台沉淀的用户数据更有利于品牌方投放合适的广告。在数据收集与分析方面，社交媒体平台拥有庞大的用户数据，包括用户行为、兴趣偏好、消费习惯等，这为广告文案的创作提供了丰富的数据支持；平台通过算法分析用户数据，识别出目标受众的特征和需求，为广告文案提供精准定位。在内容优化与推荐方面，社交媒体平台基于数据分析结果，对广告文案进行内容优化，使其更符合目标受众的口味和偏好，进一步利用推荐算法，将优化后的广告文案推送给最有可能感兴趣的用户，提高广告的曝光率和转化率。在实时监测与调整方面，社交媒体平台能够实时监测广告文案的表现，包括点击率、转化率、用户反馈等，便于品牌方及时调整广告文案的内容和投放策略，以优化广告效果。

社交媒体平台提供的数据分析工具能帮助个人及品牌方对所生产的内容进行分析，其中，担任重要中介的 MCN 机构所具备的数据分析及运用能力对于广告投放效果的影响也十分显著。MCN 机构通过签约、培育短视频行业内容生产者，将他们与社交媒体平台和品牌方链接起来，其对平台规则的了解及对社会热点的把控，通过在创作者管理与合作、数据分析与策略制定、内容创作与优化、渠道管理与投放等各个方面的运作，实现内容生产与广告内容创作的双重闭环。

四、可视化与可交互

可视化与可交互是数智广告文案在表现形式上的重要特点。通过运用图像、视频、动画等多媒体元素，广告文案可以更加直观、生动地展示产品和服务的特点与优势。同时，通过添加链接、按钮等交互元素，用户可以更加方便地获取更多信息或参与互动活动。这种可视化与可交互的文案形式不仅提高了广告的吸引力，还增加了用户的参与度和转化率。

数据可视化、信息图表化、动态效果与动画等，将文字内容转化为易于理解和消化的可视化信息。在广告文案传播过程中，可视化技术可以用于展示产品销量、用户反馈、市场趋势等数据，结合图形、字体、色彩等设计元素，增强广告文案的可读性、生动性、说服力和可信度。交互式屏幕与界面、虚拟现实（Virtual Reality，VR）与增强现实（Augmented Reality，AR）等可交互技术的运用，允许用户通过触摸、点击、滑动等操作参与广告文案内容的互动，并为广告文案的传播提供全新的体验方式。

将可视化与可交互的表征化技术有机结合，比如，在广告文案中嵌入交互式地图和数据图表，用户可以通过点击和滑动操作查看详细信息；使用 AR 技术展示产品使用场景和效果，同时结合用户评论和评分数据为用户提供购买建议，比如，宜家“IKEA Place”应用就可协助用户进行家居搭配（图 1-2）；在社交媒体平台上发布短视频广告，结合动态效果和文字说明展示产品特点和优势等，丰富广告文案的表现形式，使广告文案更加自然、悦目，并有效嵌入广告内容中。

图 1-2　宜家 AR 数字服务

五、人工智能技术协助创作

人工智能技术在数智广告文案的创作中发挥着越来越重要的作用。通过自然语言处理、机器学习等技术手段，人工智能可以自动生成符合规范、富有创意的广告文案。比如，通过结合 AI 技术语法与 AI 生图功能

(图 1-3)，创造出人物与家电的创意组合（见章首二维码 1-15 广告组图）。

图 1-3　AI 创意海报生成思路（部分）

同时，人工智能技术还可以根据用户反馈和市场变化，不断优化和调整广告文案，以实现最佳的广告效果。例如，利用自然语言生成技术，可以自动生成符合品牌调性和目标受众喜好的广告文案；利用机器学习算法，可以根据用户行为数据预测其未来的需求和兴趣点，从而提前制定有针对性的广告策略。

六、跨平台联动

跨平台联动是数智广告文案在传播渠道上的重要策略。通过整合不同平台，如社交媒体平台、搜索引擎平台、视频播放平台等的资源和优势，广告文案可以实现跨平台的传播和互动。这不仅可以扩大广告的覆盖面和影响力，还可以提高用户的触达率和转化率。例如，通过社交媒体平台发布广告文案，再引导用户到搜索引擎平台或视频播放平台了解更多信息或参与互动活动；或者通过搜索引擎的搜索结果页面展示广告文案，再引导用户到社交媒体平台参与讨论或分享经验。比如，瑞幸咖啡“城市谐音梗”的营销（见章首二维码 1-16 广告组图），跨越多个平台，推动了一波又一波的品牌形象塑造热潮。

延伸阅读

1. 克劳德·霍普金斯．我的广告生涯·科学的广告［M］．邱凯生，译．北京：新华出版社，1998.

2. 罗瑟·瑞夫斯．实效的广告：达彼思广告公司经营哲学：USP［M］．张冰梅，译．呼和浩特：内蒙古人民出版社，1999.

3. 大卫·奥格威．一个广告人的自白：纪念版［M］．3 版．林桦，译．

北京：中信出版社，2015.

4. 大卫·奥格威．奥格威谈广告［M］．高志宏，译．北京：中信出版社，2021.

5. 乔治·路易斯，比尔·匹兹．蔚蓝诡计：颠覆市场的广告创意智库［M］．刘家驯，译．海口：海南出版社，1996.

6. 乔治·路易斯，比尔·皮特兹．广告的艺术：乔治·路易斯论大众传播［M］．徐智明，高志宏，译．海口：海南出版社，1999.

7. 艾·里斯，杰·特劳特．广告攻心战略：品牌定位［M］．刘毅志，译．北京：中国友谊出版公司，1991.

8. 杰克·特劳特，史蒂夫·瑞维金．新定位［M］．李正栓，贾纪芳，译．北京：中国财政经济出版社，2002.

思考题

1. 数智传播时代的广告文案与大众媒体时代的广告文案有何异同？

2. 广告文案创作的基本特征有哪些？

3. 广告文案创作发展历程中有哪些代表人物？他们分别有怎样的观点及成功的广告案例？

第二章

广告文案创意

第二章 广告文案创意

第一节 广告创意的概念与特征

一、Idea或Creation

二、创意与相关概念的区别

三、真正的创意

第二节 广告文案创意构想方向

一、深度解读商品，寻找促销元素

二、深入剖析消费者心理，发现利益点

三、多角度定位，赋予产品新卖点

四、从概念创新出发，打造品牌个性

五、基于数智媒体，利用平台特性获取流量

第三节 广告文案创意技法

一、同一思维与类比

二、异物组合与类比

三、生活常态与生活变形

四、文字变形与可视化设计

五、反向思维与不按常理出牌

六、“网感”与热梗热词的创新借用

导读：

创意既是广告中一个重要的理论话题，也是广告界评判广告优劣的重要标准之一。本章首先厘清创意的基本含义，在此基础上，讨论广告文案创意构想的五大方向：其一，深度解读商品，寻找促销元素；其二，深入解剖消费者心理，发现利益点；其三，多角度定位，赋予产品新卖点；其四，从概念创新出发，打造品牌个性（Brand Character）；其五，基于数智媒体，利用平台特性获取流量。当然，广告文案创意构想只提供创意的方向，要想将创意落实到文案中，还可以通过一些特殊的、行之有效的技法来实现。本章介绍了同一思维与类比、异物组合与类比、生活常态与生活变形、文字变形与可视化设计、反向思维与不按常理出牌，以及"网感"与热梗热词的创新借用等主要的广告文案创意技法。

本章学习目标：

1. 理解广告创意的概念、特征与基本方法。
2. 洞悉广告文案创意的构想方向。
3. 掌握广告文案创意技法。

本章案例与分析：

包括广告发展史中经典的平面广告与电视广告，以及近几年有代表性的社交媒体平台、电商平台及传统企业的创意广告案例。

扫一扫

扫描二维码欣赏案例

第一节　广告创意的概念与特征

创意是广告的灵魂，其本质在于如何以创造性的思维打破常规思维，引发目标消费者的情感共鸣或理性认同，从而使广告在信息洪流中脱颖而出。它不仅仅是视觉或文字上的巧妙构思，更是深刻洞察消费者需求与市场趋势后的智慧结晶。实现广告创意需要精心策划，力求在有限的空间与时间里精准传达品牌信息，激发消费者的共鸣，促使消费者产生消费行为，以彰显广告的价值与魅力。因此，理解何为真正的广告创意及广告创意的基本方法十分关键。

一、Idea 或 Creation

“创意”是一个被多学科使用的时髦名词，心理学、思维学、营销学、公共关系学、传播学、文学、艺术学等都不同程度地使用着这个词，但这并不意味着“创意”的概念已经明晰了，相反，由于使用者在不同的意义层面上主观且随性地使用这一名词，“创意”的概念呈现纷繁复杂的现象。

为了厘清何为创意，我们需要追根溯源，探寻一番。

“创意”对应的英文单词一共有两个，即 Idea 和 Creation。将 Idea 译成“创意”在早期的广告论著中比较常见，而 1995 年之后，Creation 也被译成“创意”，并且很快成为主流提法。这大概和 4A 广告公司设有 CD（Creative Director，创意总监）一职有关。Idea 和 Creation 两个英文单词在翻译成中文时合成了同一个词“创意”，这为使用者设下了陷阱——不知道自己在 Idea 和 Creation 中的哪个词源上使用“创意”。事实上，Idea 和 Creation 二者之间的区别是非常明显的。

Idea 是一个意蕴丰富的词，就其与广告创意相关的词义来看，可被理解为“计策”“计划”“主意”“念头”等。还有一个义项为“Way of thinking”，可以理解为“思维方式”或“想法”。

Creation 的英文原意为“赋予形象”“创造生命”，上帝创造世界和生命的行为可用 Creation，诗人、艺术家、作曲家及剧作家创造作品的行为也可用 Creation，服装设计师创作时尚女装的行为亦可用 Creation。

与 Idea 相比，Creation 显然多了创造的、形象的、艺术的意思，是一种富于创造性的艺术构思。Idea 则在更广阔的范围内使用，强调创造性但并不强调其艺术性。因此，Idea 和 Creation 的区别就是所谓的广义的广告创意和狭义的广告创意的区别。广义的广告创意是以 Idea 为内涵，泛指广告活动中一切创造性的思维活动；狭义的广告创意则以 Creation 为内涵，是针对具体广告作品而言的艺术构想。但是，我们应该看到，在狭义的广告创意中也包含有不同的理解，概括起来，主要有两种观点：其一，把广告诉求和策略主题的提炼归入策划类，把如何表现诉求内容和策略主题归入创意构想；其二，不再将广告诉求和策略主题划分出去，而是与艺术构思结合起来共同称为“广告创意”。

由此，从理论上，我们可以这样理解“广告创意”的概念：广告创意有狭义和广义之分，狭义的广告创意是将广告诉求和策略主题加以创造性表现的思维过程；而广义的广告创意则是指整个广告活动中所有的创造性思维活动，它贯穿于广告活动的全过程。在本书中，我们所说的“广告创意”特指狭义上的 Creation。

二、创意与相关概念的区别

词源的梳理可以帮助我们从一个方面正确理解什么是广告创意，但在实际应用中，还有一些常见的、似是而非的说法会加深对广告创意理解的模糊性，需要我们做深入的比较分析，使其尽可能明晰。

（一）创意与灵感

纽约艺术指导俱乐部（New York Art Directors Club）① 理事保罗 · R. 史密斯（Paul R. Smith）曾经提出过这样一些问题：究竟什么是创造性的构思？为得到创造性的构思需要付出什么样的努力？创造性的才能是仅仅依靠灵感的东西吗？如果是的话，那灵感又为何物呢？

---

① New York Art Directors Club（NY. ADC）是以设计师、创意主任为中心的广告创意人员团体，其会员分为纽约在住的会员和世界各国的非居住会员，其负责开展 NY. ADC 奖的选定和入选作品的出版等各种各样的创意交流工作。

美国哲学家约翰·杜威（John Dewey）认为，“灵感是在现实中，长时间慢慢培养成的东西。当旧的东西与新的东西碰撞的时候，在潜意识中开始进行再整理，那简直像天穹的星星闪烁一样敏捷，没有预期地突然得到了调和”①。这种哲学的思考被无数的科学发明和艺术创造证实，爱因斯坦在病榻上发现相对论，达尔文在马车上发现适者生存的进化论，列夫·托尔斯泰散步时由路边的小花激发灵感写成巨著《复活》，火车开动时铿锵有力的节奏和撞击声给乔治·格什温（George Gershwin）创作《蓝色狂想曲》带来灵感，水中的涟漪引发达·芬奇创作了蒙娜丽莎永恒而神秘的微笑，诸如此类的事例陈述和描写，真实反映出创作过程中灵感现象的存在。

灵感是玄妙的奇异魔术，是上帝的赐予——对灵感的这种“加秘”性的表述，在一些杰出的广告创意人员中间有一定的市场，他们以简洁的语言表达自己创意的成功经验，以不无自耀的心理强调广告创意中非理性的神思玄想的一面。李·艾柯卡（Lee Lacocca）当初殚精竭虑想出的文案创意“花56美元买一辆56型福特车”和梅顿·戈拉瑟（Milton Glaser）1977年提出将“I Love New York”中的“Love”用一颗红心来象征（图2-1），都是突然得情景之触动而产生的灵感。梅顿·戈拉瑟主动放弃该设计的版权，这一创意直至当下仍然如模因一般地在公共领域广泛传播。

图 2-1　I♥NY

李奥·贝纳认为：“广告撰稿人有各种经验、各种类型的人，但其中我认为作为广告撰稿人最重要的资质是敏锐的灵感，汇编已知的事实，能够创造出新的东西。”②

我们认为，这种有口皆碑的爆发式的灵感不是不存在，而是在绝大部

① 转引自植条则夫．广告文稿策略：策划、创意与表现［M］．俞纯麟，俞振伟，译．上海：复旦大学出版社，1999：19.

② 转引自植条则夫．广告文稿策略：策划、创意与表现［M］．俞纯麟，俞振伟，译．上海：复旦大学出版社，1999：19.

分情况下，所谓的“灵感”是创意经验、创意技巧、创意欲望和创意情景的综合产物。换言之，创意的灵感只会眷顾那些有创意冲动和创意准备的人，因为他们有强烈的创意欲望，所以能主动捕捉稍纵即逝的所谓的“灵感”；因为他们有丰富的经验和判断力，所以能抓住电光石火的那一瞬间。同时，所谓的“灵感”往往也是冥思苦想之后的一种顿悟。缺乏这些基本条件的创意者，往往就会对灵感视而不见，也无法使偶然得到的灵感触动演变成有价值的创意结果。

（二）创意与平凡常识

这两个看似互不相干的词汇昭示了广告界对“创意”的另一种误解。大部分人认为，广告客户委托广告公司做广告，其目的就是借助广告来提高自己产品的销售量，把货架上的存货借助奇妙的广告创意推销出去，由此过分依赖所谓的“广告创意”，认为有创意就一定能做出“爆品”。一些广告创作人员也非常相信“创意魅力”，认为只要是独一无二的创意就能成就一个广告作品，这显然是片面的理解。

詹姆斯·韦伯·扬（James Webb Young）在其著名的演讲《产生创意的方法》中一再强调，“创意完全是把原来的许多旧要素作新的组合”，是“把旧的要素予以新的组合之能力”，“在心智上养成寻求各事实之间关系的习惯，成为产生创意中最为重要之事”。①

曾任创意指导的洛伊斯·恩斯特（Lois Ernst）表示，“真止的创意是上帝赐予的，一种奇妙无比的无中生有，创意就是把两件事物组合成新的事物”②。相似的表达还可以见诸许多成功的广告创意人，如“创意人员的责任是收集所有能帮助解决问题的材料，像产品事实、商品的定位、媒介状况、各种市场调查数据、广告费用等等——把这些材料分类、整理、归纳出需传达的信息——最后，转化为一种极富戏剧性的形式”，以及“广告创意是一种控制工作，广告创意是为别人陪嫁，而非自己出嫁，优秀的广告创意人员深知此道，他们在熟识商品、市场销售计划等多种信息的基

---

① 詹姆斯·韦伯·扬．产生创意的方法［M］//汤姆·狄龙，等．怎样创作广告．刘毅志，译．北京：中国友谊出版公司，1991：234-235.

② 转引自马中红．广告文案创意新论［M］．上海：上海三联书店，2006：60.

础上，发展并赢得广告运动，这就是广告创意的真正内涵”。① 这些言论揭示了广告创意的真相，即广告创意是建立在广告创意人员对知识、生活方方面面的了解和掌握的基础之上的，是一种平凡常识转化的结果。因此，詹姆斯·韦伯·扬认为，创意能力是可以通过一定的方法加以训练和培养的。他将创意比作水面上突然出现的、充满了奇幻气氛的、可爱的环状珊瑚岛，它们好像是毫无征兆突然出现的，但是科学揭示，这些环状珊瑚岛是由不计其数的、在海面下活动的、看不见的珊瑚所建造累积而成的。创意也是一样，灵光一现时仿佛是从天而降的，事实上却是有迹可循的，而且往往是对旧要素进行新的组合的结果，是平凡常识的再度创造。

（三）创意与艺术

此外，还有一种片面的理解是将广告等同于艺术，将广告创意等同于艺术创作。这样的理解由来已久，广告界的艺术派也存续久远。一方面，这可能与中国现代广告起步时从事广告创作的人员大部分是从艺术学院毕业的，他们接受的是唯美主义的艺术设计观的教育相关；另一方面，国际上一些重要的广告赛事如戛纳广告奖、莫比广告奖等都将广告创意视为广告创作的圭臬，这就加深了广告创意等同于艺术创作的片面理解。

有学者从本质特征、行为发生、个体创作及传播类型等角度归纳了广告创意与艺术创作之间的差异（表 2-1）。

表 2-1　广告创意与艺术创作的差异②

广告创意	艺术创作
以传达信息为根本功能	以欣赏为根本功能
运用想象但必须证实想象真实	艺术以想象创造一个奥妙，它是假的
创意受广告产品、策划的制约	构思不受制约
追求广告效果	以作者个人感情的抒发为目的
瞬间传达，受时空制约	不受时空制约
讲究产品个性与风格	讲究艺术家的个人个性与艺术风格
诉求必须清晰、准确，防止误导	追求含蓄、朦胧、模棱两可、多角度理解
以市场为基础，以消费者为中心	以个人感受为基础，以艺术形式为中心
集中各方心力，以集体劳动完成	以个人创作方式进行
广告活动全方位、全媒介一体化	单一形态的艺术品

① 转引自马中红．广告文案创意新论［M］．上海：上海三联书店，2006：60.
② 袁米丽．现代广告学教程［M］．长沙：中南工业大学出版社，2001：11.

由此可见，广告创意有自己的目的、要求、创作方式和传播行为，不能将此与艺术创作等而视之。

三、真正的创意

广告创意是指广告创作中运用创造性思维发展出来的新的构想，这种构想只要发挥得与众不同，创出新意，就是创意。因此，我们理解“创意”须基于这样的认识。

（一）广告创意的原创性

以往很多的论述一致认为创意是“首创”“原创”，强调创意是一种独一无二的想法。台湾广告界的颜伯勤先生认为，所谓“创意”，就是前所未见、未闻的构想，是不落俗套的新观念、新设想、新形式，是一种“前无古人，后无来者”的创举。

我们基本同意这样的观点。确实，从广告创意实务的角度来看，广告创意的实质是广告创意人员能否深刻洞察产品的特性，能否将产品的特性巧妙地转化成消费者的利益点，能否在传递商品信息的同时，借助超越性的思维方式从商品中挖掘与消费者需求息息相关的新的看法、新的价值观念及新的概念。比如，《北京晚报》系列形象广告之所以能获得极大成功，正是因为创作者富有创意，活用“晚报”一词，跳脱思维范式，才创作出令人拍案叫绝的系列宣传广告（见章首二维码 2-1 广告鉴赏）。

但是，广告创意不是无源之水、无本之木，后人总是在学习前人的基础上前进的，因此我们认为，只要将创意构想发挥得与众不同，或者是经过杰出变化的，也应该被认定是创意，而不一定非要独一无二。

（二）广告创意的实效性

对广告创意实效性的重视始自 21 世纪初，是我国广告人在不断摸索、不断探寻、付出大量的代价后得到的经验总结。尤其是我国广告界引进艾菲奖后，在一定程度上纠正了戛纳广告奖一味倡导艺术表现所带来的有关广告创意理解的偏差。大卫·奥格威曾说：“我们做广告是为了销售产品，否则就不是做广告。”确实如此，因为广告创意不等于艺术创作，任何艺术形式和艺术手段的借用，以及艺术氛围的营造都是为了刺激消费者的视觉、知觉和心理，以促成他们最终的消费行为。因此，广告创意无法信马由缰，相反，只能“戴着脚镣起舞”，循着广告目标和营销目标，根据企业的营销策略进行发挥，否则，广告创意就会堕落成自言自语，滑向为艺术而艺术的深渊。

今天，企业利用广告的目的除了促进实际销售外，在很大程度上可以认为是传播，即传递企业和产品的信息给目标对象，并对他们进行利诱、劝服、促进、沟通。但是，消费者最终是否掏钱去购买具有诱惑力的产品，其实是广告所难以控制的。基于对广告的传播特性的认识，要想深刻地理解广告创意的实效性，还得注意以下两个方面。

第一，广告创意的实效性强调传达功能而非纯粹的刺激，这可以让我们以更成熟的眼光和思维来看待广告创意。假如一则广告已经给消费者带来了强烈的视觉冲击或心灵震撼，那还得审视它是否同时传达了清晰又特定的产品信息，因为视觉与知觉的冲击只能引起消费者的关注，只有独特的利益点，才能吸引消费者真正地产生购买行为。

第二，广告创意的实效性强调沟通性而非强迫性，也即创意的手法和内容应该与产品特点、特定的目标消费群体相关联，与目标对象的心理相沟通，这三个层面的关联和沟通缺一不可。如果缺少与产品特点的关联，创意就流于形式；如果缺少与特定的目标消费群体的接触，创意就是无的放矢；如果缺少与目标对象的心理的深度沟通，创意无疑是一场“单相思”。这样的“创意病”在现今的广告界已成为一种通病。

第二节　广告文案创意构想方向

创意是一种可以训练的发散性思维方式。在创意之初，往往会有拥堵之感，一旦茅塞顿开，便可汪洋恣肆，此时需要加以规范和引导。一旦广告的诉求主题确定，就进入了广告文案的创意阶段。那么，如何生成广告文案创意呢？首先，优秀的广告文案创意人员在进入创意环节之前应确切地知晓所售卖的是什么产品，谁是最可能的消费者，以及要用怎样的方法把商品的优点呈现出来，才能使消费者产生购买意愿。换言之，了解产品是广告文案创意人员必须做的基本功。其次，广告文案创意人员要熟谙目标消费者的心理特点，对症下药才能让广告真正起效。最后，为应对产品同质化现象，广告文案创意人员还需要从建树品牌或寻求新的产品定位出发来构想广告文案，以求突破平庸，推陈出新。

一、深度解读商品，寻找促销元素

威廉·伯恩巴克认为，广告文案创意最重要的成功因素是商品本身。他还进一步指出："如果要我给一个忠告的话，那就是在他开始工作之前，他要彻底了解他要做广告的商品。你的聪明才智，你的煽动力，你的想象力与创造力都要从对商品的了解中产生。"① 解读商品，读懂它所有的细节，就能发现其中可以用来作为广告文案创意的基本元素，解读越深入，发现元素的概率越大。

（一）产品特征价值

广告文案创意最直接、最便捷的构想方向就是去寻找与众不同的产品特征，去发现产品尚未被人注意，甚至尚未被生产者注意的特征，这一特征，恰恰是竞争对手所不具备的，也就是罗瑟·瑞夫斯所谓的"独特的销售主张"。劳斯莱斯发布的一则著名的广告中的长文案便是如此（见章首二维码 2-2 广告鉴赏），文案中使用了大量的事实根据，不厌其烦地列举了数据，以无可辩驳和毋庸置疑的说辞征服了消费者，劳斯莱斯独一无二的优异性也因此得到了充分的展示。

广告文案创意人员经过一番披沙沥金的解读后，提出的广告诉求点，往往需要有产品特征作为支持。说到底，广告是一种说服的艺术，能否说动消费者掏钱购买，仅仅凭华丽的辞藻、轻易的许诺和貌似的诚恳恐怕是不够的。广告提出一个主张、一个概念，或许下一个诺言都需要有产品特征作为说服的支持点，越是不容易被消费者相信的诉求越需要有充足的产品特征作为依据。

---

① 转引自李建立．现代广告文化学［M］．2 版．北京：中国传媒大学出版社，2007：104.

（二）产品特征分析

如何分析产品特征？不同类型的产品的物理属性有比较大的差异，如快速消费品与耐用消费品或一包方便面与一台电脑，它们之间的差距大到几乎不具有可比性。除物理属性有区别之外，消费这些产品的过程和心理也存在区别，比如，人们在消费快速消费品时，感情的成分会大于消费耐用消费品的，而消费耐用消费品时理性的成分则占很大的比重。这种差异为我们分析产品特征带来了可能性。

作为整体的“产品”，通常由三部分构成，即核心价值部分、形式价值部分、增值价值部分。

第一，核心价值部分，即产品提供给消费者的核心利益是什么。这是广告文案创意可以提取的最重要的创意源。这里所说的核心价值主要是基于产品特征而提取的物质性的、功能性的特征，如绿箭口香糖的广告文案始终都强调“清新口气”，对于口腔容易有异味、讲究口腔卫生的人来说很有感召力。

图 2-2　1965 年宝路薄荷糖广告

第二，形式价值部分，指产品外在的形式部分，如商标名称、包装设计、结构造型等。形式价值虽然不能直接作用于消费者的功能性利益方面，但是可以满足消费者内在的审美需求和精神需求。在产品核心价值趋同现象日益严重的情况下，对形式价值的挖掘可以将产品从竞争激烈的市场中区隔出来，便于消费者识别。同样是口香糖类产品，宝路区别于绿箭，从形式上构想诉求，称自己是“有个圈的薄荷糖”（图 2-2）。“有个圈”就是一种形式价值，它制造了产品的差异性。

第三，增值价值部分，主要指免费提供给消费者的产品核心价值以外的价值，如质量保证、专业安装维护、送货上门、保修保换等，这些方面有时也能为广告文案创意提供新的思路，促使产品形成新的竞争力。

具体而言，上述产品特征中可以用来发展广告文案创意诉求的，包括产品的原材料和品质之间的关系、产品特别的工艺和生产过程、产品独特的功能和用途、产品的外在物质特性、产品设计的可视内容、产品价格等。

二、深入剖析消费者心理，发现利益点

如果说深度解读产品，寻找产品固有的物质特性可以作为广告文案创意构想的最基本思路，那么深入解剖消费者心理，发现产品特征与消费者的"关心点"，从而找到产品和消费者的连接，则可以为广告文案创意构想开拓一片辽阔的天地。

（一）发现销售难题

相对而言，产品的物质特征是比较容易抓取的，但是抓取了物质特征，未必就能将其直接转化为广告文案创意的诉求点。尤其是在产品同质化的今天，消费者所关心的特征对于大类产品来说是一种最基本的功能，比如，大部分的空调都具有安全、省电、安静、制冷和制热等特征。因此，对于创意来说，有共同的特征也就等于没有特征。另外，产品在某些方面确实具有鲜明的特征，但是这样的特征如果不是消费者所关心的，也就等于没有特征。比如，对于一个瘦的人来说，再有特征的减肥药都不值得关心。

对于广告文案创意人员来说，需要了解和掌握产品主要的潜在消费群体对产品和服务知道多少，以及在他们的购买决策过程中什么因素起决定性作用。汤姆·狄龙（Tom Dillon）和魏特·哈布斯（Whit Hobbs）① 都将此因素称为"销售难题"。所谓"销售难题"，用魏特·哈布斯的话来解释，指的就是"只是赢得顾客的注意并不够；我们也一定要撰拟一个'销售特点'（Selling Point），并且一定要是'合适的'特点，而且我们一定

① 魏特·哈布斯毕业于哈佛大学，曾执教于纽约大学、哥伦比亚大学，并在 BBDO 和 Benton & Bowles 广告公司工作，在新品牌创建和广告文案创作方面成绩显著。

要使它与商品有关"①。也就是说，所谓的"销售难题"就是在洞察消费者心理需求的前提下，去发现产品固有特征中与目标消费群体心理需求相吻合、相衔接之点，即"关心点"。这个"关心点"既可能是产品的某个特性，也可能是深藏在消费者购买、使用过程中的某个与心理有关的"点"。发现这个"点"，就可以使广告文案创意"横空出世"，击中消费者的软肋，引起他们的情感共鸣。庄臣公司的"碧丽珠打光蜡"广告文案（见章首二维码 2-3 广告鉴赏）就是通过消费者调查，在发现产品销售的难点后调整广告文案创意策略而创作的。

（二）发掘利益点

与"关心点"相关的另一个重要原则是，广告文案创意过程中，如何将产品的特点转化为消费者的利益点。毋庸置疑，消费者购买产品，是为"利"而动、唯"利"是图的。这里的"利"，既指物质方面的"实利"，如方便、舒适、安全，也指精神方面的"虚利"，如情感、自尊等，消费者之所以购买是为了获得物质和精神上的某些满足。然而，如果广告文案创意只停留在传递产品的信息上，仅仅满足于告诉消费者这个产品有何特点、有何优势是远远不够的。因为产品的特点不一定是消费者能直接感受到的利益点，或者这个特点有若干产品可以作为替代品，前者如金龙鱼调和油提出的"1∶1∶1"口号，很响亮，但消费者感受不到这样的一组数字与自己利益的关系；后者如"一顺到底才叫爽"的顺爽洗发水，"头发柔顺"的利益点早被飘柔独霸，而且深植人心，因此顺爽的广告只能算是跟风之作。

利益点很少等同于产品特征，它需要广告文案创意人员深入消费者灵魂的深处，洞悉他们的需求，精而准地判断他们的需要，甚至能从蛛丝马迹中诱发出他们的欲望与利益点。也就是说，利益点通常是被挖掘出来的。比如，力波啤酒从消费者对产品的印象中，提炼出了"平凡的男人"这一广告创意（见章首二维码 2-4 广告鉴赏）。

---

① 魏特·哈布斯．文案策略［M］//汤姆·狄龙，等．怎样创作广告．刘毅志，译．北京：中国友谊出版公司，1991：27.

当然，赋予产品一个利益点并不是难事，难的是这个利益点能与消费者的“关心点”相吻合，并且得到产品特征的理性支持。寻找产品与消费者心理之间微妙的关联点，从而将冷冰冰的产品特征转化为消费者易于接受、易于亲近的利益点来加以表现，才能在不知不觉中深深打动他们。

三、多角度定位，赋予产品新卖点

现代社会的需求日趋个性化，对产品需求也日趋专门化。以往“战无不胜”的价格策略正逐渐被形象定位取代。

“定位”作为一种具有划时代意义的重要广告理论，其突出的贡献在于：发现消费者内心的空间，然后去占据它。第一，要使公司或产品在市场上获得一个位置，首先必须在消费者心目中获得一席之地，占据一个心理位置。第二，想方设法占据消费者心目中分门别类的产品中的第一位置，这是进入消费者内心的捷径。定位一旦确立，无论何时何地，只要消费者产生了相关的需求，就会自然地在第一时间想到这家公司或这个产品。第三，以定位创造产品的差异性，这种差异性不是指产品功能利益的差异，而是心理感受的差异。

那么，如何通过定位形成广告文案创意的构想呢？一是根据产品的功能特性切割总体市场，从细分市场中找到目标消费群体；二是于总体市场中，通过对竞争产品市场占据情况的分析，找到市场或消费者心理的空隙，然后填补它们。

（一）细分市场，找到目标消费群体

这是实施定位理论的前提。所谓“细分市场”，就是根据总体市场中不同消费者的需求特点、购买行为和购买习惯，把市场分割为若干相似的消费者群体。其中，每一个消费者群体都是一个子市场，他们在消费观念和购买习惯上具有类似的特点，而不同的子市场间又有着鲜明的差异。

细分市场可以依据不同的标准划分，比如，对于一个总体市场来说，可以依据区域的空间特征或时间维度来细分市场。我国幅员辽阔，南北、东西在各方面都呈现出明显的差异性。从消费的偏好度上看，北京、上海和广州的消费者就存在明显差异。同时，不同世代的消费者由于成长的社

会环境不同，也形成了不同的文化价值观，产生了不同的消费行为，比如，“银发市场”中的中老年消费者与“Z 世代”青年消费者的消费行为差异巨大，有天壤之别。

除此以外，我们还可以根据人口、心理、行为等来细分市场。细分市场后，不同目标消费群体的面目便清晰起来，这为广告文案创意奠定了基础。

（二）分析竞争产品，找出市场空隙

广告说什么和怎么说，不仅取决于产品自身，在很大程度上还取决于市场中的同类产品。定位的核心理念是要在消费者心里找到一个未被占有的位置。怎么找？这就需要通过对竞争产品的分析，了解竞争产品的市场占有率、总体实力、广告传播情况等，然后找出市场中或消费者心里尚未被竞争产品占据的空隙，设法填满它。

寻找空隙可以有许多途径和方法，可供参考的角度有以下七个。

1. 体积空隙

例如，不同品牌的汽车几乎都强调车身更长、价格更低、更具流线型、更好看。大众甲壳虫汽车既小又短，如果用传统方法去推销，显然不会有市场。于是，大众甲壳虫汽车的广告主推出了这样一则广告语：Think small（想想小的好处）。很快，大众甲壳虫汽车占领了小型车市场。

2. 价位空隙

定价是一种优势，如果能使产品抢占高价位或低价位的位置，也可增加产品的市场份额。当然，抢占高价位一定要有高品质作为保障，而且高价位必须在消费者能接受的范围内；与之对应，低价位也可以成为一种优势。

3. 性别空隙

性别的张力非常大，男性、女性的生理和心理的差异可以带来创意空间，比如，汇源推出的功能型饮料，其广告策略从性别角度着手，找到了一个全新的市场空隙——饮料也要分男女，着力挖掘饮品在功能和感受上的男女差异，从而使“他她水”在消费者心目中获得了“中国首款性别饮料”的地位，硬是在强手如林的饮品市场抢占了一块空间。

4. 年龄空隙

年龄也是定位可加以充分利用的角度之一。不同年龄的人，除有不同的需求之外，其消费观念和审美心理也有很大的区别。例如，强生公司为增加市场份额将部分产品如婴儿香皂转向老年市场，“强生婴儿香皂既适合婴儿又适合老年人”这一观念逐渐渗透市场后，改变了原先只为儿童市场服务的旧品牌定位。

5. 时段空隙

如“白加黑”感冒药，将一个普通的药品从时段上进行划分，“白天服白片，不瞌睡；晚上服黑片，睡得香。治感冒，黑白分明”使之有了鲜明的特征。一天有不同的时段，一年也就有不同的季节，每个季节又有不同的月份，由此，新的创意构想方向便可层出不穷。

6. 地域空隙

当可口可乐、百事可乐席卷城市市场时，非常可乐以低价的优势获得了广大的农村市场，成为“农民们的可乐”。

7. 生活场景空隙

消费者在归类某些产品时，所考虑的并不是产品的形态类别，而是以生活场合中的某些特定需求作为标准和出发点。咖啡品牌习惯性地主打职场、社交、个人独处等场景，星巴克却推出街头场景、都市出行场景、户外野餐场景等，声称“我不在办公室就在星巴克，不在星巴克就在去星巴克的路上”，显得别具一格。

四、从概念创新出发，打造品牌个性

对企业和广告主而言，品牌是用来区别竞争对手的产品和服务，形成竞争优势的重要手段。对消费者而言，之所以能够在琳琅满目的货架上很快挑选到自己需要的产品，正是依赖于对品牌的认知和信任。而消费者对品牌的“报答”就体现为产品的销售量、显示忠诚及支付较高的价格。

（一）品牌与品牌个性

“根据韦氏大字典的定义，‘品牌（Brand）是被烙铁或其他方法印下的记号，用来识别品质及制造商’。”① 美国著名营销学者菲利普 · 科特勒（Philip Kotler）表达了相似的观点：“品牌（brand）是用于识别产品或服务生产者或销售者的名称、术语、标记、符号、设计，或者上述因素的组合。”② 奥美集团将“品牌”定义为：品牌是某一产品属性的综合——它的名字、包装、价格、历史、名声及其广告形象；品牌也是由消费者对该产品使用者的印象和他们的使用经验来界定的。

换言之，品牌是被设计的、容易识别的、具有个性的，同时品牌必须得到消费者的认可。正因为此，品牌与产品有着明显的差别。首先，产品占领功能领域，品牌占领心灵领域；产品存在于货架上，品牌存在于消费者心中。其次，产品在工厂内制造，品牌由消费行为生产。再次，产品容易被竞争者模仿，品牌则无法被模仿。最后，产品会过时，品牌却是永恒的。

图 2-3 “三顿半”官网产品图

品牌个性是指品牌在展示产品利益和产品定位时还表现出品牌的个性特征，如特定的包装风格，个性化的核心价值，人格化、象征物及文化内涵，等等。这些因素是广告文案创意构思时可以借鉴的方向。如代表年轻、时尚、创新，注重环保和品质，具有强烈探索精神的“三顿半”（图 2-3），就塑造了非常个性化的品牌调性。

“三顿半”在产品宣传上，强调“超即溶冻干咖啡粉”的核心技术，通过“瞬间还原为一杯真正好喝的冷萃、拿铁咖啡”“原创的精品超即溶咖啡”等宣传语，精准传达产品便捷性与高品质的特点。同时，通过“一

---

① 马中红．广告整合策划概论［M］. 4 版．苏州：苏州大学出版社，2013：157.

② 菲利普 · 科特勒，加里 · 阿姆斯特朗．市场营销：原理与实践（第 16 版）［M］. 楼尊，译．北京：中国人民大学出版社，2015：234.

天三顿饭是物质世界，半顿是精神补给”的理念，将咖啡与生活哲学相融合，把产品与消费者的情感需求绑定起来。“三顿半”的“返航计划”更是将环保理念融入品牌营销，以“空罐变身城市货币”“喝咖啡也能守护地球”等创意，吸引消费者参与环保行动，形成独特的品牌文化和社群身份认同。

（二）挖掘品牌的核心价值

任何一个品牌都有其核心价值。品牌的核心价值作为品牌资产的主体部分，一方面，能让消费者清晰、深刻地记住品牌的利益点与个性，驱使消费者认同、喜欢甚至热爱品牌；另一方面，核心价值是品牌营销活动的原点，企业的一切营销活动都围绕品牌的核心价值展开，营销理念、促销活动、广告传播都是对品牌核心价值的体现和诠释，并进一步强化和丰富品牌的核心价值。只有坚持不懈地、倾尽全力地去实施，让品牌的每一次营销活动、每一分广告费都为品牌做加法，向消费者传达核心价值或提醒消费者联想到核心价值，才能成就一个品牌的个性魅力。因此，广告文案创意人员在构想广告文案时根据品牌的核心价值来发展创意是具有可能性的，也是必要的。

一个品牌最重要、最具独特性、最恒久的要素多表现在其核心价值上。劳斯莱斯象征着“贵族风范”，万宝路代表了“美国精神”，耐克被物化为“体育精神”，舒肤佳使人联想到“健康”，Zippo 成为“英雄”的化身，微软则是“高科技软件”的代名词。

全力维护和宣扬品牌的核心价值已成为许多国际一流品牌的共识。宝洁一旦通过消费者研究，对品牌的核心价值进行了严格定位，就绝不轻易更改，一切广告与营销活动都以核心价值为原点进行演绎。宝洁旗下的产品，如舒肤佳的核心价值是“有效去除细菌，守护家人健康”，多年来广告换了几个版本，但广告主题除了“除菌”还是“除菌”；潘婷的核心价值是“健康亮泽”，虽不停更换广告代言人，但“含维生素原 B5”“拥有健康，当然亮泽”的承诺总是一脉相承。宝洁的许多广告，就其原创性而言往往是平淡无奇的，但其强劲的销售促进力令人称奇。或许奥秘就在于对品牌核心价值的精确定位和持之以恒的坚持。

（三）诠释品牌的象征意义

品牌对消费者而言，除了具有功能价值以外，还拥有极具诱惑力的象征价值。品牌的象征意义表现在两个方面：其一，“象征的消费”。消费者购买某个品牌的产品，不仅在消费产品本身，还在消费这些产品所象征或代表的某种社会文化意义，如身份地位、消费档次、心情情调、美感愉悦等。比如，宝马是作为成功者的象征被购买的，香奈儿是被视为高贵情调而出售的。其二，“消费的象征”。消费者借助某些消费行为表达和传递某种意义与信息，如自己的地位、身份、个性、品位、情趣和认同。通过消费，人们不仅满足了基本的需求，也以这种方式参与了社会交流和社会表现。

在构想广告文案创意时可以追问品牌的人格化象征价值，即回答和识别“我是谁”这一问题，以此去诠释品牌的符号意义，这是一种有价值的构想方向。

品牌的人格化可以牵动消费者的情感，令他们认为自己是品牌的主人，品牌是他们精神生活中的一部分。哈雷·戴维森是美国著名的摩托车品牌，在其长达几十年的品牌积累过程中，我们通过广告可以看到驾驶这一品牌摩托车的男男女女不是毕业于名牌大学就是公司的高级经理，要么就是律师或会计师，在他们的骨子里流淌着自由的血液，渴望反抗。但是这些人在他们平日的生活里，很难有机会把理想的生活状态付诸现实，因此他们需要从来不会安静下来的哈雷摩托车。在哈雷摩托车的广告中，有一则广告展示了美国国际电话电报公司雷厉风行的首席执行官迈克尔·阿姆斯特朗（Michael Armstrong），每逢周末就会驾驶这个品牌的摩托车，以体现与日常不同的本真的性格和气质。

（四）提炼品牌的文化内涵

品牌的缔造始于品质，终于文化。同质产品，由于品牌文化的不同，带给消费者的享受亦是不同的。同样是手机，苹果手机旨在让消费者充分领略什么是与众不同，华为手机却展现出追求卓越的品牌性格。相反，如果品牌经营的重点只是强调品质，停留于对品质的赞美，而未能将品牌上升到文化经营的阶段，那么也只能做低端的缺少附加价值的知名品牌。

品牌的文化内涵首先来自对企业文化的深刻洞察。企业文化是品牌文化的源泉，将企业文化转化为品牌文化可通过广告文案创意实现。

第一，体现企业的核心价值观，即企业一贯所秉承的核心观念和做事原则。可以说，任何有长远目光的企业都不可能不重视消费者，关键在于如何将这样的理念传递给消费者，让消费者感觉到这份人性化的关怀和真诚。李宁的企业文化是致力于“成为源自中国并被世界认可的，具有时尚性的国际一流专业运动品牌”，提倡体育运动精神和进取精神，崇尚挑战自我、超越自我，在此基础上提炼出来的企业精神便是“一切皆有可能”。

第二，表达企业的使命和宗旨，这是展示企业实力和责任感的最好的方式。惠普的企业文化中，非常重要的部分是崇尚科技，并且希望通过不断创新科技来满足消费者的需求。于是，“惠普科技，成就梦想”就成了弘扬企业文化和品牌文化的响亮口号。

第三，展示企业的愿景和目标。企业的愿景和目标是企业对未来的展望，可以用来展示企业远大的理想和气魄。瑞幸咖啡力求“创造世界级咖啡品牌，让瑞幸成为人们日常生活的一部分”；星巴克则将企业愿景定位在“激发并孕育人文精神——每人，每杯，每个社区”上。

品牌文化的内涵还可以来自对品牌民族文化的深刻挖掘。尽管世界经济文化一体化趋势日益明显，但品牌的民族文化特征依然非常鲜明。丰田是日本的品牌，它的工厂可以设在美国，产品可以在美国生产，但日式精致还是丰田品牌的文化内涵；中国可以组装大众汽车，但大众汽车所代表的依然是德国文化和德国工业技术的严谨。因此，挖掘品牌所代表的民族文化和民族精神虽然难度极高，不易达成，但仍不失为提炼品牌文化的重要构想方向。

五、基于数智媒体，利用平台特性获取流量

数智传播时代的广告文案不再仅仅是文字的堆砌，而是技术与创意深度融合的产物，它要求广告文案创作人员不仅具备深厚的文字功底，还须深刻理解数智媒体的运作机制，精准把握平台特性，以科学的方法论指导广告文案创作，从而精准触达目标受众，最大化获取流量。

数智传播时代的广告文案创作是一场数据与技术驱动的创意革命。只有深入理解平台特性，精准把握用户需求，持续优化内容与形式，才能从信息洪流中脱颖而出，实现广告文案的高效传播与转化。

（一）理解平台算法，精准定位受众

数智媒体的核心在于算法驱动的个性化推荐系统。广告文案创作人员的首要任务是研究各大平台的推荐算法逻辑，理解其是如何根据用户行为、兴趣偏好、地理位置等多维度数据进行内容分发的。例如，抖音注重短视频的完播率、点赞、评论和分享等数据，而微博则更看重话题热度、转发量及关键词匹配度。基于此，广告文案须设计吸引人的开头，确保快速抓住用户注意力，同时融入平台热门话题或标签（Tag），提高内容被算法识别并推荐的概率。

（二）数据驱动内容，满足用户需求

利用大数据分析，洞察目标用户群体的偏好变化，是数智传播时代广告文案创意的关键。通过分析用户搜索记录、浏览历史、消费习惯等数据，可以提炼出用户当前最关心的议题或情感需求，进而创作出既符合平台调性又贴近用户心声的内容。例如，针对年轻用户群体，可以融入潮流文化、网络热梗，或是通过故事化的手法展现产品是如何解决其生活中的痛点的，以此激发共鸣，提升内容的吸引力和传播力。

（三）吸引点击，引导互动

在信息爆炸的时代，一个吸引人的标题和封面是吸引用户点击的第一道门槛。数智媒体环境下，标题应简洁有力，直击痛点或制造悬念，同时结合数字、问句、感叹号等元素增加吸引力。封面设计则需要视觉冲击力强，色彩鲜明，且与内容紧密相关，快速传达文案的核心信息。通过 A/B 测试，不断优化标题和封面设计，找到最能吸引目标受众的版本。

数智媒体鼓励用户参与和互动，因此文案中应巧妙设置互动环节，如提问、投票、挑战赛等，激发用户留言、分享的欲望。同时，及时响应评论区的用户反馈，营造良好的社区氛围，不仅能增强用户黏性，还能通过用户的自发传播扩大内容的覆盖范围。此外，利用平台内置的推广工具，如 DOU+、微博粉丝头条等，也能有效提高内容的曝光率和互动率。

（四）持续监测与优化，适应动态变化

数智媒体环境瞬息万变，文案的成效需要持续监测与评估。利用平台提供的数据分析工具，跟踪文案的发布效果，包括但不限于曝光量、点击率、转化率等关键指标，从而分析哪些内容类型、话题标签等更受欢迎。基于数据反馈，不断调整文案策略，优化内容结构和表达方式，确保文案始终能够精准触达目标受众，最大化获取流量。

第三节　广告文案创意技法

在本章第二节中，我们分析了广告文案创意构想的几个方向，目的是围绕广告传播目标和营销目标为广告文案创意提供发散性的思考路径，这样的思考既可以立足于产品的物质特性，也可以从消费者的视角出发；既可以从寻找产品与竞争产品的差异入手，也可以为产品注入文化的因素，使之上升到品牌的层次。所谓"法无定则"，广告文案创意的构想方向可以因时因地而不断推陈出新。相对而言，广告文案创意的技法倒是有迹可循、有法可依的。换言之，如果我们将构想方向视为策略性的，那么文案创意技法便是技术性的。

尽管技法是一种工具，广告文案创意技法却是建立在特有的思维方式之上的，在不同的思维价值取向下，会诞生不同的创意技法。因此，它既是理性的、思辨的、合乎情理的，也是感性的、直觉的、出人意料的，其目的无非"语不惊人死不休"。以下是几种常用的广告文案创意技法。

一、同一思维与类比

同一思维是水平思考法在广告文案创意中的一种具体应用，指的是把所要传达的产品信息、观念或诉求点依附在其他具有相同属性的事物上，借此表达。中国人民保险集团股份有限公司曾做过一则优秀的电视广告（见章首二维码 2-5 广告视频）：金鱼缸从花架上滑落，摔得粉碎，水花四溅，金鱼在地面上扑腾；然后，再用特技处理，将鱼缸恢复如初，覆水重收，鱼回缸中。这则广告传达了保险公司对消费者的一种承诺：化险为

夷，一生平安。抽象的广告诉求点通过同一思维的技法，表现得生动形象，令人过目难忘。

以此物比拟彼物，往往能比较容易地传达出一些抽象、复杂或难以说清的概念和情绪。智威汤逊广告公司有一则平面广告在业界家喻户晓。有一次，智威汤逊在竞争中丢失了原有的一家大客户，这是一件既丢面子又损失巨大的事，事情传出后，有可能还会动摇公司其他的大客户，为此，必须予以解释，以稳定“军心”。智威汤逊制作了这样一则平面广告：广告的画面非常朴素和简单，一只空荡荡然而又很精致的鸟笼高高地悬挂在画面的左侧，一片羽毛在空中飘扬，在明暗的光影投射下，大量的留白创造了一片空寂的氛围。画面下方，有一行大号文字，大意是：尽管鸟飞走了，但鸟笼依然很适合你。智威汤逊既失落又自信的心情巧借画面和文案得到了婉转而又清晰的表达，令人拍案叫绝。

二、异物组合与类比

与同一思维具有异曲同工之美的另一种手法是异物组合。所谓“异物组合”，就是换位思考，是将两件原本不属于同一范畴但又具有相似特性的事物组合在一起，通过联想和想象，将旧知识组合成新事物来产生创意的手法。

异物组合是一切具有创新意识的事物所具有的共同特征。两件互不相干的事相互碰撞能否激荡出火花，以及激荡出多大的火花，取决于广告文案创意人员在两件事物上的想象力。比如，关于汽车空间大小的表述，如果我们采取直接诉求，可能会使用宽敞、大容量、自由自在等直白式的告知；又或者，以一群体态肥胖的人坐在座位上依然能自由地活动来展示。但这些与人类已有的思维习惯完全一致，因此不可能产生多大的视觉冲击力。别克推出商务车时，将汽车停泊在森林边，打开车门后，林中跑出的可爱小鹿一头又一头地跃进汽车中。通过相异的两类事物的组合，商务车空间宽敞的诉求清晰地凸显出来，令人记忆深刻（见章首二维码 2-6 广告视频）。

异物组合与同一思维都使用类比的手法，不同的是，前者类比的两类事物同时出现，事物间的跨度越大，连结点就越突出；而后者通常只出现一类事物，被类比的事物不直接出现。但是，在实际使用中，这两种方法有时是难以被严格区分的。“香水与动物”是风马牛不相及的两类事物，但是在香水广告中，广告文案创意人员偏将二者置于同等的画面中：德国的科隆香水利用两张动物的照片来做广告，左边一张是一只有着翡翠色眼睛，优雅可爱、温柔乖巧的波斯猫在守卫一瓶科隆香水；右边一张是一只野性十足的老虎，扬起的虎爪抓住了一瓶麝香花露水。广告标题为“For all the women you are”（献给每一个百变的你）。这是同一思维下的类比，猫的温顺可爱与老虎的狂放野性在此被用来类比女性性格中非常可人的两种极致状态。柔情与侠骨，这究竟是女性原有的魅力，还是香水赋予女性的魅力，值得消费者去一探究竟。

三、生活常态与生活变形

撷取日常生活中的素材，对其略加整理，便可以演变成非常优秀的广告文案创意，这是威廉·伯恩巴克“新广告”理论极推崇的“创意来源于生活”的主张。

我们通过感受、阅读、听闻积累生活经验，但是作为文案创意素材的生活常态当然不是日常生活中庸常的、琐碎的、乏味的那部分，而是经过筛选、提炼后的生活精髓，是我们显微镜式地从生活常态中撷取的那部分浓缩了的生活精华，它应该是耐人寻味和值得反复咀嚼的。

南方黑芝麻糊的电视广告以“一股浓香，一缕温暖”为核心创意，将童年喝芝麻糊的场景细致刻画出来；邦迪创可贴“成长难免有创伤”系列广告（见章首二维码 2-7 广告鉴赏）则多抓取日常生活和人生经历中随处可见的细节。两则广告都通过生活常态的细节堆叠，引发消费者的情感共鸣。

对生活常态的创意处理就是生活变形，即对生活形态和生活场景加以适度处理，或夸张，或扭曲，或戏剧化，犹如站在哈哈镜前，将生活中本来可能并不为人所关注的现象进行放大，使其凸显，将细节极致化，从而令人刮目相看、印象深刻。比如，Wallis“致人死命的服装”系列平面广告就采用了生活变形的创意手法（见章首二维码 2-8 广告鉴赏）。

四、文字变形与可视化设计

文字变形与可视化设计是广告文案创意中极具吸引力和表现力的技法。通过对传统文字形态的创造性改造和视觉化呈现，它不仅能够迅速抓住目标受众的注意力，还能有效传达品牌信息，增强广告的记忆点。

在平面设计中，文字变形的方式通常有扭曲、描边、笔画删减、笔画错位、图形融入，以及设计为立体效果、虚化效果等，使得文字更具有层次感与画面感，增强文字的视觉效果与趣味性，更生动地表现文字内涵。通过文字的色彩处理与创意性编排，呼应广告主题，使得文字本身成为视觉焦点，从而加深消费者对广告的印象。比如，小红书曾发起一项“大家时装周”的在线社区活动（见章首二维码 2-9 广告组图），推广海报文案的字体设计就使用了服装车缝线的效果，字体的创意化设计符合广告主题，也使得画面更加独特、有趣。

以往，广告文案中文字的视觉化处理需要使用专业的图形处理软件，如 Photoshop、Adobe Illustrator 等，但随着手机应用软件类型的丰富，非专业人士也可借助手机图形处理 APP 快速实现文字的设计与编排。APP 提供的文字模板、编辑选项等，可快速增强文案视觉效果。

五、反向思维与不按常理出牌

反向思维，或称“逆向思维”，是广告文案创意中一种重要的思维方式。与反向、逆向相对的是正向、顺向，这是我们思维最常见的方式。以下这些常用的词汇，诸如“由外而内”“由上而下”“由小到大”“由左往右”“由高到低”“由远及近”“由无到有”等都表达了对事物进行分析判断的常规思维方式，人们依此逻辑去思考，就是一种正向或顺向思维。这种思维方式依赖于人们既有的知识和经验积累，在处理常规性事情时有一定的积极意义。但是，正因为这种思维方式沿袭原有的、习得性的经验，所以往往容易因循守旧，形成思维定式，难以实现创新。

通常而言，反向思维是一种反常规、反传统、反正向的思维方式，也就是俗话说的“反其道而行之”。其他外卖平台通常在春节强调“便利性”

和“不打烊”，饿了么平台却反向提出“祝你过年不用饿了么”（见章首二维码 2-10 广告组图），表面看似与商业目标背道而驰，实则通过“以退为进”的策略，传递品牌对消费者真实需求的关注。

不按常理出牌，往往能于险处取胜，对消费者产生强烈的震撼力。麦肯·光明广告公司就曾用另类广告语作为其招聘广告（见章首二维码 2-11 广告鉴赏），大胆出位，也使人过目不忘。

六、“网感”与热梗热词的创新借用

目前，学界对“网感”并没有严谨的学术定义，但通常可以将其理解为对互联网语境下热点、流行趋势的敏锐感知和创新能力，以及契合当下受众心态及社会氛围的在线表现力。“网感”不仅关乎对互联网热点的捕捉，更体现在对热梗、热点事件的快速反应和熟练运用上，是一种表达上的创新。有“网感”的人往往对新事物密切关注并且乐于探索、分享，有倾诉欲、表达欲，也善于观察与理解受众。瑞幸咖啡“城市谐音梗”案例，实际上就很有“网感”。品牌成为年轻人的“嘴替”，把年轻人不可言说的情绪与感受说了出来，引发他们的共鸣，自然就能收获关注及更广泛的传播。

借用热梗热词，便是有“网感”的一种体现。热梗热词是指在互联网上广泛传播、被网友大量使用和讨论的短语或词汇。它们通常来源于社会热点事件、影视作品、网民即兴创作等，具有时效性、流行性和传播性。善用热梗，是“网感”入门的重要技能，通过记录热梗、观察热梗的运用方式，锻炼联想能力，培养创新表达能力，将“网感”融入广告文案，可以创作出个性十足的广告。

宜家深圳商场在开业十六周年之际推出系列商品文案（见章首二维码 2-12 广告组图），其中不少便巧妙运用了热梗热词，如“在晚班和晚婚之间，选择晚安”，这条广告文案借用“选择文学”的梗——“在……与/和……之间，选择……”，诸如“在上班和上进之间，选择上香”“在发光和发热之间，选择发疯”等，是一种年轻人自嘲和自我纾解的表达句式，在网络平台上被争相使用。此外，“上班一人当三人内卷，回家一人占三位躺平”这句文案，则借用了“内卷”与“躺平”的社会热梗，既易于理解，也更能触动消费者。

延伸阅读

1. 威廉·阿伦斯，迈克尔·维戈尔德，克里斯蒂安·阿伦斯．广告：创意与文案［M］. 11版. 丁俊杰，程坪，陈志娟，等译．北京：人民邮电出版社，2012.

2. 詹姆斯·韦伯·扬．创意的生成［M］. 祝士伟，译．杭州：浙江教育出版社，2021.

3. 史蒂夫·兰斯，杰夫·沃尔．奥美广告创意52条法则［M］. 2版. 张旭，贾治华，译．北京：东方出版社，2012.

4. 罗谢尔·肯，等．数据驱动设计：A/B测试提升用户体验［M］. 傅婕，译．北京：机械工业出版社，2018.

5. 鞠惠冰．广告创意哲学关键词［M］. 长春：吉林美术出版社，2011.

6. 胡川妮．广告创意表现［M］. 北京：中国人民大学出版社，2003.

思考题

1. 如何理解广告创意？

2. 广告文案创意有哪些构想方向？数智传播时代广告文案创意的构想方向有何不同？

3. 广告文案创意技法有哪些？你认为数智传播时代广告文案创意技法发生了怎样的变化？

4. 请分享一到两个令你印象深刻的广告文案并谈谈它们的创意之处。

第三章

广告文案创作的互文性与文化资源

第三章 广告文案创作的互文性与文化资源

第一节 互文性与广告文案创作

一、互文性的界定
二、广告互文性
三、互文性手法

第二节 广告文案创作与外部文本的互文性

一、广告文案创作与神话传说
二、广告文案创作与文学作品
三、广告文案创作与新闻作品
四、广告文案创作与影视作品

第三节 广告文案创作与内部文本的互文性

一、广告文案创作与广告作品
二、广告文案创作与图像
三、广告文案创作与音乐作品

第四节 传统文化资源与广告文案创作

一、传统哲学观念
二、形象直观的思维模式
三、集体性的文化心理
四、谦厚的道德观念

第五节 流行文化与广告文案创作

一、新价值观念与社会心态
二、新分层与新文化趋势
三、流行元素与新语文现象

导读：

文化因素是广告文案创作时必须直面的一个重要问题。本章首先从文化研究中借用互文性（Intertextuality）概念，形成广告文案创作意义上对互文性的理解，并依次考察了广告文案创作与神话传说、文学作品、新闻作品、影视作品等外部文本的互文关系，以及广告文案创作与广告作品、图像、音乐作品等内部文本的互文关系，分析了这些互文关系的构成要素及主要手法，以期充分利用文学艺术和广告经典作品的资源来拓宽广告文案创作思考的空间。在此基础上，本章将互文性拓展到更广泛的文化语境中，分析广告是如何更好地利用现有的文化资源进行有效的创作和传播的。这主要从两方面展开：其一，透析中华民族传统文化的哲学观念、思维模式、文化心理、道德观念与西方文化的差异，探讨如何创作符合传统文化审美习惯的广告文案；其二，分析流行文化的基本概念及消费社会中出现的新价值观念、新分层、流行元素对广告文案产生的影响。

本章学习目标：

1. 掌握广告文案创作互文性的内涵与特征。

2. 能客观分析优秀传统文化与广告文案创作的互动关系。

3. 对流行文化与广告文案创作的关系有较深入的了解并能运用到创作中。

本章案例与分析：

以广告视频为主，结合平面广告呈现，为广告文案创作如何运用与借势文化因素，提供了丰富的分析材料。

扫一扫

扫描二维码欣赏案例

第一节 互文性与广告文案创作

“互文性”是结构主义、后结构主义文本批评中最重要的思想和术语之一，也有学者将此译成“文本间性”。它涉及当代西方文学艺术中的许多重要问题，比如，文本意义生成、文本阅读和诠释、文本与文化表意实践间的关系等。了解互文性的界定及互文性手法，可帮助我们理解广告中互文性的意义。

一、互文性的界定

“互文性”一词来源于拉丁文“intertexto”，意为“混合编织”。在关于“互文性”概念的多样性诠释中，我们倾向于认同朱丽娅·克里斯蒂娃（Julia Kristeva）的观点——“任何作品的文本都像许多行文的镶嵌品那样构成的，任何文本都是其他文本的吸收和转化”①，即两个或两个以上文本间发生的互文关系。一方面，两个具体或特殊的文本之间可能构成某种关系②；另一方面，某一文本可以通过记忆、重复、修正，对其他文本产生扩散性影响。菲利普·索莱尔斯（Philippe Sollers）对朱丽娅·克里斯蒂娃的概念再阐释道：“互文性概念（克里斯特瓦）在此具有关键意义：任何文本都处在若干文本的交汇处，都是对这些文本的重读、更新、浓缩、移位和深化。从某种意义上讲，一个文本的价值在于它对其他文本的整合和摧毁作用。”③ 我们所理解的互文性建立在这一基本前提下，即文本结构的不确定性。一个不确定的文本才有被阐释、被解读的可能，用传播学的术语来描述，就是有多种“解码”的可能性。正因为将文本看成是一个开放性的结构，因此“互文性”理论强调任何文本都不可能脱离其他文本而存

---

① 克里斯蒂娃．符号学：意义分析研究［M］//朱立元．现代西方美学史．上海：上海文艺出版社，1993：947.

② 1966—1968 年，克里斯蒂娃先后在《巴赫金：词语、对话和小说》《封闭的文本》《文本的结构化问题》三篇论文中使用了一个由她自己根据几个最常用的法语词缀和词根拼合而成的新词——互文性，并以多种方式给予定义。

③ 转引自秦海鹰．互文性理论的缘起与流变［J］．外国文学评论，2004（3）：21.

在——每个文本的意义产生于它跟其他文本的相互作用之中，并且这种相互作用是永无止境的。

二、广告互文性

尽管互文性概念来自文学批评和文化研究，但应该不仅仅止于对文学关系的理解，广告文本的互文性也极其普遍。

从传播学角度来理解，所谓“文本”，是指由传播活动中必不可少的符号与符码所组成的某一表意结构。任何文本的创作，从文学文本到非文学文本，都会受到创作者先前知识结构的影响，对任何文本的接受和阐释也同样受到受众先前知识结构的影响。这种先行存在的知识包括受众阅读过的其他文本、习得和后天学习的文化知识、社会习俗及有可能引起的种种联想。因此，广义上的互文性指任何文本都不是孤立存在的，互文性与其说是一部作品与某些先前的特定文本的关系，不如说是一部作品在一种文化的话语空间中的参与，是一个文本与某一种文化的多种语言或意指实践之间的关系，以及这个文本与那些表达了这种文化的诸多文本之间的关系。换言之，互文性既可以聚焦于互文本（先前文本）本身，也可以聚焦于互文本置身其中的那个文化空间。

从这样的角度去理解，广告的创作和接受就明显地存在互文性现象。

互文性在广告文案创意和创作中体现为各种不同的形式，比如，广告文案创作与外部文本，如神话传说、文学作品、新闻作品及影视作品等的场景的互文性关系；与内部文本，如历史上的经典广告作品的互文性关系，以及广告作品中不同元素，如照片、图像、色彩、音乐，乃至于编播技巧之间的互文性关系。探讨这些文本或元素之间的互文性具有非常重要的意义，它使得我们可以跳出纯文案的狭隘视野，在更广阔的时空中考虑如何更好地让受众理解和接受文案所传递的广告信息，且能借助互文性，更恰当地利用其他文本的优势为广告文案所用。

三、互文性手法

现有的关于互文性手法的研究主要集中在文学创作和批评中。比较有

代表性的关于互文性手法的观点有两种：一是共存关系，即一文本出现于另一文本中；二是派生关系，即一文本在另一文本中被重复和转换。

关于第一种互文性手法，最常见的是引用、暗示、抄袭、参考，即将一段已有的文字放入当前的文本中。热拉尔·热奈特（Gérard Genette）指出："没有任何一部文学作品中不在某种程度上带有其他作品的痕迹，从这个意义上讲，所有的作品都是超文本的。只不过作品和作品相比，程度有所不同罢了（或者说有的作品更公开、更直观、更明显）。"① 按照热拉尔·热奈特的分析，"引用"的手法可以在文本中轻而易举地被识别，因为在排版上它有明显的标识，比如，引号、斜体字或是另列的文字等，而如果在版面上没有刻意留下标志，那么引用就变成了抄袭。

关于第二种互文性手法，最常见的是戏拟和仿作、合并与粘贴。热拉尔·热奈特称这种手法为"超文性"。此类互文性手法主要是对原文的一种转换或模仿，先前的文本并没有被直接引用，但风格会受到原文的限定。戏拟是对原文进行转换或改写，并带有一种扭曲性质；仿作也是对原作有所改写，但它主要是模仿原作。合并是或多或少将原文纳入当前的文本中，或直接，或隐藏；粘贴则是强调两个文本的并列关系，突出片段性和互异的特色。

秦海鹰将互文性的手法归结为"互文性是一个文本（主文本）把其他文本（互文本）纳入自身的现象，是一个文本与其他文本之间发生关系的特性。这种关系可以在文本的写作过程中通过明引、暗引、拼贴、模仿、重写、戏拟、改编、套用等互文写作手法来建立，也可以在文本的阅读过程中通过读者的主观联想、研究者的实证研究和互文分析等互文阅读方法来建立"②。

广告文案创作的互文性手法受广告文体和广告目的性的影响，自然异于文学作品。由于广告文本短小精悍且不完整，文学互文性中的参考、引用手法几乎是不可能存在的，即使有对前人作品的借鉴也往往是一种仿

① 转引自蒂费纳·萨莫瓦约．互文性研究［M］．邵炜，译．天津：天津人民出版社，2002：36.
② 秦海鹰．互文性理论的缘起与流变［J］．外国文学评论，2004（3）：29.

作。同时，广告文案创作强调原创性，强调既不能重复自己也不能重复别人。

因此，广告文案创作的互文性手法主要表现在比较、暗示、戏拟、仿作、借用、嵌入等方面。很显然，比较是广告中常用的互文性手法之一，通常是将两个或两个以上的广告文本并置在一起，从而表现出它们之间的差异。暗示与比较有异曲同工之妙，只不过，用来对比的另一文本并不直接出现，而是借助接受者的联想来完成。借用和嵌入的手法在广告文案中似乎更能表现出互文关系的价值。所谓“借用”，就是将甲文本的内容借作乙文本的内容或背景，从而使两个文本间形成张力，以此来更好地表现乙文本的宗旨，如广告文案对新闻事件的借用。嵌入，也称为“移植”或“植入”，指将乙文本的内容直接植入甲文本中，使乙文本成为甲文本的一个组成部分，借此来突出乙文本，如影视剧中的植入式广告等。

第二节　广告文案创作与外部文本的互文性

所谓“外部文本”，是指广告作品以外的其他文本，这些文本并不是为广告而创作的，而是独立于广告作品以外的、已经存在的文本样式，比如，神话传说、寓言故事、文学作品、重要的新闻报道及有影响力的影视作品等，这些文本已在广告的目标受众中有一定的影响力。广告与这些文本形成互文关系，一方面是借力原文本；另一方面是在广告文本与其他文本之间通过视觉、听觉，以及想象、联想形成勾连，最大限度地借用其他文本的意象、情景、基调、人物，从而使篇幅短小、诉求单一的广告文案表现出无限张力。

一、广告文案创作与神话传说

“神话”的词源来自希腊文“mythos”，在英文中用“myth”表示。“神话”一词至少包含以下三层意义：第一，神话是叙述神或超人在一个完全不同于人们通常经历的时代中所做出的非凡事件等，如中国神话中的女娲补天等；第二，神话是一种叙述结构原则，是与真实性不完全相符的程式化的叙述，我们也可将此理解为“原型”，如亚当与夏娃的故事；第三，神话还可以理解为一种乌托邦性质的文本，或指社会意识和文化功能层面上的种种再生神话形式，如政治神话、种族神话、现代商业神话等。

传说和神话在概念上有时可以相互通用，只不过，传说往往与特定的时间、地点有关。可以说，神话传说，包括典故和寓言，都是一个民族文化和精神的“活化石”，不仅承载着生成和延续它的那个社会的诸多信息，也折射出一个民族的文化心理形态。

广告与神话传说的互文性通常表现在以下三个方面。

首先，对神话传说中故事人物的直接借用。由于神话传说诞生于一个民族的原初时期，这样的故事人物往往就是这个民族的最初原型。比如，关于月亮，西方有月亮女神阿尔忒弥斯，中国有嫦娥。嫦娥的形象家喻户晓，也曾被用作产品的商标，还被广泛应用于广告宣传中。

其次，由于神话传说的意蕴极为丰富，广告对此的借用，往往只取其某个方面、某种意象，这种意象通常是在后世文学艺术作品中加以强调并得到主流意识形态认同而被普通百姓共同接受的。比如，“嫦娥奔月”的神话包含了这样几个意象：嫦娥——美丽、永生；不死之药——长生不老；盗窃——不齿之行为；奔月——美好的画面和美好的追求。广告取神话的意象往往是对整体意象的切割，然后取其美好、浪漫、积极的一面同产品构成互文。

最后，互文性还可以表现为对神话传说、典故寓言的戏拟。戏拟是模仿的一种手段，只不过，戏拟会在某些部分或某些结果上对原作进行解构和转换，或以变异的形式反映原文，或者挪用原文，或者用原文但不用原义，甚至扭曲原义。比如，牛郎织女于鹊桥相会的传说，因表达了对爱情忠贞不渝的美好情操而在民间广为流传，绿箭口香糖的电视广告“鹊桥篇”（图 3-1）就对此进行戏拟，以动漫手法转换了这个传说的意蕴。

图 3-1 绿箭口香糖“鹊桥篇”广告截图

二、广告文案创作与文学作品

与神话传说相比，文学作品不仅在数量上更加丰富、深厚，而且拥有更多受众，传播范围更加广泛，同时与广告文案创作的互文性也更加突出。

如果把文学作品看作一个系统，它的表层要素是语言，在语言背后，则是由语言表达所形成的情感和形象，它们是文学作品的深层构造。语言、情感、形象是文学作品的三要素，这三者同时也体现出独特的文化性质和文化意味，因此常常被广告借用、戏拟、仿作和植入，互文性的结果使得商业广告带有浓郁的文学色彩，增加了广告的表现力和传播力。

第一，广告对文学形式和文学叙事手法的借用。通常，我们将文学形式分为小说、诗歌、散文、戏剧四大类。文学叙事手法则相对比较丰富，如虚构、隐喻、抒情、仿真，以及其他修辞手法等。诗歌是四大文学形式之一，充满想象力和浓郁的情感，语言精练且有鲜明的韵律和节奏，这些特点与广告创意的本质不谋而合，因此诗情诗语常常被广告模仿或直接移入。比如，“不在乎天长地久，只在乎曾经拥有”就是某品牌手表对诗歌“两情若是久长时，又岂在朝朝暮暮”的改写。

第二，广告对文学故事和文学形象的挪用和戏仿。一些优秀、经典的文学故事和文学形象也是广告文案创作时可被借用和改写的。对一个形象或一个故事片段的借用、改写，可以调动起受众最大的想象力和联想力，能将文学故事和文学形象中美好的东西移植到广告形象中。比如，白雪公主、美人鱼等文学形象常被戏仿，士力架广告中的林黛玉、许仙也给人留下了深刻印象（见章首二维码 3-1 广告视频）。

三、广告文案创作与新闻作品

新闻是对新近发生或正在发生的事情的报道，真实性是其本质特征和生命。主流媒体发布的新闻具有权威性，受众认知度和接受度较高。同时，新闻传播是一种在满足受众新闻欲望和需要的基础上，高度组织化、专门化和公开化的劝服活动，能产生潜移默化的效果。广告与新闻的互文可以借助新闻的这些特点，通过权威性、可信性、可接受度及不为人明显察觉的劝服性传达广告的信息。

广告与新闻的互文主要表现在广告对新闻事件的移植和对新闻叙事语言的仿作方面。

对新闻事件的移植是将新近发生的有广告价值的新闻事件直接移植到广告文案中，或将新闻作为广告资源、广告背景内容，或广告故事情节的一部分，将新闻价值与广告价值融为一体。这些新闻事件对于广告文案而言，具有即时性，需要广告文案创作人员及时把握、合理使用。比如，统一润滑油“多一些润滑，少一些摩擦”的广告片是在美国与伊拉克的战争爆发后的 12 小时内完成的，24 小时后就在 CCTV 战事新闻直播节目中播出，残酷的战争事件通过媒体直播，与广告文案构成互文意义。战事成为受众理解广告的巨大潜在背景，产品特性被巧妙地融入人们对和平的渴望中。

抓住有价值的新闻，将此移植为广告的情节或内容，可以融新闻的真实性、新鲜性、传播的广泛性及劝服性于一体，增加广告的价值。这种移植的技巧就是仿作新闻叙事语言，比如，美国保德信保险公司根据一则空难新闻创作的广告“智子，请好好照顾我们的孩子”（见章首二维码 3-2 广告鉴赏）。作为恐惧广告，它利用了人类躲避伤害需求这一共同特性，进行合理诉求，引发潜在消费者希冀逃避灾难的心理反应，但是如果缺少了新闻事件和新闻笔法的互文作用，效果就会大打折扣。

四、广告文案创作与影视作品

广告文案创作与影视作品的互文性，有三种表现方式。

第一可以表现为文案创意对影视作品的植入式利用。也就是说，广告或者产品暂时隐去了自己的真实身份和真实目的，将自身植入影视的剧情和画面中，成为影片中的一个道具或一个布景，或者在影视场景中以不为人注意的方式插入产品的名称、标志或广告牌等，使产品与影视情节或画面的其余部分融合在一起，从而产生积极的广告效果。

植入式广告文案创作重在利用暴露频次，但这是远远不够的。植入的产品是否与情节关联密切、融合是否巧妙自然，决定了广告成功与否。比如，获得 IAI 传鉴国际广告奖① 2021 年度金奖案例的鸡尾酒饮料品牌“RIO 微醺”在《二十不惑》《三十而已》两部剧中踩点女性成长瞬间，植

① IAI（International Advertising Institute），中文名“传鉴”，是知名的综合性广告与品牌营销赛事奖项，由中国传媒大学广告学院、中国商务广告协会、IAI 国际广告研究所于 2000 年创办，2016 年全新升级为知名的综合性广告与品牌营销赛事奖项。

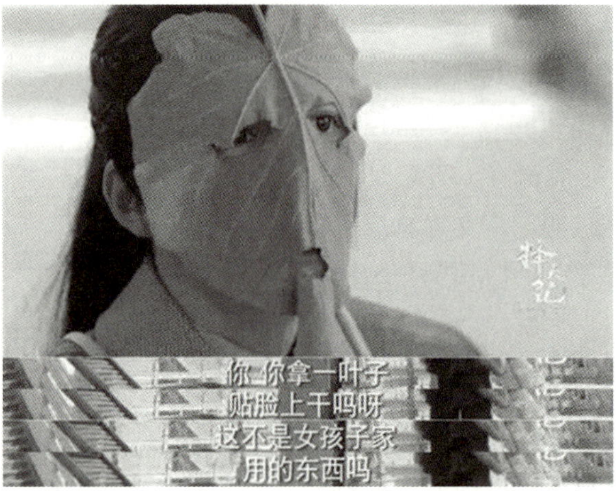

图 3-2 “一叶子”面膜植入广告截图

入产品，达到了精准覆盖年轻女性消费者群体的效果。更早之前，在热播玄幻剧《择天记》中崭露头角的“一叶子”面膜品牌，脑洞大开地将一片叶子做成面膜状，敷在古人脸上（图 3-2），配上台词“你，你拿一叶子，贴脸上干吗呀”，让人忍俊不禁。

第二可以表现为戏拟影视剧的场景和画面。比如，丽珠得乐“花样年华篇”的广告创意就是对电影《花样年华》的戏拟（见章首二维码 3-3 广告鉴赏）。互文的结果是，广告不仅借助电影产生的影响，迅速地接近了消费者的情感区域，而且形成了广告片特有的颠覆、嘲弄、幽默的风格特点，收到了意想不到的效果。

第三可以表现为将影视人物或场景直接嵌入广告中，即将某一部影视剧的主题、基调、风格与广告形成互文，在广告中注入影视剧的情调，让影视人物或场景在广告中得到重现。午后红茶电视广告“花屋篇”（见章首二维码 3-4 广告视频）之所以能产生良好的传播效果，得益于在广告中直接嵌入了奥斯卡经典黑白影片《罗马假日》中奥黛丽·赫本主演的公主形象，这种做法带来了既惊喜又充满无限想象的效果。

第三节　广告文案创作与内部文本的互文性

广告文案创作的互文性除了体现在与上述独立于广告作品之外的其他文本形成互文关系外，还可与广告作品的内部文本构成互文关系。这里的“内部文本”是指广告作品构成要素中除文案以外的其他要素，比如，其他广告作品，广告作品中的画面、图像、照片及音乐、音响等，互文关系一方面可以使单一的广告作品通过时间上的延伸获得更丰富的表现，另一方面则通过空间上的互构，增加广告作品的表现力。

一、广告文案创作与广告作品

广告文案创作是一项富有创新的思维活动，强调创意的新颖独特，反对模仿、抄袭，这是最基本的原则。但是，如果我们从互文关系的角度来看，对过往广告作品主题或诉求点的借用，乃至对其创意的改写或重写，不但是可以的，而且有其独特的魅力。

广告文案创作与广告作品的互文首先表现为对产品自身过往广告的借用、改写和重写。有一些广告作品的广告形象或广告语影响力非常强大，甚至达到了家喻户晓的程度，即便时过境迁，仍可引发追忆，如果将这类广告作品改写、重编，新旧之间就构成了互文关系，这种互文关系就会使现今的广告获得丰富的历史感。典型案例有旺仔牛奶“李子明”广告（见章首二维码 3-5 广告鉴赏），前后两则广告时间跨度极长，带给消费者无限回忆。

其次表现为将竞争对手的广告作品以对比、暗示的形式置于新广告中，以达到互比作用，突出新广告产品的优越性。为规避互文性中对法律法规的违反，大多数的广告文案创作会选择某种暗示，借由消费者的想象和联想来构成互文性。比如，1984 年首批苹果电脑的广告就暗示了与 IBM 的竞争关系（见章首二维码 3-6 广告鉴赏）。

二、广告文案创作与图像

图像是现代广告创意中不可或缺的基本元素。从互文的关系来看，广告文案创作既可以是对经典画作的借用，包括整体移植，也可以是改写或戏拟，还可以对文案与图像做出诸如文图并置、文图互补或文图对位等的处理，从而使图像与文案形成奇妙的互文张力，更好地利用图像来诠释文案，帮助消费者更深刻、更迅速地理解广告。

首先，广告文案的创意可以是对经典画作的借用。优秀的绘画作品或摄影作品具有无可比拟的传播功能，一些著名的绘画作品，如微笑的“蒙娜丽莎”“向日葵”“拾穗者”等经常被作为广告的背景直接移入广告画面中。

其次，广告文案创作与图像的互文关系可以通过文图并置或文图互补的手法表现出来。所谓“文图并置”，是指图像与文案在广告中所占据的地位同等重要，缺少了图像，广告文案就可能不知所云或使人产生阅读的误解，而缺少了文字，单一的图像也可能导致同样的误读、难读的结果。芬兰韦齐莱集团的企业形象广告就是图文缺一不可的典型（见章首二维码3-7广告鉴赏）。

最后，广告文案与图像对位的互文关系。所谓“文图对位”，指的就是广告文案与图像的对立关系。对立也是一种张力，它使广告文案与图像之间形成一种戏仿或嘲弄的意味，目的是回避一些不能直接出现在广告文案中的字词或在解嘲中获得目标消费者群体的认同。保罗·梅萨里（Paul Messaris）举的“多迈纳·圣米歇尔低糖香槟酒”的广告案例可以很好地说明这一点（见章首二维码3-8广告鉴赏）。

三、广告文案创作与音乐作品

音效作为一种元素进入广告，最早可以追溯到早期的口头叫卖广告，吆喝声、梆子声及其他器物发出的声音有效地招揽了顾客。所谓“音效”，通常包括音乐和音响两大部分，与广告文案构成互文关系的主要是音乐元素，它的基本构成是旋律和节奏，可表现思想感情、反映社会生活。

广告文案与音乐的互文首先表现在对音乐作品的借用和移植上，无论是古典名曲还是现代流行音乐，几乎都可以成为背景音乐的素材库。借用古典名曲如贝多芬《命运交响曲》、小约翰·施特劳斯（Johann Strauss Jr.）《春之声圆舞曲》作为互文对象，其效果与广告借用经典绘画作品相似，主要是为了增加产品的高贵典雅感。借用流行音乐或流行歌曲，可将音乐作品所渲染的情感及气氛转嫁到广告作品中。广告文案“孔府家酒，叫人想家”以电视剧《北京人在纽约》的女主角的口吻念出，电影人物、场景、音乐效果与广告起到了最好的互文作用，广告获得了前所未有的成功。

广告文案与音乐互文关系的另外一种表现是流行歌曲等的旋律虽然是为广告片量身定做的，但是独特的情感表达、完整的旋律和音乐语言，使旋律或歌曲独立于广告作品或先于广告作品而流传，成为热门的音乐作品。比如，为蒙牛酸酸乳创作的广告歌曲《酸酸甜甜就是我》一度成为年轻人喜爱的流行歌曲；“New Soul”因被选为苹果主题曲而在世界范围内广为流传。

第四节　传统文化资源与广告文案创作

中国是一个历史悠久的国家，几千年的古老文化塑造了中国人特有的价值观和审美观。任何一名广告文案创意人员要想在中国创作出有效果的广告，都必须在这方面做深入细致的研究。

所谓“民族文化”，是指一个民族的风俗习惯、历史传统、伦理道德、文化教育、人生观、价值观与现代观念和现代科技的结合。广告的民族文化就是这种文化在广告中的现象化和特征化，它可以帮助广告从文化心理上接近消费者，以达到与消费者沟通的目的。因此，针对民族文化的特点进行广告创作，是使广告富有成效的一个不可忽视的途径。

那么，我们的民族文化的特点、实质是什么呢？我们又该如何将它有机地融入广告文案创作中呢？

一、传统哲学观念

我国传统文化中的一个最基本的哲学观念是天人合一。这种独特的对世界的认识和表达方式曲折而深刻地影响着有关语言的结构和使用，影响着广告文案创作。如农夫山泉“长白山水源地冬季篇”广告（见章首二维码 3-9 广告鉴赏），在壮阔的背景交响乐和令人震撼的冰雪自然风光中，万物生灵和谐栖居的景象折射出广告天人合一的审美趣味。

大一统观念重权威、轻事实，也是我国哲学观念的一个重要特征。它强调等级、有序和规整，崇尚自上而下的绝对权威和由下而上的服从与顺意，从而导致人的价值标准、道德标准在取舍抉择时的唯上的大一统观念。大一统观念在广告上具体表现有二：一是内容上，强调权威部门的奖项和权威人士的推荐；二是表现形式上，强调自身的正统性，充分展示自己在社会中的正宗地位和“钦定角色”。这在婴幼儿奶粉广告中较为常见，比如，飞鹤奶粉广告（见章首二维码 3-10 广告视频）中明星的“现身说法”、广告语“高端销量遥遥领先”“更适合中国宝宝体质”，都暗示了其在中国奶粉市场上的权威性。

整齐、对称是我国传统文化对世界的一种理想要求，也是一种审美要求。广告文案中曾经风靡一时的对偶式文案可以说明这一点，比如，“眼前满是希望，身后还有风光”（东风风光汽车），“哪有什么天生如此，只是我们天天坚持”（Keep APP），等等。在我国的广告语言中很少采用参差、错落、残缺等艺术手法。

二、形象直观的思维模式

一个民族的思维特点、思维模式与该民族的语言有着互相制约、互相影响的千丝万缕的联系。思维是无声的语言，语言是有声的思维，语言不同则思维不同。思维模式和思维特点对广告文案创作具有很大的影响。

具象性是中国乃至东方民族共同的思维特点。中国人擅长形象思维，喜欢具体、形象、直观的广告文案，对意念、理性、信念等抽象思维则接受程度较低。这种思维模式反映在广告文案上，国内的广告多为口语化的直白表述，很少需要推理、分析和归纳。

中华民族思维模式的另一个特点是模糊性、意会性，如所谓的“弦外之音”“只可意会，不可言传”。虽说广告文案要求明确、醒目，但在不违背这一点的前提下，恰如其分的模糊可以使广告文案富有想象和回味的余地。比如，抖音品牌形象广告短片“在抖音，打卡美好中国”（见章首二维码 3-11 广告视频）中提到“别光看，去试试看”“别光看，去吃吃看”“别光看，去买买看”“别光看，去聊聊看”“别光看，去玩玩看”“别光看，去走走看”，言外之意就是请用户更深度地参与平台使用。

三、集体性的文化心理

每个民族都拥有一些基于本民族传统文化的心理特征，这些心理特征既影响着人们的日常生活和行为习惯，也制约着人们的语言活动。

怀旧，是中华民族比较突出的一个心理特征。比如，对故土的依恋、对往事的回忆、对先人旧友的怀念，等等。怀旧是中华民族一个永恒而始终深具魅力的话题。曾获得巨大成功的南方黑芝麻糊的电视广告（见章首二维码 3-12 广告鉴赏）也正是击中了中华民族文化心理中的怀旧、恋乡情结，并对其加以层层渲染，从而俘获了消费者的心。

重群体、轻个体，也是中华民族比较突出的一个心理特征。受儒家文化的熏陶，个体对群体负责的准则导致中国人随大流的心理特征根深蒂固，只要和大家一样，心里就感到踏实、满足；而别出心裁、张扬个性，则让人感到别扭、刺眼。这种心态在对广告的接受上表现为盲目从众，只要群体喜欢，个体必定跟随。飞鹤奶粉的广告中还有这么一句话——“一年超两亿罐被中国妈妈选择”，就是基于我国消费者从众这一心理特点而创作的广告语。

传统文化还形成这样一种心理特征，即图吉利，避不祥，追求发财、幸福、美满、子嗣昌盛，如果广告文案能表现出这些特点，也会深得受众的心。

四、谦厚的道德观念

传统的道德观念是一个民族、社会的行为规范和生活准则。广告文案的运用自然也不可避免地要受到一定的道德观念的制约。违反道德观念的广告文案和广告表现将会遭到受众的排斥。

诚实坦率被认为是人的基本道德品质之一。广告文案应该实事求是，坦诚相见，动之以情、晓之以理，这样比较容易让人接受。

自我谦逊和尊重他人是中华民族的又一个道德准则。谦虚被认为是一种美德，而尊老爱幼又是中华民族自古以来所提倡的。因此，广告文案中表示谦逊和尊重的词永远不会过时。

含而不露、严肃深沉是中国人的行为准则。我国的消费者对过于刺激、强烈的画面和词语接受度低，甚至会产生逆反心理。国外盛行的“恐怖式诉求”在我国恐怕是行不通的，含蓄内敛的广告才更容易被我国的消费者接受。

第五节　流行文化与广告文案创作

流行文化，是指在大众中流行的文化，是以大众趣味为导向，以商品经济为基础，以大众传媒为载体，以娱乐快感为目的的世俗的、反映大众日常生活的文化。首先，广告是流行文化的一种表现方式，而且在流行文化中占据越来越重要的位置。可以毫不夸张地说，广告是流行文化的创造者，是流行文化不遗余力的推广者。当广告以大量的投放、不间断的重复传播，突出地渲染某种价值观和审美观时，一种流行文化就诞生了。其次，当一种流行文化刚刚露出端倪时，广告总能敏锐地捕捉这种流行，将其纳入自己的广告创意中来。因此，流行文化与广告就仿佛是一个硬币的两面。有鉴于此，从广告文案创作的角度出发，我们要寻求的是流行文化的特征与创意之间的关系，从而更好地利用消费者的文化心理特征创作有效的广告文案。

一、新价值观念与社会心态

我国流行文化的发展得益于改革开放，以及西方强势文化的影响。西方是一个崇尚个人主义的社会，既追求个人享受，又放任个性自由发展。受西方流行文化的影响，20 世纪 90 年代以来的中国青年主体意识从觉醒到释放，广告中便出现了突出的“我（I）”文化。从最初雪碧的“给我真的感觉”、安踏“我选择，我喜欢”到动感地带“我的地盘，听我的”等广告语，高扬的是“I”的旗帜，是一个有着独立人格、自主意识、自我价值的生命个体。

当下我国青年的价值观呈现出更为多元、复杂的特点，“I”观念从宣扬唯我独尊逐渐演变为主张自我、悦己消费。当代青年在着装、饮食、休闲、体育、心理、学习、文艺等方面都展现出独特的个性，他们敢于挑战传统，打破常规，追求与众不同、舒适悦己的生活方式，不计较得失、不一定非要成功，自己享受就好。户外品牌蕉下春分立意短片《回户外》（见章首二维码 3-13 广告鉴赏）中的一句“在户外，有意思就够了”，正展现了当代青年对生活的态度。

在消费观念上，当代青年更加注重节约和合理支配金钱，不再盲目跟风消费。他们追求“精致省”，即高性价比的生活方式，这既是消费理性的回归，也是消费自信的体现。2023 年，小红书喊出“不冲动，买心动”口号（见章首二维码 3-14 广告组图），反对大促套路，提倡理性消费，这样的广告获得了年轻人的认可。他们更愿意将金钱用于满足自己的兴趣和需求，追求内心的愉悦和满足，更加注重个人成长及人生价值的实现，渴望掌握自己的人生道路。外卖平台饿了么抓住年轻人减脂这一健康消费理念，与健身平台 Keep 联名推出“劝你不要 Keep 一套，饿了么一套”的营销（见章首二维码 3-15 广告组图），广告文案细致刻画了年轻人选择健康餐饮的心理动态，实现了品牌双赢。

当代青年更加注重情绪价值。一方面，在社交和人际关系中，他们更加注重情绪价值的转换，他们渴望得到他人的理解和支持，也愿意为他人提供情感上的帮助。情绪价值成为他们衡量人际关系质量的重要标准之一。另一方面，在面对情绪问题时，他们善用自嘲式表达纾解自我，注重自己的情绪管理和调节能力，更愿意选择用自己喜欢的方式去应对和调整情绪状态。比如，毛绒玩具品牌 Jellycat 因其充满情绪张力的打包场景，获得了年轻人的喜爱，大家纷纷前往体验并在社交媒体平台上传播，表示“情绪价值拉满”；《蜜雪冰城甜蜜蜜》这样的广告歌曲，在社交媒体平台的助推下变得家喻户晓，无论是“社牛”还是“社恐”，都陷入共同的情绪狂欢之中。除此以外，围绕情绪这一诉求点，不少品牌开展关注青年心理健康的公益行动，比如，珀莱雅“回声计划”（见章首二维码 3-16 广告组图），持续关注青年情绪，创作出“有情绪，就有情绪安放地”的广告文案；社交媒体 Soul 营销活动（见章首二维码 3-17 广告组图）以“让情绪 problem 变成治愈 poem”为创意核心，以诗人余秀华的 12 首经典之作及部分诗歌博主的作品为主体，把年轻人的情绪诉求变成一首首动人心弦的“心理医诗”，带大家探索情绪的困境。

在主张自我、情绪价值等各类价值观的共同作用下，当代青年出现了一种“逃离观”。逃离工作——随着工作压力的增大和职场竞争的激烈，部分青年对现有的工作环境和职业发展感到不满、充满焦虑，他们渴望逃离这种日复一日、年复一年的工作模式，追求更加自由和灵活的生活方式。逃离家庭——在家庭中，他们可能面临各种期望和压力，如父母的期望、婚姻的责任、亲戚的看法等，部分青年为了逃避这些压力，选择离开家庭环境，寻求更加独立和自主的生活空间。逃离城市——随着城市化进程的加速和人口密度的增加，部分青年对城市的喧嚣和拥挤感到厌倦、疲惫，他们渴望逃离这种环境，寻求更加宁静和自然的生活方式。户外、自然、乡村成为"逃离观"下应运而生的广告主题。小红书"外人节"（见章首二维码 3-18 广告组图）宣传文案"奔跑在望不到边际的荒野，会忘掉城市的边界感""在 30 楼的办公室容易窒息，只好到海拔 3000 米的地方大口呼吸"等，契合了年轻人想要逃离办公室和城市的心态。

二、新分层与新文化趋势

不同世代的消费观念存在显著差异，这些差异为广告文案创作提供了丰富的策略方向。传统世代分类往往把群体分为 X 世代（1965—1979 年出生人群）、Y 世代（1980—1994 年出生人群）、Z 世代（1995—2009 年出生人群）和 α 世代（2010 年后出生人群），但在消费市场中，会出现新概念来取代世代群概念，比如，部分 X 世代群体被称为"银发族"、Y 世代群体表现出"新中产阶层"特征，另有女性消费群体的崛起，等等。

（一）Z 世代与消费文化

Z 世代是数字技术的原住民，互联网和数码产品是他们日常生活的一部分。他们注重个性化、体验化和性价比，追求"该省省，该花花"的消费模式，热衷于小众圈层文化和个性化消费，喜欢通过社交媒体分享消费体验。

受圈层文化的影响，年轻一代所包含的群体更为丰富多元。在学习、工作、生活中，年轻人善于为自己贴标签、找同类。大学生自居"脆皮大学生"，不少职场青年自嘲"打工人"，粉丝为偶像疯狂，二次元扎堆谷子店……年轻一代的文化，不断被商业收编，成为品牌方竞相争夺的市场。

以"打工人"为例，其成为众多广告创意的热门选题。一类以发泄情绪为主，突出打工人怨气、实惨生活、精神状态、内心独白等。比如，一万种咖啡市集推出“苦命甜心”系列海报（见章首二维码 3-19 广告组图），“是啊，咖啡哪有命苦？咖啡苦，可以加奶；工作苦，却不能加薪”等 20 余张与 AI 共创的海报尽显打工人的哀怨；大润发“烟火文学”特别推出“打工人特辑”（见章首二维码 3-20 广告组图），让超市中的生鲜开口说话，化身职场“嘴替”，表达职场人心声。这些广告戏谑又真实地反映出当代职场青年的境况，这样的广告能引发他们的共鸣，反倒成为打工人的情绪出口。

另一类以舒缓情绪为主，比如，必胜客“卡皮巴拉”周边与饮品（见章首二维码 3-21 广告组图），其推出的“两手一摊，与我无关”等文案，以文字的力量呈现出打工人的抵抗；元气森林“职场特调”营销活动定制五款鸡尾酒（图 3-3），并将其命名为“休假自由古巴”“今天不发威士忌”“升职加金 SODA”“KPI HIGH BALL”“领导莫急托”，结合打工人的心愿，缓解打工人的压力。

图 3-3　元气森林“职场特调”营销广告

（二）“新中产阶层”与消费文化

“新中产阶层”由中产阶层的概念延伸而来。目前，我国对“新中产阶层”没有严格的定义，以“80 后”“90 后”为主力军，他们教育背景良好，多居住于一、二线城市，有一定审美，愿意为商品的附加价值支付额外费用。“新中产”在物质消费上除了仍然对奢侈品保持一定的热衷外，更追求小众品牌赋予自身的独特性，并乐于在社交媒体平台上展示自己的品质生活；他们善于发现风格、跟随风格，莫兰迪、美拉德，以及老钱风、侘寂风等，成为重新定义自我的参考依据；他们对于精神消费的需求更加强烈，向往诗与远方，衍生出围炉煮茶、精致露营等各种消费形态。高客单价的品牌青睐“新中产阶层”，广告叙事通常宏大，视觉效果壮美震撼，用简单的文字渲染别具一格的生活方式，将品牌理念凝练为某种信仰，以此呼应“新中产阶层”的精神世界。比如，始祖鸟《向上致美 · 南迦巴瓦》概念短片（见章首二维码 3-22 广告视频）就呈现了人类对高山的信仰与敬畏。

（三）银发族与消费文化

银发族通常指的是已经或即将从工作岗位上退下来的人员，他们拥有丰富的社会经验和人生阅历，是社会的宝贵财富。这一群体的特征主要表现为有稳定的社交需求，并热衷于寻找和展示精神世界。他们注重健康与养生，愿意购买有机食品、保健品和中医养生产品等，以保持身体健康长寿；他们重视服务与体验，愿意为了获得更好的服务而支付更高的价格，如选择高级养老院、预约私人医生等；他们追求生活品质与享受，热衷于旅游、摄影、参加社交活动；他们拥抱智能科技与数字化产品，热衷于线上购物、刷短视频，以便更好地与家人和社会保持联系；他们重视家庭和睦，愿意为了家庭的幸福而消费，比如，购买家居用品，抚养子女和孙辈，负担家庭活动和家庭旅行支出等，以表达对家人的关爱。银发族一定不是衰老、迟缓、孱弱、过时、缺少活力的代名词，他们正展现出与年轻人相似的多元化和开放性。2021 年，天猫超级品类日成人奶粉专场广告文案（见章首二维码 3-23 广告组图）——“眼界大开，八方赏味，不如我好胃吃到八十岁”“老当益壮，身体倍儿棒，云淡风轻举起大重量”等，将银发族的乐观倔强、快意潇洒的个性展现得淋漓尽致。

银发族的消费文化不仅推动了相关产业的发展，也反映了社会老龄化的趋势和老年人生活方式的积极变化。

（四）女性消费群体与消费文化

如果从性别的角度来考察消费对象，那么女性毫无疑问是广告创意最值得关注的对象。卡罗尔 · 尼尔森（Carol Nelson）等人认为，“只有了解了女性，才能了解90年代的消费主义”①。20世纪末至21世纪初，“她消费”“她经济”崛起，广告对于女性需求的关注及对于女性形象的呈现均发生了一定程度的改变。以2024年妇女节营销案例为例，首先，品牌方更加关注女性的多元自我。SK-Ⅱ聚焦年龄“脱美役”，通过采访多名无底妆素颜拍摄的女性，见证了她们“不zhuang”的转变（见章首二维码3-24广告视频）；始祖鸟拍摄多位女性徒步大片《她山之路》（见章首二维码3-25广告视频），重新定义“柔软”；好望水“100个女孩结婚”活动（见章首二维码3-26广告组图）联合诗人余秀华，探讨婚姻的本质，发出女性的声音。其次，广告也开始关注女性权益。办公软件钉钉拍摄短片《例假真的是个假》（见章首二维码3-27广告视频），直面职场女性困境并呼吁解决；全棉时代联合中国妇女发展基金会发起经期女性友好行动，同步上线主题片《山城书简》（见章首二维码3-28广告视频），关注留守女童月经困境。广告中，越来越多的普通女性被看见，女性与女性之间的情谊也愈发细腻、真实、有价值，天猫通过短片《因为你最上心》（见章首二维码3-29广告视频），以一场真诚而美好的Girl's talk唤起女性之间的情感共鸣，展现女性之间彼此支持的力量；7or9从女性生活中发现“刚刚好”的小故事（见章首二维码3-30广告视频），并将这些小故事串联起来，呈现女性之间的爱与关心。

广告中的女性故事与女性形象，不仅映射着广告界对女性多元需求与权益的深刻理解，也标志着女性群体正向着更加立体、自主与团结的方向发展。女性力量与美好的故事契合了女性消费市场，但更重要的是，这些真实或创造出的女性故事，应该成为性别平等与女性赋权新篇章的见证者。

三、流行元素与新语文现象

流行文化创造的流行现象，绝大部分有时间限制，可能今天流行的在明后天就被大伙遗忘了，也有极少的一些价值观念或消费观念被社会公众

① 卡罗尔·尼尔森，弗朗西斯·利尔．向女性推销［M］．徐海虹，张愉，译．北京：中国标准出版社，2000：序言Ⅳ．

普遍接受，成为“大众的”而不再是“流行的”，因此流行文化是一种变动不居的文化现象，在这个现象中，说到底是一些时尚的元素堆出了“流行”。就广告这种流行的文化产品而言，首先是视觉形象，诸如形象代言人的年轻化、时尚化，以及他们的造型、着装、体态语言等可视的元素起到了很大的作用；其次是音乐在影视广告塑造流行文化中也起着推波助澜的作用。除此之外，一向被大家所忽视的广告语言文字一跃成为重要的流行元素，并在流行期间创造了新语文现象。

（一）新词语与广告文案

近些年所出现的新语文现象之一就是大量新词语的诞生，这在中国的语文史上恐怕也是前所未有的。网络上每天都有新的词语诞生，并且这些新词语很快便溢出网络向日常生活涌来，成为口耳相传的新词语。

所谓“新词语”，在语文界已被讨论得非常多且透彻，其“新”主要表现在两个方面：一是指新造的词语，二是指被赋予新义的词语。无论是新造的词语还是被赋予新义的词语，都是在现实生活中应消费文化、流行文化的需要而被创造出来的。这些词语在刚被创造出来时，具有强烈而明显的新鲜感，时尚而又充满现代感，因此很快就能得到年轻消费者的认可，并被视为不落伍的一种标志。比如，品牌创始人改称“主理人”，旅游拍照叫“打卡”，强烈推荐叫“安利”，激发购买欲叫“种草”，在网络上引人注目叫作“显眼包”，等等。

新词语与广告文案之间存在紧密且复杂的关系。新词语的出现和流行，不仅丰富了语言的表达形式，也为广告文案创作提供了新的素材和思路。广告是一个求新求异的行业，新词语的出现和流行会很快进入广告文案创作中，借此来接近目标消费者，缩短与消费者的距离，甚至投其所好。蜂花联名钉钉推出“祛班味洗发露”（见章首二维码 3-31 广告视频），喊出“横扫班味，做回自己”的口号；小红书围绕热词“去班味”开展专题文旅策划（见章首二维码 3-32 广告组图），为打工人“去班味”，广告文案撩拨职场人的心弦；同样是小红书，发起“非遗 CITY 不 CITY”公益活动（见章首二维码 3-33 广告组图），探索非遗的创新发展……这些广告营销，纷纷紧扣当下的热梗热词，抓住消费者的眼球，便于理解并引起他们的好奇。

（二）网络流行文体与广告文案

从凡尔赛文学、废话文学、发疯文学到抽象文学，网络流行文体层出不穷，每一种文体的兴起都折射出当代网友独特的情感表达与审美趣味。凡尔赛文学主要指不经意间的炫耀，脱离实际却又被描写得确有其事，用以寻求心理平衡和满足感；废话文学看似是无意义的表述，蕴含着对生活琐碎与日常荒诞的幽默解构；发疯文学则用极致的情绪宣泄，释放着当代青年在高压之下无处安放的情绪；抽象文学更是以超脱常规的语言逻辑，掀起一场思维与想象的狂欢。在广告活动中，运用流行文体贴近消费者的做法也非常丰富，比如，肯德基“疯狂星期四”营销活动所衍生的“疯四文学”风靡一时，“疯四文学盛典”营销事件更是引得大批消费者参与共创（见章首二维码 3-34 广告组图）；RIO 在重庆地铁站上线抽象文学海报（见章首二维码 3-35 广告组图），土味情话、无厘头、语无伦次等，拼贴风格古怪的图形形成了一道“扎眼”的风景。

网络流行文体在广告活动中的创意应用，是品牌理解和融入年轻人文化语境的方式。它打破文字美学，在语言游戏之外，更成为一种时代情绪与集体心理的反映，折射出当代年轻人的多元面貌与深层需求。

（三）颠覆传统语法现象

流行文化影响之下的新语法现象在广告中的另外一种表现就是对传统词性与语法的颠覆，其颠覆的极致仿佛就是不想被大众读懂广告的文案。在这类广告中，常常被学界提及的就是台湾意识形态广告公司以许舜英挂帅的创意小组为中兴百货所做的大量广告文案（见章首二维码 3-36 广告鉴赏）。这些与传统语法不符的文案，成了创作者鲜明的特色。

广告文案创作要求简洁明了，容易被消费者理解和接受，为此它需要遵循基本的词性要求和语法规则。但是，广告文案更是一种创新求变的语言文字，威廉·伯恩巴克曾经说：“如果要打破了一切规则才能被人注意，那我宁可打破一切规则。”因此，传统的语法规则对广告文案而言是可以遵循但并不是必须遵循的，打破语法规则可以帮助广告文案创作找到新意，并由此可能形成新的流行文化。

延伸阅读

1. 朱莉娅·克里斯蒂娃. 语言，这个未知的世界［M］. 马新民，译. 上海：复旦大学出版社，2015.

2. 朱莉娅·克里斯蒂娃. 符号学：符义分析探索集［M］. 史忠义，等译. 上海：复旦大学出版社，2015.

3. 朱莉娅·克里斯蒂娃. 克里斯蒂娃自选集［M］. 赵英晖，译. 上海：复旦大学出版社，2015.

4. 闵洁. 传统文化资源与品牌构建研究［M］. 北京：东方出版社，2021.

5. 史蒂芬·福克斯. 造镜者：美国广告和广告人的历史［M］. 张萌秋，译. 北京：北京大学出版社，2024.

6. 罗伯特·布莱. 文案创作完全手册［M］. 刘怡女，袁婧，译. 北京：北京联合出版公司，2023.

7. 许舜英. 中兴百货广告作品全集：中兴百货与意识形态广告公司［M］. 长沙：湖南美术出版社，2001.

思考题

1. 广告文案创作如何体现与外部文本的互文性？
2. 广告文案创作如何体现与内部文本的互文性？
3. 哪些运用了传统文化资源的广告文案给你留下了深刻的印象？
4. 如何妙用流行文化资源进行广告文案创作？

第四章

广告文案创作的数智技术赋能

第四章 广告文案创作的数智技术赋能

第一节 数智技术的界定、类型与应用

一、数智技术的基础原理

二、广告文案创作的技术内核与边界

三、数智技术的应用

第二节 基于AIGC的广告文案创作

一、AIGC的定义及应用场景

二、自动化文案生成

三、批量文案产出

四、个性化文案创作

五、文案扩写和润色

第三节 广告文案创作的数智工具

一、主流AI文案创作平台

二、广告文案创作实用工具

三、实战案例分享

导读：

在广告文案创作的过程中，技术的引入和应用已经极大地改变了传统的写作流程和方法。技术不仅为创作者提供了新的工具，也赋予了广告文案创作全新的可能。大数据的收集与分析能力，使得广告主能够精准捕捉目标受众的兴趣偏好、消费习惯及情感倾向，为文案的定制化创作提供坚实的数据支撑。人工智能与机器学习技术则通过对海量优秀文案的学习与模仿，不断优化文案的生成算法，使得机器能够自动或半自动地创作出既符合品牌调性又能触动用户内心的文案。数智技术的协同作用为广告文案的创作开辟了全新的路径，使得广告文案创作不再仅仅依赖于人类的直觉与经验，而是可以通过技术手段来优化、分析和生成文案。本章我们将探讨数智技术的界定、类型与应用，基于 AIGC 的广告文案创作，以及广告文案创作的数智工具，深入了解数智技术是如何为广告文案创作提供助力的。

本章学习目标：

1. 了解数智技术的内涵与类型。
2. 了解数智技术在广告文案创作中的应用。
3. 了解广告文案创作的数智工具。

本章案例与分析：

包含运用 AI 技术创作的广告海报、广告视频案例。

扫一扫

扫描二维码欣赏案例

第一节 数智技术的界定、类型与应用

从早期依托基础软件的简单视觉升级，到运用大数据算法对用户需求进行深度挖掘，技术的迭代不断拓宽着广告文案创作的边界。如今，数智技术已全面渗透至广告文案创作的全流程，从创意的萌芽构思到文案的精心雕琢，再到传播路径的精准规划，数智技术正重塑着创作生态。数智技术为广告文案创作带来了全新的思维范式、创作手法与工具矩阵，通过数据挖掘解锁潜在创意密码，借助智能算法优化文案表达，依托先进生成工具实现高效创作，在很大程度上改变了广告文案的创作流程与成果呈现，实现了创作效率的提高，以及内容与用户需求的高度契合。

一、数智技术的基础原理

数智技术是数字技术与智能技术深度结合、创新的产物，涵盖了从数据的采集、存储到传输、处理的一系列技术，它不仅融合了大数据、人工智能、机器学习等前沿科技，还涵盖了自然语言处理、计算机视觉、物联网（Internet of Things，IoT）等多个领域的先进技术，形成了一个全面而强大的技术体系，让信息以数字形式精准记录与高效流转。

在这个技术体系中，大数据作为信息时代的基石，提供了海量、多维度的数据资源，为数智技术的分析、预测和决策提供了坚实的基础。而人工智能，作为数智技术的核心驱动力，通过模拟人类的智能行为，实现了对数据的深度挖掘、自主学习和智能决策，极大地提升了技术应用的效率和精准度。机器学习是人工智能的一个重要分支，通过构建算法模型，计算机能够自动地从数据中学习并优化其性能，为数智技术的持续优化和迭代提供强有力的支持。自然语言处理则让计算机能够理解和生成人类语言，实现人与机器之间的无障碍沟通，为智能客服、智能写作等应用场景提供可能。此外，物联网技术的融入，使得数智技术能够连接物理世界与数字世界，实现对物理世界的实时监控和智能控制，为智慧城市、智能制造等领域的发展注入新的活力。

在广告行业，数智技术的运用类型主要集中在大数据分析、人工智能与机器学习、自然语言处理、图像识别与生成方面。

大数据分析技术是一种对海量、多样、快速变化的数据进行收集、处理、分析和挖掘的方法。通过利用先进的算法、工具和方法，从大量复杂、快速变化的数据中提取有价值的信息和知识，挖掘出数据中的潜在模式、趋势和关联，以支持决策制定和业务优化。

大数据分析技术在各行各业都有广泛的应用，如商业智能、金融服务、医疗保健、社交媒体等。广告行业可借助大数据分析技术，通过分析用户行为数据、市场趋势和用户偏好，精准捕捉目标受众的需求，从而制订更具针对性的创意方案。

人工智能是一种模拟、延伸和扩展人类智能的理论、方法、技术及应用系统，旨在使机器能够胜任一些通常需要人类智能才能完成的复杂工作，如学习、推理、理解自然语言、识别图像等。而机器学习作为人工智能的一个重要分支，专注于让计算机系统通过数据学习并自动改进其性能，以更准确地执行特定任务，如分类、预测、推荐等。机器学习算法能够从数据中提取模式，并利用这些模式来做出决策或预测。通过大量的文本数据训练，可以生成或优化广告内容等。

自然语言处理是一种人工智能领域的技术，旨在让计算机能够理解和处理人类自然语言，如中文或英文。它涉及语言学、计算机科学和人工智能等多个学科，主要任务包括文本分类、情感分析、机器翻译、问答系统、语音识别和生成等。通过自然语言处理，计算机可以自动提取、理解和生成人类语言中的信息，从而为用户提供更加智能、便捷的服务；可以帮助广告文案创作人员分析文本的情感倾向，优化表达方式，甚至自动生成内容。

图像识别是指利用计算机对输入的图像进行处理、分析和理解，以识别出图像中的各种目标对象并提取出相关信息。而图像生成则是指使用计算机算法生成图像的过程，可以基于一些输入条件生成图像或随机生成图像。二者在许多应用中发挥着重要作用，可以帮助设计、创新广告视觉元素，生成全新的视觉内容，以增强广告的整体效果。

二、广告文案创作的技术内核与边界

在广告文案创作中，数智技术的内核在于利用数据驱动和智能算法实现创意生成与优化。一方面，通过对用户偏好数据、市场趋势数据的分析，智能算法可以挖掘出具有吸引力的主题和创意方向。比如，分析社交媒体上热门话题的讨论热度和受众情感倾向，为广告文案确定贴合用户兴趣的主题。另一方面，智能算法能够对文案进行优化，调整词汇、语句结构以提升文案的可读性和吸引力。

人工智能为广告文案创作提供了强大的工具支持。机器学习算法能够快速分析海量文本数据，识别语言模式和情感倾向，为创作者提供精准的写作建议。自然语言处理技术使计算机能够理解、生成和优化人类语言，极大地提升广告文案创作的效率和质量。深度学习模型通过对优秀广告案例的学习，生成具有创意性的文案，为创作者提供灵感来源。

大数据分析技术为文案创作提供了坚实的决策基础。通过对用户行为数据的分析，广告文案创作人员能够准确把握目标受众的需求和偏好。文本挖掘技术可以从社交媒体、电商平台等渠道提取有价值的信息，为广告文案创作提供数据支撑。情感分析技术能够实时监测用户对广告内容的反馈，帮助广告文案创作人员及时调整创作策略。

智能创作工具正在改变传统的内容生产方式。AI 写作助手能够自动生成文案初稿，提供多种创作方案以供选择。智能编辑工具可以实时检查文案的语法、逻辑和风格，提出优化建议。内容管理系统能够自动匹配文案与投放场景，实现精准的内容分发。

然而，数智技术在广告文案创作中也存在边界。它虽然能提供数据支持和创意启发，但无法完全替代人类的创造力和情感洞察。广告文案中所蕴含的情感共鸣、文化内涵等，需要广告文案创作人员凭借自身丰富的生活体验和敏锐的感知力去赋予，这是数智技术难以企及的深度。

人类创作是情感共鸣的“魔法师”。人类创作独有的感性特质，如情感共鸣、文化洞察和价值观传递，这些是技术难以复制的“人性温度”。比如，耐克经典广告语“JUST DO IT.”背后是运动员的血汗与坚持，AI

或许能分析出这句话的语法结构，却无法复制 1988 年创意总监丹·威登（Dan Wieden）在死刑犯遗言中捕捉到的生命力量。这种对人性幽微之处的洞察，是在 AI 算法里找不到的。人类能通过自身经历、同理心和直觉，将抽象情感转化为直击人心的语言，而 AI 只能模仿“情感符号”，无法真正共情。台湾大众银行电视广告《梦骑士》（见章首二维码 4-1 广告视频）中，五位老人骑摩托车环岛弥补青春遗憾，文案“人为什么活着?”的叩问，源于对生命意义的真实体悟。AI 或许能写出“追逐梦想”的鸡汤文，但无法复制广告文案创作人员捕捉到的老人用颤抖的手抚摸旧摩托车时的泪点。江小白的走心文案“青春不是一段时光，而是一群人”（图 4-1），来自“90 后”团队在深夜大排档的真实醉酒回忆，而 AI 生成的同类文案往往停留在“年轻就要嗨”的肤浅层面。

图 4-1　江小白文案

人类是文化梗的“解谜人”。人类在创作时擅长玩转文化符号的“梗”，回顾历史长河，一波又一波的网络热梗热词形成了独特的互联网“梗文化”，数智技术能否生产各式各样应景的“梗”并形成热度，目前还未有典型案例。也就是说，在对文化的感知和创造方面，人工智能等数智技术或许还不如人类，它还无法满足人类的文化需求。比如，B 站（bilibili，哔哩哔哩）《后浪》用“奔涌吧，后浪”点燃一代人的热血，背后是对社会情绪的精准拿捏。而 AI 面对“爷青回”“yyds”这类“网络黑话”，或许无法深刻解读出“爷”这一特殊指代的真正内涵。

然而，人类的效率与体力是广告文案创作的“致命伤”，人类大脑不是永动机。一个广告文案创作团队可能需要熬夜三天才能写出 100 条广告语，而 AI 能在一分钟内生成 500 条广告语。人类的手速和创意是难以满足“双十一”海量商品的详情页需求的，而人工智能恰能弥补人类的这种不足，是永不停机的“灵感喷射器”。当人类面对“写 50 条春节白酒广告语”的需求时，往往会抓耳挠腮，需要花费大量时间构思与创作，但 AI 几乎瞬间就能批量输出。

人工智能也是“数据矿工”，其数据收集与分析能力远超人类。比如，某美妆品牌通过 AI 分析小红书 10 万篇笔记，发现“熬夜急救”的搜索量暴增，于是立刻生成“修仙党续命面膜”的爆款文案，精准戳中用户痛点。值得注意的是，AI 能挖掘人类难以察觉的数据规律，将用户行为转化为创作指令，但本质是“统计学魔法”，而非真正的理解。比如，某宠物品牌通过 AI 分析发现，养猫人群深夜搜索“孤独”“陪伴”的次数激增，于是生成“凌晨 3 点的猫，比男朋友更懂你的失眠”这类精准文案。这其实源于数据关联，而非情感共鸣。

数智技术在帮助提高创作效率的同时，也面临着创意表达的局限。比如，AI 生成的文案虽然符合语法规则，但往往缺乏细致的人文关怀。过度依赖技术可能导致创作的同质化，削弱广告文案的独特性和感染力；AI 难以完全理解人类复杂的情感体验和文化语境，在创意表达上存在随意发挥的弊端。此外，人类对数智技术的依赖或许导致思维能力的退化，陷入“复制粘贴脑”的危机。当人类习惯用 AI 生成初稿、长期依赖 AI 生成模板，或许会逐渐丧失突破常规的勇气，甚至出现创意思维萎缩的现象。

但人类仍然保留着数智技术攻不破的堡垒。比如，人类比 AI 更经得住价值观的“灵魂拷问”，涉及道德判断、文化敏感议题时，AI 可能“踩雷”，而人类能平衡商业与社会责任，对社会议题进行深度思考，不仅仅停留在数据匹配上；人类更具有反套路的“叛逆基因”，会故意违背数据规律，追求“意外感”，而 AI 的算法本能是寻找最大公约数；人类具备跨次元的“脑洞联机”，擅长将无关领域连接起来，创造超现实比喻，生产“神文案”，而 AI 只能在已有数据关联中排列组合。

可见，数智时代的广告文案创作人员须更加警惕主体地位的保持，将技术作为辅助工具而非替代品，通过人机协同，实现创意与效率的平衡，以免让工具“驯化”了想象力！

三、数智技术的应用

广告文案的魅力，不仅在于遣词造句的趣味性与独特性，更在于其精准捕捉用户需求与情感共鸣的能力。面对海量的互联网内容，广告文案的可复制性和强传播性成为广告主的重要考量。为最大化实现广告文案的影响力与价值，广告主正积极探索数智技术的运用，诸如关键词优化、标签选择、评论智能生成与管理，以及如何在热门排行榜上占据一席之地等策略。这些数智技术的应用，直接关乎广告能否有效触达目标受众，激发其兴趣与行动，从而使品牌在激烈的市场竞争中脱颖而出。

（一）关键词：藏在搜索里的“读心术”

关键词不是网页上简单罗列的、随意堆砌的、单调无味的文字，而是蕴含了丰富信息的密码，它能揭示用户深层次的欲望与需求。数智技术的奥秘，在于其强大的数据处理与分析能力。通过精密的爬虫技术，数智技术能够实时抓取全网范围内的热搜词汇与搜索联想词，捕捉互联网上的每一个热点。而语义分析技术的加入，让这一过程变得更加智能化，它像一台“情绪探测器”，深入剖析这些关键词背后的情感色彩与大众潜意识，揭示用户内心的真实诉求。

通过对搜索趋势的深入分析，可预见下一个消费风口的来临。这些关键词的波动与变化，往往预示着市场需求的转变与新兴消费趋势的崛起。因此，掌握关键词的“读心术”，对于广告主而言，无疑是一把打开未来市场大门的金钥匙，能助力其在激烈的市场竞争中抢占先机。

在广告文案创作中，合理使用关键词不仅能提升被搜索引擎命中的概率，还能精准定位目标用户。关键词优化在广告文案创作中的作用非常重要，运用搜索引擎优化（Search Engine Optimization，SEO）工具，通过优化关键词以提升内容在搜索引擎中的排名，是增加广告曝光度和点击率的必要手段。比如，某旅游 APP 进行在线推广时，须精心挑选并优化热门目的地关键词，“日本旅游”的关键词可优化为“日本樱花季”、“海南旅游”的关键词可优化为“三亚旅游攻略”等，将这些热门关键词嵌入广告文案中，那么这些带有热门关键词的文案，在搜索引擎中的排名便会大幅提升，这既可增加品牌曝光度，也能有效吸引潜在用户点击。

（二）标签：给内容装上“GPS定位器”

标签是用来标识和分类内容的重要工具，通常以符号“#”加上文字出现，能够帮助用户快速找到他们感兴趣的内容。标签的使用犹如为内容配备一台精准的“GPS定位器”，确保信息能够准确为目标受众所获取。标签可协助用户画像归类，如“Z世代”“宝妈”等；又可协助内容属性聚合，诸如“治愈系”等；品牌通过使用与用户兴趣相关的标签，如“#美妆推荐”“#夏季护肤”等，帮助用户快速找到相关内容。

在广告文案创作中，巧妙使用标签不仅可以增强内容的关联性，还能提高内容在社交媒体和搜索引擎中的可见性。一种方式是适应已有的热门标签或阅读量大的标签，这类标签通常意味着有大量用户正在关注或搜索这些话题，将内容与之关联，可以迅速提高内容的曝光率，使其更容易被推送到潜在用户面前。每个热门标签背后都聚集着一群具有共同兴趣或需求的用户。通过选择与内容主题紧密相关的热门标签，可以精准地定位到目标受众，提高内容的针对性和转化率。大多数内容平台都会通过算法分析用户的浏览历史和兴趣偏好，并据此向用户推荐相关内容。适应热门标签或阅读量大的标签有助于内容被算法识别为受欢迎的内容，从而增加被推荐的机会。热门标签或阅读量大的标签往往伴随着活跃的社区讨论。加入这些讨论，不仅可以增加内容的互动量（如点赞、评论、分享），还能通过用户的反馈优化内容质量，建立品牌或个人的影响力。

另一种方式是创造新标签、新话题，引领潮流。创造新标签、新话题意味着在内容领域开辟新的讨论空间，提供独特的内容价值，形成品牌或个人的特色标识。新标签、新话题往往能激发用户的好奇心和参与热情，通过提出新颖的观点、问题或挑战，可吸引用户积极参与讨论，形成话题热度，甚至引发社会关注。

（三）评论：用户态度的“金矿开采”

用户评论是企业挖掘市场需求、优化产品与服务的重要资源。作为这一领域的核心技术，自然语言处理技术通过深入分析海量用户评论，准确统计用户情感倾向，区分正面评价与负面评价，挖掘潜在需求。评论信息往往比传统的调研问卷更加真实、直接且富有洞察力。面对正面评价，品牌可向用户表达诚挚的感谢，同时进行自我审视和提升，分析评价中提到的优点，思考如何在保持这些优势的同时，进一步创新和改进，以满足用户不断变化的需求。面对负面评价，品牌应精准捕捉用户对产品或服务的不满之处，诚恳回应，甚至从差评中提炼卖点。例如，曾火遍社交媒体平台的雪糕品牌钟薛高从用户评论“贵到报警”“刺客”等负面信息中，反向推出“雪糕界的爱马仕”定位，将产品槽点转化为社交谈资。面对中性评价背后可能隐藏的未被充分满足的需求或期望，品牌应深入分析，挖掘潜在提升空间，进一步构建品牌人格。

（四）排行榜：流量密码的“隐形指挥棒”

排行榜是展示某一时间段内最受欢迎内容的工具，比如，“热卖榜TOP1”“××区××热门榜第 1 名”等，常被用户作为选择产品或服务的参考依据。排行榜的运作机制依赖于对各大平台热搜榜、销量榜、话题榜的实时追踪与分析，能迅速捕捉市场热点。

借势营销是排行榜应用的一大亮点，品牌通过捆绑榜单排名，巧妙地营造出一种权威感和信任度，从而吸引更多用户关注和认可。例如，在广告宣传中突出“热销榜第一”或“话题榜前三”等标签，可以迅速提升产品的知名度和吸引力。此外，榜单定制也成为品牌营销的新趋势。通过创造细分赛道的榜单，品牌能够在特定领域内树立自己的权威形象，同时引导用户做出购买决策。这些定制化的榜单往往基于品牌自身的数据和分析，通过巧妙的排名和描述，精准触达目标消费群体，实现营销效果的最大化。这种创新的榜单应用方式，不仅丰富了品牌营销的手段，也为用户提供了更多元化的选择和参考。

第二节　基于 AIGC 的广告文案创作

以往，广告文案创作高度依赖创作人员的直觉、创意灵感及多年的行业经验。然而，数智技术的引入打破了这一传统模式，尤其是 AIGC 对广告文案创作影响颇深。本节将从 AIGC 的基本概念及其在多个行业中的广泛应用谈起，逐步揭开其推动广告文案创作从自动化生产到个性化定制、从批量高效到精细润色的神秘面纱，探索 AIGC 如何重塑广告文案创作的新流程与新标准，以及如何在广告行业中展现出巨大的潜力。

一、AIGC 的定义及应用场景

AIGC 是指由人工智能生成的内容。基于深度学习和大数据分析，人工智能通过对海量数据的学习与分析，理解并模拟人类的创作过程，自动生成各类文本、图像、音频或视频等多媒体内容，使其符合特定要求，具有创意和实用价值。

在内容生产领域，AIGC 的应用极大地提高了创作效率和个性化水平。它可以根据目标受众的兴趣偏好、文化背景及市场需求，自动生成与之相匹配的文案、广告、新闻报道等，实现内容的精准投放和优化。同时，AIGC 还能够快速生成多样化的内容样式，满足用户对于新颖、独特内容的需求，为广告文案创作人员和营销人员提供强有力的支持。

AIGC 在广告行业应用广泛，例如，广告文案初稿生成，通过输入产品参数与目标人群特征，自动生成候选文案；实时动态广告，根据用户的实时行为数据，如浏览记录、地理位置等，调整广告文案内容；跨平台内容适配，为同一广告主题生成适合微信、抖音、小红书等不同平台的版本；长尾场景覆盖，针对小众产品或细分市场快速生成定制化文案。典型案例包括各品牌通过 AIGC 为海量商品生成模特图、详情页文案，以及在某些智能创作平台输入行业关键词与核心卖点后，自动输出完整的广告策划方案等。

品牌通常对前沿技术有强烈的关注度，拥抱 AIGC 不仅能帮助品牌优化创意及创意表现，给用户耳目一新的感觉，也可以制造话题，以彰显品牌实力。比如，蕉内 2023 年儿童节营销，就用一系列 AI 海报呈现了“把儿童节还给儿童”的理念（见章首二维码 4-2 广告组图），不仔细看很难发现模特并非真人；京东家电家居 2024 年“双十一”宣传片（见章首二维码 4-3 广告视频），就是运用多种音视频 AIGC 工具生成的，极具视觉冲击力，讨论热度很高。

二、自动化文案生成

AIGC 可以根据输入的主题或关键词，自动生成多样化的广告文案。这在需要快速、大量生产内容的场景下，如社交媒体广告、电子邮件营销中，具有重要优势。自动化文案生成的技术逻辑依赖于结构化数据输入与生成模型的模式识别能力。系统通过分析历史优秀文案的句式结构、关键词分布及情感倾向，建立可复用的内容模板，再结合实时数据填充生成新文案（图 4-2）。

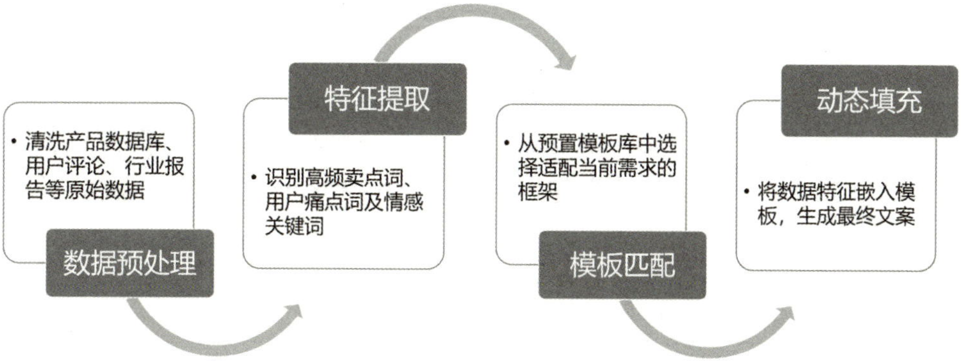

图 4-2　自动化文案生成的实现路径

具体的运用包括自动生成文字、文字语法纠错、翻译等。自动生成文字，即通过人工智能，自动生成符合特定主题或风格的文案，快速且量大，可满足不同广告场景的需求，尤其在大规模个性化广告投放时的表现尤为突出。文字语法纠错，即通过自动检测文案中的语法、拼写和标点错误，提出修改建议，提高文案的准确性和专业性，节省人工校对的时间。翻译功能则是通过自动化技术，将文案从一种语言转换为另一种语言，对多语言市场的广告投放尤为重要，能够确保品牌信息在全球范围内得到一致传达。

自动化文案生成的优势在于能够提高效率，单条文案生成时间从小时级缩短至秒级，同时能够降低对资深文案人员的依赖，降低成本。然而，其局限性在于存在创意“天花板”，难以突破历史数据中的固有模式，且文化适应性不足，对方言、亚文化符号的识别能力较弱。

三、批量文案产出

在自动化文案生成的基础上，批量文案产出的进一步的技术需求在于解决多维约束条件下的规模化生成问题，包括以下三个方面：一是多平台适配，如同一内容须符合微信、抖音、小红书等平台的语言规范；二是多语言支持，跨地区市场须同步生成英语、西班牙语、阿拉伯语等版本；三是多卖点覆盖，针对同一产品的不同功能，生成侧重点各异的文案。

实现批量文案产出，首先，需要通过参数化模板引擎将文案结构拆解为可替换模块（如核心卖点、情感修饰词），这些模块就像积木一样，可根据不同的产品特性和市场需求，迅速组合出千变万化的文案。其次，通过多模态对齐技术的应用，确保文案与配套视觉素材的和谐统一。最后，经由质量控制算法保障文案质量，剔除一些语言生硬、情感表达不到位的低质量文案。

在行业实践中，这一方案已经取得了显著的成效。以跨境电商平台SHEIN（希音）为例，它利用AIGC，实现了英语、法语、德语等多种语言的产品描述的批量产出。这一举措大大降低了本地化成本，迅速满足了不同语种下的客户需求，在激烈的市场竞争中占据有利地位。

四、个性化文案创作

AIGC可以根据用户的行为数据和偏好，生成高度个性化的文案内容，从而提升广告的相关性和用户的参与度。个性化文案创作的实现机制依赖于用户画像构建与实时数据反馈。技术系统通过整合用户的人口学统计数据（如年龄、性别等）、行为数据（如搜索记录、购买记录等）、兴趣标签（如“健身爱好者”“美妆达人”等），建立动态更新的用户模型，并据此生成有针对性的内容。关键技术有三种：第一，协同过滤算法，基于相似用户群体的偏好预测个体需求；第二，上下文感知技术，结合用户当前场景（如工作时间、节假日等）调整文案风格；第三，A/B测试反馈循环，通过多版本文案投放数据优化生成策略。

个性化的文案通常既可应用于同一促销活动生成的数千种个性化标题与正文中，也可应用于根据用户搜索关键词实时调整落地页文案的动态搜索广告中。比如，某视频平台的广告文案根据用户的观看历史和偏好生成个性化的推荐文案，对于一个喜欢动作片的用户，或许会生成“你可能喜欢的下一部高能电影”等文案。同时，在社交平台互动中，可针对用户评论自动生成定制化回复。

五、文案扩写和润色

文案扩写指将简短的核心信息，如关键词、大纲等，扩展为完整段落；润色则是对现有文案进行语法修正、风格调整或情感强化。

（一）文案扩写

扩写技术主要有三种。

① 序列到序列（Seq2Seq）模型，基于编码器—解码器架构，将短文本映射为长文本。例如，输入“智能手表：健康监测、长续航”，编码器提取“健康数据追踪”“电池性能”等隐含需求，解码器生成“××智能手表搭载全天候心率监测与睡眠分析功能，配合 30 天超长续航，让健康管理无缝融入日常生活”的文案。

② 知识图谱增强生成，通过连接行业知识库，将结构化数据注入生成过程。例如，家居行业的扩写系统会接入材料属性、设计风格等知识图谱，当输入“北欧风沙发”时，系统自动关联“胡桃木框架”“羊毛混纺面料”“极简线条”等特征，生成“这款北欧风沙发采用 FSC（Forest Stewardship Council，森林管理委员会）认证胡桃木框架，搭配透气性极佳的澳大利亚羊毛混纺面料，以流畅的极简线条诠释斯堪的纳维亚设计哲学”的文案。

③ 预训练语言模型（如 GPT-3、GPT-4o 等），基于大规模语料预训练，捕捉复杂语言规律。例如，输入“防晒霜卖点：抗蓝光”，模型可联想“电子屏幕辐射”“都市办公场景”等关联概念，生成“专为屏幕族设计，××防晒霜新增抗蓝光科技，抵御电脑手机辐射伤害，让职场人的肌肤在数字时代依然通透发光”的文案。

（二）文案润色

润色技术则主要包括四种。

① 同义词替换，在文案中替换重复的词语或短语，使得内容更加丰富多样，避免因用词单一而感到枯燥。

② 风格迁移模型，将文案调整为正式、幽默、科技感等不同风格。通过收集不同风格语料，如“商务报告”“社交媒体”“诗歌”等，构建风格标签，训练模型识别并解耦内容与风格特征，实现风格可控的文本改写。

③ 情感强化算法，结合情感词典与上下文分析，调整文本的情感强度。例如，将原文案“这款咖啡口感不错”进行情感强化后，文案润色为“这款咖啡入口如天鹅绒般丝滑，浓郁的焦糖香气在舌尖绽放，每一口都是味蕾的奢华之旅”。

④ 语法纠错与逻辑优化，基于语法规则与神经网络结合的方式检测并修正问题，如主谓不一致、时态错误、标点误用、因果矛盾等。

第三节　广告文案创作的数智工具

目前，市场上涌现出了众多助力广告文案创作的数智工具。像智能写作助手，它可以根据输入的关键词、主题要求，快速生成初稿，为广告文案创作人员提供思路框架。一些工具还具备风格转换功能，能将平实的广告文案风格转化为幽默风趣、正式严谨等不同风格，以适应不同的广告场景。还有图像与文案生成一体化工具，在输入产品特点、目标受众等信息后，不仅能生成相应的广告文案，还能匹配生成契合广告文案风格的图像素材，实现图文并茂的高效创作。此外，还有专门用于广告文案效果评估的工具，基于大数据和人工智能算法，对广告文案的传播效果进行预测分析，帮助创作人员及时调整、优化文案，增强投放效果。

在广告文案创作过程中，技术赋能的工具已经成为不可或缺的助手。这些工具不仅提高了创作效率，也为文案质量的提升提供了新的路径。当然，技术的发展日新月异，本节介绍的工具定会经历多次迭代与更替，新技术、新工具将留待持续关注。

一、主流 AI 文案创作平台

虽然生产文字的 AI 被称为“聊天机器人”，如 ChatGPT、文心一言、豆包、DeepSeek、腾讯元宝等，但实际上它们已有了丰富的应用场景。通过与 AI 持续的问答，我们可以更方便地获取信息、得到启发，也就是说，如果我们要进行广告文案创作，也可以问问这些技术前沿的“聊天机器人”，看看他们的想法。

除了“聊天机器人”外，不少专业的 AI 创作平台正赋能创作者，包括绘蛙 AI 文案、XHSPLUS 等。绘蛙是阿里巴巴推出的种草文案写作工具，支持用户通过输入商品链接或 ID，提供商品卖点、“人设”、笔记话题等信息。绘蛙会自动生成适合商品的营销文案，如种草文案、爆文改写等，提高商品或种草笔记的吸引力和销量。XHSPLUS 则是为小红书博主和运营人员设计的 AI 创作辅助工具，集成创作、运营和数据分析等功能，如爆款标题生成、爆款仿写、种草文案模板等。这些 AI 内容创作平台与母公司主营业务相关，提供平台化一站式的 AI 创作服务。

此外，还有不少公司正在开发 AI 写作工具，有专门进行公文写作的，如讯飞文书、新华妙笔等；也有专门进行论文写作的，如稿易 · AI 论文助手、66 论文 · AI 写作等；还有专门进行网文写作的，如笔灵 AI · 小说、墨狐 AI 等。而专业化的内容创作 AI 工具也不少，如灵境 AI、讯飞绘文、AI 新媒体文章（夸克）、酷云 AI、晓语台等，以及可用于国外社交媒体网站内容生产辅助的工具，如 Rytr、Copy. ai、Jasper、Writesonic 等。

图 4-3 主流 AI 文案创作平台与工具

三大层级的 AI 工具（图 4-3）共同辅助着专职文案创作者、自由文案创作者。借助 AI 工具启发，广告文案创作将更加方便快捷、丰富多元。

二、广告文案创作实用工具

（一）分析类工具

分析类工具是指那些能够深入解析市场趋势、竞争对手策略及目标受众特征的工具，它们为广告文案创作提供数据支持和策略指导。

1. 语义分析工具

语义分析工具可以帮助广告文案创作人员深入理解文本的含义，识别潜在的语法错误、重复内容或不适当的用词，进而对文本深入分析，识别其含义、情感倾向和语境，分析用户评论情感倾向与关键词密度，更好地理解受众需求，为广告文案提供精准的情感定位和表达建议。比如，百度AI开放平台可提供情感倾向分析的调用接口，供企业搭建分析工具；还有“微词云”这样的词频、情感分析工具，能够直接对输入的文本进行分析。

2. SEO 优化工具

结合大数据和AI算法分析竞争对手的广告文案策略，挖掘市场机会，同时优化搜索引擎排名，提高广告文案的可见性和影响力，常见的工具有Ahrefs、SEMrush、SurferSEO等，它们可以帮助广告文案创作人员选择最佳关键词，优化内容结构。当然，不少工具需要付费，如果想通过免费途径获得帮助，可以参考一些平台统计的搜索关键词数据，如百度指数、微信指数及巨量算数。

3. 用户行为分析工具

通过追踪用户浏览习惯和内容点击情况，帮助产品设置合理的埋点，比如，Hotjar工具可通过热力图分析广告文案页面关注度；Mixpanel工具可追踪用户对广告文案的停留时长与跳转路径，验证广告文案的转化率。

（二）创作类工具

创作类工具是指那些能够激发创意灵感、提高文案质量和可读性的工具，它们为广告文案创作提供智能化辅助和创意支持。

1. 基础文案生成工具

综合类助手型AI工具都可根据提示词（Prompt）初步生产广告文案，

也有专门为特定行业训练的工具，比如，Jasper 专为市场营销开发，可基于 GPT-4 生成广告语、邮件模板；Copy. ai 可根据产品参数输出社交媒体上的销售类文案；等等。

2. 创意激发工具

这些工具能够根据用户输入的关键词或主题，自动生成多份广告文案初稿，激发创作者的灵感，缩短创作周期，如有一云 AI、讯飞写作标题生成器，只要输入主题就可根据内容发布平台的不同特征生成合适的标题。也有不少社交媒体平台在用户发布内容时就提供 AI 标题推荐，使用更方便。

3. 长文扩写优化工具

结合语法检查、风格建议等功能，这些工具能够帮助提高广告文案的专业性和可读性，确保广告文案符合目标受众的阅读习惯和审美偏好。现有 AI 写作工具基本都有扩写功能，既可扩写句子，也可根据大纲生成完整文章。

（三）协作与管理类工具

协作与管理类工具是指那些能够支持多人在线协作、高效管理广告文案创作项目的工具，它们为团队协作和项目管理提供智能化支持。

1. 在线协作平台

广告文案创作往往需要团队合作，在线协作工具为团队成员提供了实时共享、编辑和评论的功能，极大地提高了协作效率。常见的在线协作工具如国外的 Google Docs、Microsoft OneDrive 等，以及国内的飞书云文档、腾讯文档等，这些工具支持多人同时编辑、评论和分享，可确保团队成员间的即时沟通和创意碰撞，提高协作效率。

2. 项目管理工具

项目管理工具具有集成任务分配、时间追踪、进度监控等功能，如 Trello、Asana，这些工具能够帮助团队高效管理广告文案创作项目，确保按时交付，同时提供可视化报告，便于团队成员了解项目进展和成果。

三、实战案例分享

本部分将根据任务“为某一护肤品牌创作小红书图文内容”，进行 AI 工具使用演示。当然，在实际操作中，每个人都能够组建适合自己创作思路与创作习惯的工具库和流程，更灵活地发挥 AI 的潜能。

1. 分析搜索趋势和用户情绪，优化关键词

这里使用巨量算数和微词云两个工具。首先，登录巨量算数的“算数指数”板块，输入关键词“护肤品”，查询关键词指数、关联词分析、人群画像，既可以看到这一关键词在哪天达到搜索峰值，也可以看到峰值的具体搜索内容。查询关联词分析，则可让我们看到与输入的关键词相关的其他词，用以帮助拓展关键词。接着，登录微词云的“中文分词”“情感分析”两个板块，分别导入从社交媒体平台爬虫得来的近期与“护肤品”相关的热帖文本内容，可以得出文本内容的高频词，以及用户的情感偏向，帮助圈定有正向影响的关键词。至此，我们假设确定的关键词为“美容护肤”“紧致”“混油皮”“洋甘菊”“31—40 岁女性”。

2. 根据工具或平台的要求和建议，输入提示词，生成批量广告文案

登录 XHSPLUS，选择文案模板，如“美妆好物”“种草文案”“测评文案”，建议每一种都尝试一下，再进行比较。根据平台提示，如主题、商品名称、内容方向、推荐理由、评价等，输入对应的提示词。假设选择了“种草文案”模板，在主题处输入“美容护肤品，推荐给 31—40 岁女性”，在商品类型处输入“爽肤水”，在评价处输入“紧致效果明显，适合混油皮，味道是好闻的洋甘菊”，再选择广告文案长度类型，就可一键生成小红书“爆款文案”。

3. 文案润色

将不同模板下的广告文案进行对比，选择更符合要求的广告文案，用其他 AI 写作工具进行润色，最终获得我们想要的广告文案。

4. 内容发布，监测广告效果，适当调整广告文案

根据用户评论、转发等数据，适当调整关键词、标签等内容，继续观察效果。

延伸阅读

1. 克劳斯·施瓦布，彼得·万哈姆．利益相关者［M］．思齐，李艳，译．北京：中信出版社，2021.

2. 大前研一．技术 4.0［M］．黄竞颖，译．北京：中信出版社，2020.

3. 杜雨，张孜铭．AIGC：智能创作时代［M］．北京：中译出版社，2023.

4. 成生辉．AIGC：让生成式 AI 成为自己的外脑［M］．北京：清华大学出版社，2023.

5. 李尚龙．年轻人会用的 AI 写作［M］．北京：国家开放大学出版社，2023.

思考题

1. 如何看待数智技术与广告文案创作的关系？

2. AIGC 的定义与内涵是什么？在广告文案创作中如何体现？

3. 如何有效使用广告文案创作的数智技术工具？

4. 请运用不同的 AI 工具进行广告文案创作，对比所生成的内容并测试效果。

第五章

结构元素
与广告文案创作

第五章 结构元素与广告文案创作

第一节 广告文案的基本结构元素

一、广告标题
二、广告语
三、广告正文
四、附文
五、商标
六、广告歌曲

第二节 广告标题创作

一、广告标题的组成
二、广告标题的类型
三、广告标题创作的内容要求
四、广告标题创作的形式要求
五、有效广告标题的特性

第三节 广告正文创作

一、广告正文的经典结构
二、广告正文的类型
三、有效广告正文的检测标准

第四节 广告语创作

一、广告语诉求点提炼
二、广告语的创作原则

第五节 商标命名艺术

一、商标命名的利用性资源
二、商标命名的可识别性与传达性
三、商标命名的原则

第六节 广告歌曲创作

一、广告歌曲在信息传播中的作用
二、广告歌曲创作的原则和技巧

导读：

广告文案是一种独特的应用文形式，通常而言，它的结构元素主要有广告标题、广告语（广告口号）、广告正文、商标名称及广告歌曲。这些元素虽然不一定在同一则广告中同时出现，但是作为结构元素，它们各有其作用和创作要求。广告标题是所有结构元素中最重要的，它是广告作品中表达广告主题的独立语句，每一则广告都有标题；广告正文主要是对广告标题的阐释和补充，并不是广告必备的元素；广告语是多媒体系列投放广告时共同采用的广告语句，用来表达产品或企业的核心价值；商标名称也是广告中所必不可少的，它既是创建品牌的基础，也是企业品牌的无形价值；广告歌曲是一种流行元素，易记易传，有良好的表现力。本章以广告文案的基本结构为顺序，逐一解剖广告标题、广告正文、广告语、商标、广告歌曲的基本概念和创作技巧，以提高广告文案创作和表达的能力。

本章教学目标：

1. 了解广告文案的基本结构元素。
2. 了解广告文案基本结构元素的创作要求与表现方式。

本章案例与分析：

以经典平面广告、广告视频、广告歌曲为分析对象，以广告文案结构为划分维度，提炼广告文案的创作原则。

扫一扫

扫描二维码欣赏案例

第一节　广告文案的基本结构元素

如果说创意与创意构想是广告文案创作的战略性问题，那么结构元素与广告文案创作就属于战术性问题。前者是目标性的，后者是技术性的。

从语言文字的角度来说，广告是一种独立而特殊的文体，根据广告的性质和作用，广告虽然也可以归到应用文一类，但它与任何一种应用文都有很大的区别。在有些方面，它甚至有悖于一般应用文的基本特点。尽管学术界对广告结构元素的构成没有定论，且随着数智广告的发展，结构元素变化很大，但通常认为广告文案最基本的结构元素包括广告标题、广告语、广告正文、附文、商标、广告歌曲等。

一、广告标题

一般认为，广告标题就是广告正文的题目。“广告文稿的标题主要是标明广告的主旨和区分不同广告文稿内容的标志”，“一则广告文稿一般都要冠上一个名字，我们称这个‘名字’叫‘题目’或‘标题’”。①

其实，广告标题不完全等同于广告正文的题目。任何一则广告都有一个表现的主题，无论是图文广告还是视听广告，一般都要求在有限的篇幅中完成传递信息的任务，因此广告不得不将其主题放在首要位置表现出来。这个主题，在语言文字比较多的广告里，就体现为广告正文的题目；在语言文字比较少的广告里，可能就是该广告中唯一的主体语句。有些人认为广播广告、电视广告没有标题，这种看法是错误的。事实上，由于广播广告、电视广告难以承受过于复杂、抽象的思想内容，很多广播广告、电视广告的主题就是这个商品的商标名称或企业名称，如“恒源祥，羊羊羊”中的“恒源祥”既是商标名称也是企业名称。

广告标题的重要性是毋庸置疑的，因此标题在广告中总是处于最突出、最重要的位置，如广告开头（上方或前面）。但受媒体、内容、形式

---

① 姚振生．现代广告写作［M］．北京：机械工业出版社，1989：98.

等因素的制约，出于表达需要，广告标题也可能放在其他位置，或位于正文中，或位于正文旁，有时甚至可以放在正文后面或整个广告末尾。

广告标题的表达方式因媒体而异。在视觉广告中，标题往往是该广告中字号最大、最醒目的语句；在听觉广告中，标题一般通过反复、慢念等手段加以强调；而在视听广告中，标题则常常同时通过醒目的字幕和强调的念白来表现。

二、广告语

广告语，又称“标语”“广告口号”，英文原义 Slogan 有“呐喊、呐喊声”的意思。在广告结构元素中，广告语是指广告主为了维持广告宣传的连续性，共同运用于同一商品的一系列广告中的一个带有强烈鼓动性的简短语句，如“农夫山泉有点甜”“JUST DO IT.”“滴滴香浓，意犹未尽”。

广告语使同一广告运动中投放在不同媒体的广告或者同一主题的系列广告之间构成内在的连续性。一方面，通过广告语，能将众多的有关广告联系起来，从而形成强大的攻势，在一定程度上使单则广告起到多则广告的作用。另一方面，广告语具有长期稳定性和反复传播性，这使它像产品商标一样，具有标记、识别的功能。人们只要一看到或一听到广告语，就会联想到对应的广告及其所传播的产品。正因为如此，国外许多厂家将其著名的广告语与商标一样注册登记，以寻求法律保护。

在实际的使用中，广告语与广告标题常常会出现交叉、重合的复杂情况，这是因为有的广告语本身就是由标题演化而来的，或广告语本身又适合充当标题。一般地说，每则广告都有标题，但不一定都有广告语。广告语的有无取决于广告主的传播策略。如果广告主并不想进行系列广告传播，广告语在广告中就是多余的，因为一个广告只能有一个主题，而这个主题已在标题中得到体现了。广告语与广告标题很相近，如果运用得不当，反而容易造成另一个主题的产生，这将分散广告的重点，降低其影响力。

三、广告正文

正文是广告中除广告标题、广告语以外的主体语言文字。它的作用是进一步解释、论证广告标题，更充分地表现广告主题。

不过，正如上文所述，并不是每一则广告都有正文。有些广告，如霓虹灯广告，因受媒体条件的限制而无法使用正文；有些广告所传播的产品已进入成熟期或衰退期，广告更重要的是强调品牌或企业形象，故而广告文字很简练，往往用图像、音乐等取代正文部分，以加强广告的情感诉求。

四、附文

附文是指广告中较次要的、备查备用的信息，一般包括企业及其销售点的名称、地址、电话、传真、邮政编码、开户银行、户头、账号、联系人，以及商品价格、销售时间、销售地点、购买方式等。现在更流行添加企业社交媒体账号或扫描企业二维码，以便将日常宣传及时传达给受众。

附文的作用是为消费者提供一些必要的线索和资料。这就要求附文具有资料性、实用性。一切与资料性和实用性无关的空话、套话都不应该出现在附文中。除此之外，附文的内容是较次要的，因此应该以不醒目的方式放在次要位置，而不能与广告标题、广告正文一样处理，否则就会喧宾夺主。

五、商标

商标是商品的标志，它包括商品标识（Logo）和商品名称，也有商标将商品标识和商品名称合二为一的。

商标是商品生产者或经营者用以标明自己所生产或经营的商品与其他同类产品有所区别的标记。通常商标所起的作用有两个方面：一是维护本企业产品的利益，吸引更多的消费者购买本企业的产品；二是对产品所引起的一切后果负责。所以，在商品上留下商标，就同人做事后签字留名一样，可起到识别、辨认的作用。

在广告结构要素中，商标的重要性越来越凸显。一方面是因为在缺乏规范的市场中，优质产品和伪劣产品往往良莠混杂，如何让消费者简便、清晰地辨识产品呢？在很大程度上，商标能够担负起这一重任。另一方面是因为随着营销观念的变化，今天的企业越来越明白品牌在企业经营过程中的重要性，因此舍得花巨资去打造品牌产品，树立品牌形象。而商标是企业品牌打造工程中的第一步，商标的创意、命名、设计、推广缺一不可。

六、广告歌曲

有时要记住一段广告的语言文字是很有难度的，但是如果为文字内容配上旋律和节奏，记忆强度和深度就会加大。广告歌曲作为广告结构中一个富有变化的元素，由来已久，最早可推及商业电台的创立。彼时，电台为了增加广告创意表现力，将音乐引入广告创作，遂诞生了广告歌曲，即将广告创意用音乐旋律和歌词的方式呈现出来。广告歌曲通过优美的旋律、独特的音响效果，吸引观众和听众的注意，加深其记忆和联想，以取得良好的广告效果。

第二节　广告标题创作

在广告文案中，广告标题和广告正文最具创新意义，而通常只看广告标题的人比通读广告全文的人多得多。在数智传播时代，广告文案创作人员倾向于“标题党”，消费者其实也是“标题阅读者”，只有标题“抢眼”，能吸引人的注意力，他们才有可能去通读全文。

广告标题要具有吸引消费者注意、诱导消费者阅读广告正文、锚定潜在消费者、直接招揽消费者的魅力。具体而言，“抢眼”的广告标题应该具有以下三个特征。

第一，对消费者产生立刻的打动效果。文字作为标题的构成部分，它的功能实际上是在暗示消费者读下去。

第二，促使消费者阅读广告正文。广告标题的信息是有限的，成功的广告标题还要能够诱导消费者继续读下去。

第三，使消费者产生联想，加深对广告信息的记忆。广告正文主要起解释、说明、补充的作用，消费者除了当场掏钱购买外，更多的人先记住的是广告标题、广告语，进而记住广告和产品。

一、广告标题的组成

广告标题的组成丰富多样、变化无穷，一般而言，在广告中出现的标题有以下四种。

（一）引题

引题，也称“肩题”“眉题”或“上副题”，位置一般在主题的上面，文字宜简短，以一行为宜。它对广告的主题起引导和补充的作用。

（二）主题

主题，也称“主标”，是广告标题中最核心、最引人注意的部分。主题既可以由几个字组成，也可以是一个完整的句子。在广告标题中，主题字号最大、地位最突出。一般来说，字数不宜太多。

以下几则广告标题是亚朵酒店为吸引消费者暑期入住创作的，该组文案洞察消费者“放不下”的痛点，以“放得下才是‘放暑假’”为主题，结合酒店特色服务说服消费者“放下”，言外之意是选择入住亚朵酒店，就能放下烦扰、轻松过暑假。

天大的事，天亮了再说（引题）
放得下才是“放暑假”（主题）
亚朵“深睡体验”，放下让你睡不着的事（副题）

你洗洗，我先睡（引题）
放得下才是“放暑假”（主题）
亚朵“自助洗衣”，放下旅途洗衣的烦琐（副题）

如果长夜难熬，那就熬成粥，趁热喝了吧（引题）
放得下才是“放暑假”（主题）

亚朵“深夜粥到”，放下难熬的夜（副题）

（三）副题

副题，也称“子题”“下副题”。它排在主题之后，用以补充主题的不足。副题文字一般要长于引题和主题，内容较具体。例如：

车祸可怕！（主题）

配一副好眼镜，过马路不担心。（副题）

（四）插题

插题，又称“分题”，是分别穿插在广告正文中的小标题，对广告正文中的某一段落内容做画龙点睛式的概括。香港有一则房地产广告，正文由三部分构成，插题起提纲挈领的作用。

安全地带。（插题）

住在这里，妈妈可以放心让孩子在家门口玩。

宁静时间。（插题）

住在这里，汽车的噪声再也不是一种威胁。

健康环境。（插题）

住在这里，妈妈愈来愈年轻，爸爸的腰围亦缩小了。

二、广告标题的类型

广告标题能够按不同的标准进行分类，但有一个最基本且又相当有用的分类法，那就是把广告标题分为直接性标题、间接性标题和复合性标题三种。

（一）直接性标题

直接性标题，即直接体现广告的核心信息或一语点明主题的广告标题。这类标题开门见山，不拐弯抹角，通常就是商标、商品名称和企业名称。如果只是为了使消费者知道产品能提供什么内容给自己，而无须阅读全文，这样就有两种选择：一是用大号字体呈现一个短标题，把广告信息说清楚，使人一目了然；二是在标题下配上正文。

（二）间接性标题

间接性标题，指不直接揭示广告主题，以间接形式诱导消费者对广告发生兴趣，进而阅读广告正文。间接性标题的唯一目的就是让消费者去看广告正文。如果做不到这一点，那么整则广告就是失败的。

（三）复合性标题

由直接性标题和间接性标题组合而成的标题称为“复合性标题”。复合性标题一般由两个或三个标题组成，引题、主题、副题互为补充，扬长避短。例如：

美丽离不开水和肥皂。（引题）
蜂花液体香皂。（主题）
使你头发根根柔软，令你肌肤寸寸滑嫩。（副题）

完美典雅的造型，良好可靠的性能。（引题）
您忠诚的伙伴——凯特牌系列汽车。（主题）

三、广告标题创作的内容要求

广告标题的要求是“抢眼”，而“抢眼”的广告标题一定离不开新信息、承诺、情感这些最重要的创作内容和元素。

（一）新信息

广告是通过文字、图片、音效传递产品信息的一门艺术，广告受众通过阅读广告得到的最基本的好处是获得有关信息。而在资讯业发达的今天，受众获取信息的途径是多种多样的，他们永远在追逐最新的信息，“喜新厌旧”是人类的普遍心理。广告作为一种引领时尚、倡导消费的手段，更需要随时随地提供给受众最新的信息。

在广告标题中注入新信息，可以使标题收到意想不到的效果，因为人们都想要知道正在发生的事情。对于这类广告标题来说，最重要的是为受众提供一种新的事物。对于老产品来说，“新”体现为它经过改进以后所拥有的新的优点；对于新产品来说，“新”体现为它所拥有的“后来居上”

的优点。将产品的新功能、新特点直接写进广告标题，会有意想不到的效果。

（二）承诺

这里的承诺是指对受众承诺使用产品后会得到某些利益或某种服务。塞缪尔·约翰逊（Samuel Johnson）说过一句经世名言："承诺，大大的承诺，是广告的灵魂。"①

事实上，大多数有效力的广告标题都包含了对消费者的承诺：使用某产品会带来许多益处。作为消费者来说，总想通过一些便利的手段来满足自己的各种欲望，因此理想的广告标题应该能直接或间接地发出信号：读下去，你将会有利可图！例如：

限时抢购！全场商品低至3折，省下更多，享受更多！（电商平台广告）

全新智能手表，24小时健康监测，守护您的每一次心跳！（智能手表广告）

使用我们的清洁产品，让污渍无处遁形，还您一个干净如新的家。(洗涤用品广告)

加入我们的会员俱乐部，尊享VIP待遇，开启尊贵生活。（化妆品广告）

人头马一开，好事自然来。(酒类广告)

这几条广告或直截了当、明白无误，或含蓄委婉、暗示利诱地告诉消费者可以获取的利益，以省钱、健康、卫生、专属权益和好运等打动消费者。

广告标题的承诺应基于消费者认定的商品特征，并对应消费者内在的消费欲望。比如，空调广告标题"创造第五季"，乍一看，似乎承诺得有点不合情理，但实际上，它迎合了消费者想要获得春、夏、秋、冬四季之外的一个自己认定的舒适季节的内在需要。

---

① 转引自大卫·奥格威. 一个广告人的自白：纪念版［M］. 林桦，译. 北京：中信出版社，2015：134.

承诺是多方面的，既可体现在增加消费者荣誉感和实现自我价值方面，也可给消费者以实际的优惠，如打折销售、附送赠品、抽奖摸彩及特别的销售服务等。广告标题对消费者承诺的利益越大，与消费者的需求越接近，就越能引起消费者的兴趣。当然，任何一个承诺都要在商品事实中得到兑现，否则就违背了广告真实性的原则。

（三）情感

广告标题传递新信息，以新吸引人；广告标题注入承诺，以利引诱人；广告标题倾注情感，是为了以情感人。“感人心者，莫先乎情”，受众一旦被广告标题中的情感动，还有不往下看的理由吗？人与人之间渴望真情，这一点是永恒的。“情”几乎是每个人的“软肋”，合理诉情、用情、煽情，能令广告标题过目不忘。“其实，男人更需要关怀”（药品广告），看多了以女性为主体的广告，这样的广告标题是否让男人有知遇之感？“钻石恒久远，一颗永流传”（饰品广告），是钻石无价还是情义无价？对消费者来说，感动他们的是对永恒爱情的憧憬和珍爱。

情感所包含的范畴极其广泛，亲情、友情、爱情、乡情，都是广告上好的“佐料”。但是，轻、浅、薄和滥情则只能令人倒胃口。情动于中，点到为止，留下想象的空间，让人品味，这是广告标题对情感元素把握的“度”。

四、广告标题创作的形式要求

单一明了的新信息，或明或暗的承诺，以及人性化的情感，使得广告标题在内容上可以达成“抢眼”的效果。如果能在广告表现的形式上独辟蹊径，也能达成异峰突起、“语不惊人死不休”的效果。

詹姆斯·韦伯·扬总结广告创意的精髓为“旧要素，新组合”，体现在广告标题的创作形式中，就是要善于对熟悉的事物做陌生化处理和对陌生事物做熟悉化处理。

（一）陌生化

“陌生化”既是一种手段，也是一个审美过程，正所谓“距离产生美”。过分熟悉的事物、惯常的思维、习见的表现形式，就构不成与受众的距离，产生不了震慑性的冲击力和由此带来的美感。“大自然的恩赐，纯天然的精华”（麦片广告），“起步，就与世界同步”（汽车广告），非但刺激不了受众的兴奋点，反而有夸大其词、自吹自擂之嫌。

陌生化的手法可以借助另类的思维和另类的语言来实现，比如，乔治·葛里宾所创作的一些经典广告标题就采用了此法。“我的朋友乔·霍姆斯他现在是一匹马了”，广告正文说明，他的朋友因为穿了一种低质量的衬衫，领子常常收缩，结果窒息而死，成为一匹马。意在表明，如果他的朋友穿了“箭牌”衬衫，就不会有如此可悲的下场。

对熟悉事物做陌生化处理还可以借助一些特殊的表现技巧，如悬念、戏剧性、提问法等。

广告标题的悬念是建立在消费者与生俱来的好奇心和追根究底的心理基础之上的。人们一旦遇到一个没有明确答案和结果的情境或事物，就会由此而投入更多的关注。在撰写悬念式标题时，可以围绕产品功能、结果、情感或行为设置悬念，但需要注意的是，悬念必须合理且能够通过广告内容得到解答，避免让消费者感到被欺骗。

疼痛时为什么没有想到芬必得呢？（药品广告）

这款神奇的 APP，竟能让时间倒流？（美颜相机广告）

她每天只做这三件事，一个月后竟然瘦了 20 斤！（食品广告）

在广告标题中提出“为什么”“怎么办”等问题，以引起受众的思考，有利于抓住受众的注意，引起受众的兴趣。这样的表现手法，我们称之为“提问式标题”。提问式标题往往已包含对提出问题所做出的回答，这类标题除了能引起受众的好奇外，还能给受众以亲切的感受。

（二）熟悉化

广告产品中，有一些产品和受众的生活有距离，它们或是高科技产品，技术含量高，受众难以弄懂；或是抽象类产品，三言两语说不清；抑或是私密性产品，不易表达。对这些产品，我们以“陌生”来概括的话，那么广告就需要反其道而行之，将陌生的事物熟悉化。“告别油腻，厨房小白也能轻松做出‘大厨味’！”这是一则多功能智能烹饪锅的广告，广告文案创作人员很难把各种智能化的参数和技术语言写出来，但“大厨”是消费者熟悉的人物，“大厨味”寓意美味，产品能帮助不擅长烹饪的人轻松做出美味佳肴的诉求就很平易近人。

图 5-1 某品牌卫生巾广告

对陌生事物做熟悉化处理的过程，最关键的是要找到与产品有关联的“旧要素”。这个“旧要素”，既可能是我们了然于胸的某个道理，也可能是日常生活中的某个物件，抑或是见惯不怪的某种场景或者挂在口头的一句话，但是它们契合了广告产品所要传达的信息，新旧要素的转接，妙趣横生。“要刻薄”“不厚道”“对我轻薄”，这些词是用来指责人的，在这里指称的却是丝薄卫生巾（图 5-1）。一番熟悉化处理后，又回到产品的特点，一推一拉之间，产品的特点被诠释殆尽，加上诙谐风趣的画面，让人忍俊不禁。

对产品做陌生化或熟悉化处理的技巧是多样的，并无固定规则，但其结果应该是出于意料之外却又在情理之中的。

五、有效广告标题的特性

对一个好的广告标题所应具有的特性，我们很难做出普遍性的规定，一般需要根据实际情形而定。不过，以下一些特性被认为是有效广告标题所不可或缺的。

① 引人注目，能够对消费发生即刻的作用。

② 对文字精心选择，避免令人感觉乏味的陈旧词汇。

③ 使人一看就懂，因为消费者不愿费时、费劲地去琢磨其中的含义。

④ 具有特点和重点，不能一般化地适用于任何商品。

⑤ 尽量避免使用否定词，人们记否定词一般比记肯定词更容易。

⑥ 试着把商品名称、公司名称写进标题，以鼓励消费者认牌购买。

⑦ 标题与广告中的其他成分应该协调一致。

第三节　广告正文创作

广告语言文字的中心部分，即除广告标题、广告语、附文之外的说明性文字，称为“广告正文”。广告正文是对广告标题的展开和说明，旨在体现广告的主题、创意。比如，若广告标题是“花钱取暖和获得舒适的两个新途径”，那么在正文里，就要解释原因。广告的内容和目标主要通过广告正文传递，因而广告正文起着介绍广告产品和服务信息、树立产品和企业形象、引导消费者消费的作用。广告正文在不同的媒体中有不同的形式。在图文广告中，正文主要以文字来表述，称“文字稿”；在音频广告中，正文以语言来叙述，称“脚本”；在视频广告中，正文以语言结合图像来表达，称“故事板”。

一、广告正文的经典结构

写好广告正文并无固定的模式，写作的体裁也是多种多样的，但广告正文要言之有序、层次分明。首先，要揣摩消费者心理，根据消费者的接受度巧妙安排；其次，要符合事物内在的逻辑次序，符合消费者的认知规律。

一则广告标题引起了消费者的注意和兴趣，当他急于想知道下文时，他的思维顺序一般是这样的：广告标题所介绍的产品或事实到底是怎么一回事？这种产品究竟比同类产品好在什么地方？依据是什么？等等。只有把这些问题搞清楚了，消费者才会采取购买行动。

广告正文应该把握好上述情况，按照消费者的一般思维顺序，为他们答疑解惑，从而达到引导和敦促他们采取购买行动的目的。

一般来说，广告正文的结构顺序如下。

① 吸引注意：这是从广告标题到广告正文最首要的任务。

② 表明利益：强调该产品所能提供的利益，诉诸消费者的基本需要和欲望。

③ 提供证明：应精确地描述产品，但不要写得枯燥乏味；应以富有魅

力的语言表现产品的独特性。

④ 掌握枢纽：适当重复某些要点，使广告文案呈现韵律感，有助于加深消费者的印象。

⑤ 鼓舞行动：致力于促使消费者采取购买行动。

比如，耐克运动鞋广告就是按照逻辑顺序创作的（见章首二维码 5-1 广告鉴赏）。

当然，并不是每一则广告的正文都严格地按照这样的“五段论”来排列，有些广告的正文可能只有一句话，如“何不趁现在秋末冬初之际，拿出您的私房钱替他买一套，让他穿上您的爱心过个温暖的冬天呢?”，但同样兼具了情感方面的诱惑力、产品的特点及鼓励行动几个要素。

二、广告正文的类型

我们在理论上经常把广告分成几种类型，如“为什么”类广告、幽默类广告、描述类广告、故事类广告、论说类广告等。在实际工作中，广告撰文员也许会问自己：“我怎样才能把这则广告写得有趣?”“我怎样才能把它写得令人信服?”而并不一定会问：“我将选择哪种类型的写法?”心中有了构想后，就可以开始写了。因此，广告正文的分类，只是用来帮助实习广告文案创作的人组织想法，并想象出表达这一想法的各种可能形式。广告正文的分类并不是一种公式，在广告文案创作的真实过程中是很少按照分类写作的。

为便于训练，这里介绍几种常见的广告正文写作类型。

（一）“为什么”类广告正文

“为什么”类广告这个词是克劳德·霍普金斯在 20 世纪初创用的。他当时确信，一则广告必须告诉消费者购买了产品之后为什么会有收益，所以“为什么”类广告正文实际上是提出有关产品的益处，对产品或企业进行事实性的论述，然后解释为什么真的是这样。这种结构方式的广告正文，我们称为“‘为什么’类广告正文”。

请看毛泽东早年为湖南省立第一师范学校学友会教育研究部起草的一则《工人夜学招学广告》。

列位大家来听我说句白话。列位最不便益的是甚么？大家晓得吗？就是俗语说的，讲了写不得，写了认不得，有数算不得。都是个人，照这样看起来，岂不是同木石一样？所以大家要求点知识，写得几个字，认得几个字，算得几笔数，方才是便益的。虽然如此，列位做工的人，又要劳动，又无人教授，如何能到这样真是不易得的事。现今有个最好的法子，就是我们第一师范办了一个夜学。这个夜学专为列位工人设的，从礼拜一起至礼拜五止，每夜上课两点钟，教的是写信、算账，都是列位自己时刻要用的。讲义归我们发给，并不要钱。夜间上课又于列位茶工无妨碍。若是要来求学的，就赶快于一礼拜内到师范的号房报名。列位大家想想，我们为甚么如此做？无非是念列位工人的苦楚，想列位个个写得算得。列位何不早来报个名，大家来听听讲。有说时势不好，恐怕犯了戒严的命令，此事我们可以担保，上学以后，每人发听讲牌一块，遇有军警查问，说是师范夜学学生就无妨了。若有为难之处，我替你做保，此层只管放心的。快快来报名，莫再耽搁。①

全文一句紧扣一句，提出一个问题，解答一个问题，而且都针对工人所关心的问题，情感真挚，内容详尽，语言通俗，非常适合工农大众的口味。

（二）幽默类广告正文

幽默作为广告文案的一种表现形式，用诙谐、轻松的笔调寓广告信息于乐趣之中，目的在于引起消费者注意，加深信息影响的深度和广度。写得好，能够让人自始至终保持阅读的兴趣。幽默类广告文案创作，一方面，轻松愉快，寓教于乐；另一方面，软化了广告直接劝说、敦促购买的功利性，在一定程度上能淡化消费者对广告的怀疑和抗拒心理，使他们在喜剧般的愉悦享受中不知不觉地接受广告信息。

幽默类广告文案的写作，要求写作者有一定的逆向思维能力，能适度地运用夸张、双关、拟人等修辞手法。同时，幽默往往来自对生活的细心

---

① 陶永祥. 毛泽东与调查研究［M］. 北京：中央文献出版社，2004：7-8.

体察，要善于抓取那些妙趣横生、引人发笑的典型生活片段，并能运用幽默的语言来创造效果。比如，一则广告标题为“试图使他们相会?”的脱脂奶粉广告（见章首二维码 5-2 广告鉴赏），用拟人化的手法，将衣服扣子和扣眼看作一对情侣。

图 5-2 苹果公司招聘广告

苹果公司为招聘做的海报，通过一个被咬的只剩下核的苹果来表达他们公司受欢迎的火热程度，“左边一口，右边一口，你再不来，就只剩核啦!”（图 5-2），号召大家快来面试。

另外，通过制造紧张、矛盾的冲突感也可以创造幽默，但要考虑它们是不是令人惊讶的、熟悉的、荒谬的或可以理解的。进一步来看，“恶搞”在社交媒体投放的广告中也越来越常见。品牌一般会选择在已有事物上添加突兀元素，使本来的格调和气氛突变。不相干元素的搭配，使广告作品看起来莫名好笑。抖音曾推出恶搞世界名画营销活动——“世界名画抖抖抖抖抖起来了”（见章首二维码 5-3 广告视频），如以蒙娜丽莎油画为主画面，配上“剪了刘海谁还不是个小仙女”，使原本端庄神秘、散发着艺术气息的画中名人变得“魔性”起来，受到年轻人喜爱，刷爆朋友圈。

撰写幽默类广告正文时要注意以下四点。首先，在大多数情况下，幽默类广告只适合于推销低卷入度的产品，消费者投入的时间、精力、金钱等较少，做出购买决策的时间短、更冲动，他们在选择时往往凭感觉、知觉、印象、情绪来决定，可以幽默触动他们的心弦，从而瞬间产生好感。其次，注意幽默类广告使用的场景。一般而言，高卷入度产品、贵重产品、涉及生老病死之类的产品，不宜用幽默类广告。但在欧美及我国港台地区，也有反其道而行之并获得成功的广告作品，比如，台湾安泰人寿保险公司的一系列广告作品（见章首二维码 5-4 广告鉴赏）全部以“世事难料”为创意出发点，运用黑色幽默的手法，跳出常规的思维模式和保险类产品的表现模式，突出保险类产品的核心价值。再次，幽默类广告要做得得体，有分寸感。它不是说教式的宣传，也不是告知式的喊叫，而是一种蕴藉了智慧的机智，要防止低级庸俗、油腔滑调，要注意维护社会行为的道德标准。最后，幽默还要有一种美感，让人感到愉悦，让人在忍俊不禁之余产生由衷的喜悦，在会心一笑中接纳一切。这是一种很高的境界，是幽默类广告正文所追求的一种境界。

（三）描述类广告正文

描述类广告正文，是指运用文学笔法，对产品特征进行准确而生动的描绘，寓产品信息于生动的形象之中的广告正文。

在一篇广告正文中描述一种产品或介绍一个服务项目及特点，对创作者来说是一个严峻的挑战。如果写得不好，它会使人感到难以忍受，而要写得好又是一件很难的事。文学笔法细腻生动、形象可感，再配以优美的文辞，往往能将消费者带入如诗如画的意境中，有现场感，因而消费者大多不会感到枯燥。比如，柯达胶卷的广告（见章首二维码 5-5 广告鉴赏），刻画得就很细致生动。

撰写描述类广告正文时要注意：这种类型的广告正文，需要一定的篇幅，以比较细腻的笔触来介绍产品，同时由于文字是描述性的，因此感情一般比较浓烈、饱满，有较强的煽情作用。文学笔法的写法对产品类型有一定的要求，比较适合用于旅游广告、公益广告、文娱广告和家居广告等。方太推出的《油烟情书》文案："在岁月的长河中，油烟是爱的印记。每一道菜，每一声问候，每一次相聚，都是生活的诗篇，是平凡日子中的浪漫。方太，用科技守护爱的温度，让每一次烹饪，都成为爱的表达。《油烟情书》，记录生活的点滴，铭记爱的每一刻。"（见章首二维码 5-6 广告视频）这里使用了文学化的语言和隐喻、象征手法，通过"油烟是爱的印记"的叙述，唤起人们对家庭温暖和爱的回忆。

（四）故事类广告正文

讲故事是一种最古老的文艺形式，也是广告文案创作人员在表述广告内容时采用的最古老而又有把握的一种方法。只要是个有趣的故事，人人爱听。由于广告受篇幅和时长限制，需要创作者像裁缝那样善于剪切和缝合，用情节较为简单的故事来传递广告信息，在引发消费者兴趣的同时呈现商品特性，加深消费者的印象。

故事类广告正文的写法要符合故事的规则。首先，要有矛盾冲突。在故事里一定要有人受难或遇上麻烦。这时，突然间局面发生变化，广告所要推广的产品或服务亮相了。使用了这种产品或服务，主人公解决了问题，结尾是皆大欢喜的。如果故事里没有设置一些麻烦，它就缺乏一种移情作用，消费者就不会认为广告里的产品也能解决他们自己的问题。其次，在简单的“起因—冲突—解决”的故事讲述模式中，适度增加复杂性，以适用于数智传播时代的短视频广告、微短剧广告。俄罗斯著名民间文艺学家弗拉基米尔·普罗普（Vladimir Propp）在《故事形态学》一书中，归纳出了民间故事的31种功能。① 根据广告的特殊性，我们可以对这31种功能加以改造，有效提高广告故事讲述的趣味性和情感浓度。以潘婷“小提琴篇”广告为例（见章首二维码5-7广告视频），可提出的主要功能包括出发—寻找—遇阻—助手—解困—回馈。产品或作为助手，或作为回馈，出现在故事讲述中。这种叙事模式是许多故事类广告遵循的叙事逻辑，在此基础上，能演绎出千变万化的故事内容。再次，压缩时空，撷取生命成长过程中最重要的时间节点或高光时刻来讲述故事也是常见的叙事模式，产品或是陪伴者，或是见证者，不错过主角成长过程的重要时刻。如东芝LED灯10周年纪念广告（见章首二维码5-8广告视频），用一盏东芝LED吊灯见证一个家庭成长中其乐融融的样子。广告中的故事情节，重在叙述事件的过程，而不在刻画与描绘，因此比较注重情节的连贯性、生动性和通俗性。另外，广告的故事情节应尽可能生活化，让消费者可感可近。

（五）论说类广告正文

论说类广告正文比较适合高卷入度产品，即适合那些需要消费者购买前通过广告广为收集资料以供理性分析，价值相对比较昂贵的产品。因此，论说类的广告要能针对消费者认购前的心理活动，用充足的证据、符合逻辑的哲理思维来宣传商品，以消除消费者思想上的疑虑，坚定他们的

① 普罗普. 故事形态学［M］. 贾放，译. 北京：中华书局，2006.

购买信心，达到促销的目的。

论说类广告正文最常见的模式有两种。一是先破后立，在破除社会上或消费者观念中已有的不利于广告诉求点的言论或行为的基础上，或者是将广告建立在破除一个“假想敌”的基础上，突出广告的诉求点。这种论证有一种暗比效果，可以达到突出广告产品的特点和功能的目的。比如，“爱力牌”麦粉广告（见章首二维码 5-9 广告鉴赏），通过破除“贵的就是好的”来确立其价廉质优的诉求主题，获得了较好的传播效果。二是建言立论，即直截了当地提出广告的诉求点，然后用理论、事实、数据、引言等资料作为论据，从正面进行证明。丰田柯斯达汽车广告（见章首二维码 5-10 广告鉴赏）说明，建言立论式的广告文案是对产品特征或利益点提出足以让消费者信服的支撑点，支撑点越多，广告诉求点越能得到强化。

三、有效广告正文的检测标准

广告正文是否有效地对广告的主题和创意进行了说明、补充，是否能有力地传达产品的主要信息并吸引消费者注意，广告文案创作人员有时无法把握。我们借用大卫·奥格威在《一个广告人的自白》一书中提及的撰写广告正文的经验，将此作为广告文案创作人员检测广告正文优劣的一个标准。大卫·奥格威写道：

> 一、不要旁敲侧击——要直截了当。避免那些“差不多、也可以”等含糊其辞的语言。
>
> 二、不要用最高级形容词、一般化字眼和陈词滥调。要有所指，而且要实事求是。要热忱、友善并且使人难以忘怀。别惹人厌烦。讲事实，但是要把事实讲得引人入胜。
>
> 三、你应该常在你的文案中使用用户的经验之谈。比起不知名的文案撰稿人的话，读者更易于相信消费者的现身说法……知名人士现身佐证吸引的读者特别的多。如果证词写得很诚实，也不会引起怀疑。名人的知名度越高，能吸引的读者也就越多。
>
> 四、另外一种很有利的窍门是向读者提供有用的咨询或者服务。以这种办法写成的文案，可以比单纯讲产品本身的文案多招徕 75%的读者。

五、我从未欣赏过文学派的广告……我很同意克劳德·霍普金斯的观点："高雅的文字对广告是明显的不利因素。精雕细刻的笔法也如此。它们喧宾夺主地把对广告主题的注意力攫走了。"

六、避免唱高调。

七、除非有特别的原因要在广告里使用严肃、庄重的字，通常应该使用顾客在日常交谈中用的通俗语言写文案。

八、不要贪图写那种获奖文案……不要把注意力引向自身。

九、优秀的文案撰稿人从不会从文字娱乐读者的角度去写广告文案。衡量他们成就的标准是看他们使多少新产品在市场上腾飞。①

曾20次获得"广告界奥斯卡"金铅笔广告奖（The One Show）的路克·苏立文（Luke Sullivan）认为，广告正文的写作要遵循这样的原则——"写得像你说话那样形象生动"，即用说话的方式写广告正文，多用短句，写出韵律；"写正文前，在头脑中先形成论证的基本结构"，明白自己要说什么及怎样去说；"正文里不要写标题已展示出来的东西"，而是应该更多地展示那些引人注目的、令人惊奇的、具有说服力的产品细节；"避免模糊"，正文不应该平铺直叙，但是不管用何种手段，都要写得使人明白；"写完正文之后，在承上启下的结合处加些修饰"，使得利益点之间的衔接流畅自然。这些写作经验值得借鉴。

第四节　广告语创作

广告语是应用于一系列连续性的广告中的一个强有力的短句，目的是对企业或产品的特点进一步提炼，使其高度浓缩，朗朗上口，使用在不同的媒体广告或系列广告的不同版本中，从而形成一股强大的传播力量。

有一句叫得响的广告语对产品和企业形象宣传非常重要，尤其是在企

① 大卫·奥格威．一个广告人的自白：纪念版［M］．林桦，译．北京：中信出版社，2015：157-164.

业创建品牌和品牌规划中，广告语的作用更是不可小觑。21 世纪以来，广告语逐渐朝着张扬个性、展示自我的方向发展，并出现了一批优秀的广告语，比如，中国移动“我的地盘，听我的”，麦当劳“我就喜欢”，等等，无不洋溢着年轻一代的自信、自我和一种全新的价值观念。另比如，农夫山泉的广告语从“有点甜”到“我们不生产水，我们只是大自然的搬运工”，则彰显了消费者对自然与健康的追求。

那么，有口皆碑的优秀广告语是如何创作出来的呢？

一、广告语诉求点提炼

从本质上说，广告语是一种意味深长的话语，主要用来向消费者展示或刻画品牌在情感及功能方面给他们带来的好处和利益。哪些是品牌能带给消费者的利益点？哪些情感和功能是消费者所关心的？要回答诸如此类的问题，就得对产品的诉求点进行提炼，而且广告语不同于广告标题，它可以在一定程度上超越具体的产品去体现企业的理想和文化，去彰显一种人类普遍的情感，以此深刻地打动消费者。

（一）产品功能诉求

对产品功能的提炼，一方面基于产品本身的特质、形态等，如象牙香皂的“100%纯粹”表达了产品选料讲究和品质的纯正。另一方面是与竞争对手比较后做差异点诉求，如雀巢咖啡诉求“味道好极了”，用大众化的语言，走大众化的路子；麦氏咖啡却说“滴滴香浓，意犹未尽”，工整的对仗、诗化的语言，走了与雀巢咖啡不尽相同的道路。M&M 巧克力的“不溶在手，只溶在口”也是在比较了同类产品之后，选择了自身最具卖点的特征——“外表带糖衣”，而提炼出来的经典广告语。

但是，在产品同质化现象日趋严重的当下，一眼能看到的产品特点和优点可能都已被同类产品“捷足先登”了，因此只有挖掘、发现甚至诱导消费者新的欲望，才能占据新的制高点。

（二）形象化情感诉求

广告不是纯自然科学，它受传播环境中社会、文化、心理、情感等许多因素的影响。人们在衣食住行等基本生活需求得到满足后，消费的目的在更大的程度上表现为一种心理的、情感的价值取向，因此无论是产品广告语还是企业形象广告语，形象化情感诉求都是一种非常有张力的诉求方式，产品的功能特点可借此得到生动的诠释，企业形象也可借此变得更加具有亲和力。下列广告语都依据产品的特性给消费者以种种允诺，企图以此来打动他们："今年二十，明年十八"（美容香皂广告）；"它能黏合住一切，除了一颗破碎的心"（某品牌黏合剂广告）；"为了寒风中的你，波司登努力 45 年，畅销全球 72 国"（波司登广告），通过温暖朴实的话语，传递品牌的国际化形象和对消费者的关怀，增强消费者对品牌的信任度。

（三）理性化哲理诉求

广告语短小隽永，因此大多以哲理性为创意，以文化为底蕴，以个性为基点来提炼，这样的广告语会让人思索玩味，加深对企业或产品的印象。李宁"一切皆有可能"和阿迪达斯"IMPOSSIBLE IS NOTHING"（没有不可能），传达的既是企业的自信，也是全人类不同民族不同肤色的人共同的拼搏和奋斗的精神力量，任何一个人在生活中遇到艰难险阻和挑战时，都可将此作为自己的励志格言。产品的广告语演绎了某种生活的真谛。

同为汽车品牌，雪佛兰汽车用了这样的广告语——"没有到不了的地方，只有没到过的地方"，言下之意，雪佛兰汽车可以闯南走北，走遍天下，甚至去没有人去过的地方，字里行间溢满了挑战的勇气和快乐；丰田汽车却以"进步就是永不停步"为广告语，这既是企业的精神，也是一种积极的人生态度；别克汽车则在广告中推出了"心静，思远，智行千里"的广告语，以静制动，充满了人生的哲理。这些广告语令人过目不忘。

（四）企业形象诉求

广告语诉求点的提炼还可考虑从企业形象的角度切入。广告语中的企业形象诉求，通常来自产品又高于产品，是对企业经营理念、企业文化和精神、企业宗旨的高度提炼和浓缩，比如，迪斯尼乐园"Where Dreams Come True"（梦想成真的地方），吉普汽车"There is only one"（绝无仅有），耐克"Just Do It."，IBM"四海一家的解决之道"，中国移动"让沟通无处不在"，以及中国网通的"由我天地宽"。飞利浦的"Let's make things better”（让我们做得更好）是一句家喻户晓的广告语，它的特点在于通俗、平实、自然，不仅表达了企业奋斗的目标，即企业通过努力，能为消费者带来更好的产品，今天的会比昨天的更好，将来的会比今天的更好，这既是对消费者的一种承诺，也是对自己的一种鞭策。

二、广告语的创作原则

广告语的创作须遵循以下三个原则。

1. 具有高度的促销力

广告因产品促销而诞生，并将永远以此为存在的理由，现代广告无论是以艺术性还是科学性为手段，抑或是以创意为理由去颠覆传统广告中的种种陈规陋习，其最终的营销目的依旧不会改变。只不过，传统广告卖什么则叫什么，现代意义上的广告需要研讨消费者的心理、精神需求，并以此为契机来形成广告的创意和提炼广告语。

2. 短小精悍，朗朗上口

广告语是高度凝练的结果，要浓缩精华，删除不必要的修饰，越简练越好。广告评选活动的结果显示，广告语共同的特点就是短小精悍，容易识别，并且朗朗上口，易于记住。美国《广告时代》杂志曾组织消费者抽样调查 20 世纪诞生的最经典的广告语，其中，诞生于 1929 年的可口可乐广告语“清凉一刻”，诞生于 1948 年的戴比尔斯钻石广告语“钻石恒久远，一颗永流传”，诞生于 1988 年的耐克的广告语“JUST DO IT.”，都是一些短句，却浓缩了产品的特点或人生的哲理精华，创造出了广告史上的奇迹。

3. 活用修辞手法，增加表现力

修辞手法的灵活使用可以增强广告语的表现力，使短短的一句话充满联想的张力和语言的美感。最为常用的一种修辞手法是双关。所谓“双关”，就是借助语境的特定条件，故意让语句在表面上说的是一个意思，实际表达的却是另一层意思，即所谓的“言在此而意在彼”，“彼意”正是语句的核心意义所在。仿拟也是一种常用的修辞方法。常见的被仿对象有古代的名言佳句，中华民族的文化博大精深，为仿拟的使用提供了取之不尽、用之不竭的宝藏，如某减肥茶仿著名诗句“衣带渐宽终不悔，为伊消得人憔悴”创制了“衣带渐宽终不悔，常饮××减肥茶”的广告语；丰田汽车仿“车到山前必有路，船到桥头自然直”创制了“车到山前必有路，有路必有丰田车”，等等。除此之外，反复、顶真、拟人等修辞手法也是广告语创制所常见的手段。关于修辞手法在广告文案创作中的运用可参见本书第六章第一节。

第五节　商标命名艺术

名称作为商标的主体部分有两种主要的形式：一是命名，二是译名（在此特指外来词的汉译）。命名和译名有差异，但是从广告传播的角度来理解，二者在命名的艺术性和技巧性方面是相同的，因为译名也面临一个再创造的过程，寻求贴近的译名，其难度并不低于命名。

商标命名时，有一些可借鉴的资源，如人名、地名、优美贴切的词汇等，但更大的空间在于新创词汇。命名的技巧在于把握好具象与抽象之间的平衡关系。

一、商标命名的利用性资源

商标的命名，通常会借助一些特定的资源，如人名、地名及某地已有的著名的物产和自然资源等，也可借助现有词汇中与产品特性相关的，或能形象传达产品特性的美好词汇。当然，商标的命名还可以借助大量的字母和字词，通过有意无意的嫁接组合创造出新的词汇。

（一）人名、地名

人名是商标命名时被最多利用的资源，尤其在商标发展的早期，产品发明人、企业创始人最常被用来作为商标的名称。如“张小泉”“胡开文”“王致和”等，大多数百年老店都以姓名命名。国外一些著名的商标也如出一辙，如高露洁（Colgate）、李维斯（Levi's）等。借用人名命名，通常与产品的特性无关，其最大的价值是社会性的，最能体现企业主对他的产品质量负责，有信誉保障。但有的姓氏碰巧也能与产品形成一种共识，形象化地表达产品的特点。如雀巢（Nestlé），这是一个姓氏，但也可当作普通词汇，用来表达一种写实的状态和温暖、拥抱、依恋等的情感状态，用来命名该品牌下的奶粉和健康食品，令人产生许多温馨的联想。

地名也是一个富有表现力的资源，如青岛啤酒、阳澄湖大闸蟹、茅台酒等。以地名命名产品，产品可能因为地方上众所周知的自然资源、文化资源而添光增色，表现出独特的意蕴。不过，根据《中华人民共和国商标法》（以下简称《商标法》）的规定，县级以上行政区划的地名或公众知晓的外国地名不得单独作为商标注册（已注册的使用地名的商标除外）。通用名称如北京烤鸭、金华火腿及地理标志产品如山西老陈醋、郫县豆瓣等，受到法律保护，但企业仍需注册自己的商标以区分品牌。

（二）普通词汇

大量优美的、富有表现力的、能使人产生联想的普通词汇进入商标命名的资源库，为商标命名提供了宏大的空间。一方面，普通词汇数量多、涉及面广，有一定的普适性；另一方面，普通词汇比人名、地名能更好地描绘和传达产品的特点。如汰渍（Tide）洗衣粉，英文原意为“潮汐”，以海水形成潮汐时卷起的浪花和冲力，既形象地表达了使用该品牌洗衣粉洗涤衣物时所形成的视觉形象，又表达了洗涤得干干净净的功能特点；中文译名“汰渍”，尽管未能表现出英文原义的那种视觉形象，但是强调了该品牌洗衣粉去污去渍的产品特点，也不失为一个优秀的译名。再如帮宝适（Pampers），英文原意为“纵容、娇宠”，引申为父母亲对婴儿的深切关心和宠爱；中文译名除了表达英文原义外，还形象地表达了产品的品质特点，可谓巧妙之至。国产品牌中如美加净、娃哈哈、金嗓子等也是以颇具形象化的普通名词来命名产品的，非常传神。

（三）新创词汇

随着产品种类的日益丰富和企业对商标的愈加重视，商标的上述资源越来越稀少，人名、地名不再被允许成为商标名称，富有感染力的美好词汇也越来越难得到。因此，商标的命名开始另辟蹊径，转向新创词汇（或称为“合成词”），品牌希望通过独特的语言创新吸引消费者的注意并促使其增强品牌记忆。

品牌大多将两个或两个以上的词通过拼缀、变异、组合构成一个既含有原词意义又不同于原词的新词，用作商标名称。通常，这个新词既能表明产品的特点和性能，同时又符合《商标法》的要求，这是目前国际上比较流行的商标命名方式。比如，Pentium（奔腾），由拉丁语“Pente”和化学元素词尾“ium”组合而成；脉动，结合“脉搏”和“动力”，传达产品能够为消费者补充能量、激发活力的品牌形象；花西子，将“花”和“西子”组合成新词汇，表明品牌融合自然与东方美学的理念。还有一类新创词汇是不具有任何意义的，只求显著独特，易于朗读，不重复，如石油和石化企业 Exxon（埃克森）等。

二、商标命名的可识别性与传达性

通常而言，商标命名的可识别性与传达性是一对矛盾，可识别性越强，则信息传达性越差；反之，传达信息的能力越强，商标名称的可识别性就越差，也就越没有个性。我们可以将命名的方式归纳为三大类。

1. 随意命名

上述利用已有词汇，重新拼缀、组合成新创词汇的命名方式，就是一种随意命名方式。由于这些新创词汇是完全杜撰的，有的甚至是通过计算机自然联想缀合而成的，因此本身没有任何意义。如柯达（Kodak）、索尼（SONY）、海尔等，短小、易记、响亮，令人印象深刻，既具有书写性又具有可视性，可识别性特别强。这些词基本上不传达特定的产品信息，因此可以用于任何类别的产品命名，但是其传达性比较差，不易与消费者沟通。

2. 联想暗示命名

这类命名方式大多采用已有的普通词汇，词汇本身有一定的联想功能。以此命名，能激发受众的想象力，将品牌名称与相应的产品类别联系在一起，如“金嗓子”令人自然地联想到声音、咽喉健康，“康师傅”与食品相关，“养生堂”则一定是与健康产品有关的，等等。有些词汇还能在一定程度上暗示出产品的某些功能或令人联想到美好的、吉利的事物，如“e 百分”电子词典、“百度”搜索、“DeepSeek”大语言模型等，对品牌的传播起到了很好的作用。联想暗示命名方式既有特色，又对企业具有一定的保护力，还能潜意识地传递适当的产品信息。

3. 类别描述命名

类别描述命名，也就是试图以名称直接地表示产品的成分、功能、效用、特点，或者引发受众对产品类别的确切联想。如舒肤佳、视康、嘘嘘乐等，能够令消费者一眼看出是什么大类的产品，但这样的名称往往缺乏个性，也因此缺乏保护力，这可以视为一个大类产品共同的特征。

这三类命名方式各有利弊，如何求得可识别性与传达性的平衡则体现了商标命名的艺术和技巧。

三、商标命名的原则

现有商标成千上万，其名称来源各异。不管采用何种方式，商标的命名应该隽永优美、醒目独特。那么，什么样的商标名称才算一个好的名称呢？一般来说，一个好的名称至少应该满足下列条件之一。

（一）商标命名要别出心裁

所谓“语不惊人死不休”，商标命名最关键的是要具有创意，能与别的商标名称区别开来，不要步人后尘，更不能与其他品牌雷同。如果能避开一些常见的词汇，就有可能让人耳目一新，在短期内记住品牌，比如，酷儿饮料的命名，源于大家喝饮料时发出的声音，让品牌独具个性。当然，别出心裁的前提是符合消费者的心理特征。博士伦隐形眼镜的命名来源于公司创立者的姓名 Bausch & Lomb，译名者可谓深谙中国消费者的心理，他相信中国家长和孩子没有哪一个不想成为博士，而近视多为读书所致。“博士伦”的中译名巧妙地将近视者对知识的渴求引向对该品牌隐形眼镜的渴求。

（二）商标命名要实至名归

首先，要尽可能使产品与名字对号入座，真正达到“望文而知义、顾名而知实”的境界，如鞋类品牌“耐克”“回力”等，均蕴含一种耐磨、有弹性、跃跃向上之义，产品与名称相辅相成。其次，要尽可能使商标名称与自己的行业形象、企业形象相一致，使消费者可以心领神会地产生定向的想象。金丝猴是一种稀有动物，聪明、可爱、灵巧是其形象和性格特征，以此来命名玩具、学习用具，能使消费者产生正面的联想。最后，要考虑到新商标名称与既有产品商标名称的连续性，以及未来系列产品的扩展性。

（三）商标命名要具有美感

商标命名要具有语言美、文字美、韵律美、寓意美等，首先，表现为命名的好听、好说、好念，念起来不拗口且有节奏感，只需要念上一两遍就能牢牢记住。比如，“可口可乐”“百事可乐”，可谓朗朗上口，顺口顺心。其次，字的结构简练、醒目，便于字符设计，尤其是标准字的设计，能使人在远处就看得清楚且过目不忘。最后，美感的产生还在于如何从心理上与目标消费群体产生共鸣，迎合他们的喜好，满足他们的愿望。审美是一种复杂的心理现象，创造美、营造美好的意境需要投入很大的激情和智慧。英文中“Head & Shoulder”如果被实译为“头和肩”还有什么美感和意境可言呢？而“海飞丝”的命名，则自然而然地使人联想起头发飘逸的感觉，美到极致。再如“飘柔”“舒洁”“香雪海”“红豆”“奔驰”“宝马”等商标名称，或静或动，令人闻其名脑海中便浮现出画面，产生无穷的美好联想。

（四）商标命名要具有文化意义

全球经济一体化带来了品牌的全球化，商标命名及译名作为跨文化交流的形式之一，必须跨越文化障碍，达成文化认同。

首先，商标命名要与销售地区的语言文化相一致，避免冲突。如“芳芳”爽身粉，在国内销售可使人联想到芳香、芬芳等。当产品销往国外使用汉语拼音“Fang Fang”作为商标显然不合适，因为“Fang”的英文意为“犬牙”“毒牙”，将此商标用在小儿爽身粉上其负面效果可想而知。“月光”一词，在中国文化中代表的是纯洁美丽，在英文中却常含有虚幻、虚伪的贬义。

其次，商标命名要避免文化禁忌。词汇的意义在跨文化交流中，可能会出现几种情况：一是在异文化中找不到相对应的词，如中文的“礼、义、忠、孝”。二是同一词汇在不同的文化中，表面意义相同，引申义则在一种文化中不存在，如松、竹、梅“岁寒三友”之称。三是在异文化中，一个词的词面意义相同，但引申义可能完全不同。“红”在中华文化中表示喜庆、热闹，但在美国文化中，它常含危险意味。再比如“羊”，在中华文化中是个吉祥字，企业很喜欢以此来命名自己，如三羊、五羊，但在英国文化中，无论是用 Ram 还是 Goat 都不妥，前者有“撞击”的引申义，后者则有“色鬼”“牺牲品”等的引申义，如果用 Sheep 更给人以任人宰割、任人摆布的隐含意思。

第六节　广告歌曲创作

广告歌曲是一种通过音乐和歌词结合的方式传递品牌信息的广告形式。广告歌曲在当下的传播语境中，越来越为企业和消费者所喜爱。一些广告投放费用比较大的企业都非常乐意为企业或产品量身定制广告歌曲，并请当红歌星来演唱。广告歌曲之所以能起到较好的广告传播效果，正是基于歌词和音乐的完美结合，能给观众和听众留下美好的、愉快的情感体验。

一、广告歌曲在信息传播中的作用

1. 广告歌曲具有增强记忆和识别的作用

音乐和歌词的结合比单纯的视觉或文字信息更容易被大脑记住。广告歌曲通常借助重复的旋律和简单的歌词，帮助消费者快速记住品牌名称和核心信息。广告歌曲可以成为品牌的独特标识，就像麦当劳的主题曲《我就喜欢》一样，即使没有视觉提示，消费者也能通过音乐识别品牌。

2. 广告歌曲很容易激发消费者的情感共鸣和文化共鸣

广告歌曲通过旋律和歌词传递积极的情感，如快乐、温暖或怀旧，从而与消费者建立情感连接。广告歌曲可以融入当地文化元素，引发消费者的共鸣，增强品牌的亲和力和认同感。比如，科龙空调在毕业季推出的广告歌曲《16 分贝的我》中诉说：“行走在八十分贝热闹市区里面，看车流日夜从不懂停歇。重温着六十分贝觥筹交错热烈，想逃离却只能够笑着妥协。”用轻快却略带忧伤的旋律，将毕业生内心的情绪具象化地表现出来，加深了消费者对品牌的印象。

3. 广告歌曲有利于扩大传播范围

广告歌曲易于传唱，可以通过社交媒体和用户生成内容进一步扩大传播范围。比如，蜜雪冰城的广告歌曲《蜜雪冰城甜蜜蜜》（见章首二维码5-11广告鉴赏）通过简单的旋律和歌词，迅速在社交媒体上传播。

4. 广告歌曲能很好地提升品牌形象

广告歌曲的风格和内容可以体现品牌的个性和价值观，通过音乐旋律“全球化”、歌词“本土化”的创作策略，能低成本、高效率地在全球打响品牌知名度。前者如可口可乐的广告歌曲通过欢快的旋律传递“分享快乐”的理念，巩固了品牌的积极形象；后者如麦当劳为配合“I'm Lovin'It”而在全球范围内推出的同名主题曲则以中文配词。

二、广告歌曲创作的原则和技巧

一首广告歌曲不外乎由两部分组成：广告歌词和广告的音乐旋律。音乐旋律是极富表现力的元素，或宏大或细腻，或激昂或抒情，不同的风格给人不同的审美享受，如中国移动动感地带广告歌曲《我的地盘》，运用流行的说唱风格，即使歌词在演唱中模糊不清、难以辨明，动感流畅的旋律也给人留下了深刻印象。通常，广告歌曲的谱曲须得请专业的音乐人来创作，在此就不赘言了。

广告歌词作为广告歌曲的另一种重要元素，会影响一首广告歌曲的成败。一般而言，广告歌词的创作最重要的是要洞察产品的目标消费群体，明确广告目标，以此作为广告歌词表达的中心。具体而言，广告歌词的创作应尽可能遵循如下原则。

第一，明白易懂，浅显通俗。广告歌曲通常配合广告中的其他元素一并出现，因此它的作用主要不是承载或诠释产品功能和特点，而是营造轻松愉快的接受环境，从而赢得消费者好感及加深记忆和印象。广告歌词不宜承担太大的信息量，不宜繁复，越简单越容易口口相传，越容易记忆。蜜雪冰城的主题曲，旋律好记，歌词简单直白，很容易就被传唱开了。

第二，歌词体现产品个性，使产品人格化。广告歌曲是唱出来的，不管唱的人是大牌歌星还是名不见经传的普通人，广告歌词的风格就是歌唱者的风格，更是产品的风格。如麦当劳《我就喜欢》就是一首针对年轻人的广告歌曲，因此歌词传达了年轻人不羁的生活理想和行为方式。统一冰红茶的广告歌曲《年轻无极限》，也生动地抒发了冰红茶那份无拘无束、敢作敢为的年轻人情怀。

第三，新奇出挑，不拘一格。使用广告歌曲的产品大多以儿童或年轻人为目标对象，他们对世界充满了好奇和探索精神，尤其对未知的东西或新的事物兴趣浓厚，因此广告歌词和谱曲要新奇，富有创意，要活泼生动。蒙牛酸酸乳的广告歌曲《酸酸甜甜就是我》不仅将产品和歌唱者合二为一，以一种酸酸甜甜、爱哭爱笑、变化不定的少女性格演绎了蒙牛酸酸乳特有的口感，可谓巧妙至极。

第四，遣词造句精美工整，凸显文化底蕴。这种风格追求语言的精练与雅致，通过精心挑选富有意境的词汇，构建出既符合广告产品特性，又体现语言美感的歌词。歌词借用古诗词的韵律，形式上工整对称，读起来朗朗上口。比如，蕉下户外鞋的广告歌曲《惊蛰令》（见章首二维码 5-12 广告鉴赏），围绕“天下无路不可走”的核心理念，描写各式各样的行走方式，充满画面感。

延伸阅读

1. 威廉 · E. 布隆代尔 .《华尔街日报》是如何讲故事的［M］. 徐扬，译 . 北京：华夏出版社，2006.

2. 阿拉斯泰尔 · 克朗普顿 . 文案之道：全球 32 位顶尖广告人亲述文案创作心法［M］. 北京：中信出版集团，2023.

3. 叶军 . 广告战略：文案、创意与传播［M］. 北京：中国书籍出版社，2021.

4. 周雨 . 广告文案写作进阶指南［M］. 厦门：厦门大学出版社，2019.

思考题

1. 广告文案的基本结构元素有哪些？

2. 广告标题创作的内容要求与形式要求分别是怎样的？

3. 广告正文分为哪些类型？请简述 1—2 个案例并分析其是否满足广告正文的有效性标准。

4. 请说出 3 条广告语，并分析它们的诉求点及创作原则。

5. 请谈谈如何给商标命名。

第六章

语言与广告文案创作

第六章 语言与广告文案创作

第一节 语言的字、词、句与广告文案

一、字与广告文案
二、词与广告文案
三、句子与广告文案
四、修辞与广告文案

第二节 叙事聚焦与广告文案

一、外部聚焦与广告文案
二、内部聚焦与广告文案
三、无聚焦与广告文案
四、叙事开放性

第三节 弹幕

一、弹幕溯源
二、弹幕的形式特征
三、弹幕广告文案创作

第四节 提示词

一、提示词与广告文案创作
二、提示词的生成机制
三、提示词的指令优化

导读：

广告文案说服力的强弱与很多因素有关，其中之一便是语言艺术运用恰当与否。汉字形、音、义结合的特点使它对广告文案有着其他语言文字所不具有的表现力，词性、词的语体义和感情色彩的不同、句式的相异等，都会对广告文案的成功与否产生影响；修辞手法的妥当选用可以把话说得恰如其分，引起受众的注意，增强文案的传播效果；广告文案通过叙述一件事来传递产品信息或展现企业形象时，叙述者应根据广告的定位和诉求方式来选择叙事聚焦（Narrative Focalization），叙事聚焦的正确选用会促进广告目标的实现。数智传播时代，弹幕作为即时性文本参与到用户与内容的互动之中，丰富了广告表现的载体；而在人工智能辅助内容生产的过程中，提示词的使用在很大程度上影响了最终的生成结果，成为广告文案创作中语言应用的新形式。

本章学习目标：

1. 了解字、词、句与广告文案的关系。
2. 了解广告文案的修辞技巧。
3. 了解广告文案的叙事手法。
4. 了解弹幕与广告文案的关系。
5. 了解提示词与广告文案的关系。

本章案例与分析：

包含知名品牌的经典平面广告、广告视频，说明语言运用对广告文案创作的重要性。

扫一扫

扫描二维码欣赏案例

第一节 语言的字、词、句与广告文案

广告文案是广告作品中的语言文字部分，影响语言文字传播效果的因素自然就会影响广告文案的传播效果。本节主要讨论了语言的字、词、句与广告文案的关系，以及如何利用语言的字、词、句来创作广告文案。

一、字与广告文案

汉字与英文字母的本质区别在于：前者是表意文字，形直接表现意义；后者属于表音文字，形与意脱节。鲁迅先生说：“（笔者按：中国文字）遂具三美：意美以感心，一也；音美以感耳，二也；形美以感目，三也。”① 汉字的造字法——象形、指事、会意、形声，其目的都是以形示意，如室内有女曰“安”等。汉字的“意美”就在于汉字所体现的古人的价值观、人生观，如“安”字就体现了古人对家庭的理解——家中有女有男才能安居乐业。汉字的音也与意义有关，据龚鹏程先生分析，汉字语音与意义的关系最发达的模式是“拟音”，即“直接模仿或描绘”，“且以对人感情方面的语音类拟最多”。② 如“怒”“喜”等字的音律就与“怒”“喜”这两种心情类似。广告创意的终极目标是达成与目标受众的沟通，汉字既然能“感目”“感耳”“感心”，从广告创意的角度来看，便比表音文字具有得天独厚的优势。

汉字创意广告形、音、意三美合一。汉字创意广告的价值在于：制造差异性，引发好奇心；以简蕴繁，以少藏多，契合受众快节奏生活及期盼信息简洁的心理；承载传统文化精神。

那么，汉字创意广告如何才能利用这些“形美”“音美”“意美”呢？下面拟从形、音、意三个方面来探讨汉字创意在广告中的价值，并总结具体的创作方法。

---

① 鲁迅．鲁迅全集：第 10 卷［M］．广州：花城出版社，2021：304.
② 龚鹏程．文化符号学导论［M］．北京：北京大学出版社，2005：70-71.

（一）利用字形进行广告文案创作

最常见的也最能体现汉字“形美”的创作方法是字体创意。这一方法在产品包装、CIS（Corporate Identity System，企业形象识别系统）和产品标识等设计中较常见。字体在这里包括两层含义：一是汉字的字体，分为篆书、隶书、楷书、行书、草书等；二是某一字体中具体的书法体，如楷书又分欧体、颜体、赵体、柳体，行书又分二王体、苏体、黄体、米体、蔡体，等等。字体创意方法最能体现汉字的“形美”，表现古拙美、平衡美、方正美、洒脱美、灵动飘逸美等特点；书法字体同样能体现具有人类情感的美，如欧体中和、颜体雄浑、赵体秀美、柳体峻峭。“言为心声，书为心画”，不同字体具有不同的美，广告创意可以根据产品的定位、企业经营理念或展览活动的宗旨来选择不同的字体。2008 年北京奥运会会徽“中国印·舞动的北京”，中间的“京”字取材篆书，创作者将其幻化成一个奔跑的人形，传递“有朋自远方来，不亦乐乎”的传统文化精神。

利用汉字字形进行广告创意的第二种方法是汉字变形法，这是指将方方正正的汉字变成平体、长体、斜体、倒体甚至是异体。这种方法能使版面显得错落别致、活泼灵动，在一定程度上能产生陌生化的效果，引发受众的好奇心，同时突出主体文字。

利用汉字字形进行广告创意的第三种方法称作“手写文字法”①，这一方法是将广告文案以手写体的形式呈现，或毛笔字、或钢笔字，或成人体、或儿童体，广告文案偶尔使用手写文字，会给人真实、温馨的感觉，好像有人潜在字的背后，正与受众分享广告中的情感。

（二）利用字音进行广告文案创作

汉字字音在广告中的运用以押韵为主。汉语中，音与情感是有联系的，如李白的《静夜思》：“床前明月光，疑是地上霜。举头望明月，低头思故乡。”“ang”韵体现的是似轻实浓的忧愁感。古人制定严格的声韵格律，在一定程度上是为了树立学术权威，但更重要的原因是基于韵与情感的关系。押韵的和谐美不仅有助于记忆，更有助于音与情的共鸣，比如，

---

① 余明阳，陈先红．广告策划创意学：第二版［M］．上海：复旦大学出版社，2003：303.

“轻松上网，易如反掌”（网易广告），“不在乎天长地久，只在乎曾经拥有”（铁达时手表广告）。前者中的“ang”韵体现的是欢快的感情，后者“iu/ou”韵自有一种缠绵悱恻的情思。当然，广告文案押韵，并不是说几个句子最后一个字的韵母相同或相近就可以了，在实际创作时，要留心观察所押的韵是不是表现了预期的情感。

由于汉字中同音字比较多，这就产生了一种以同音字替代的仿词创作。如一则打击盗版的广告，广告正文只有“盗版万碎”四个字。在这种仿词创作法中，被替代字或词的意义并不会随着替代而消失，它凭借音与替代的字或词一同存在，共同传递意义。“盗版万碎”四个字表面的意思是“永远消灭盗版”，深层含义则由“万岁”“万碎”两个词共同完成，即盗版是最低级的，正版是最高级的。

常见的第三种利用汉字字音进行广告文案创作的形式是叠音。叠音词与单字相比，更显得纯真、稚嫩，使听者动容，别加怜爱。日常生活中，孩童好以叠音词称谓所识物种，如唤“狗”为“狗狗”、“包”为“包包”，此时，在孩童心中，狗和包与人一样，都有了灵性。再如现代年轻人不愿长大，喜欢用叠音词作为口头禅，如“好好喜欢”“怕怕”。广告文案中使用叠音形式，不仅可以使受众不由自主地对产品施加情感，而且可以使所要传达的广告信息更加精确、更加深刻。如品牌名“娃哈哈”中的“哈哈”叠音，就表现出孩童的满心欢喜，发出一连串笑声。

此外，在广告文案中，我们常见的利用汉字字音进行广告文案创作的形式还有反复、绕口令等，由于这些创意形式的价值与上述三种大同小异，在此不赘述。

（三）利用字意进行广告文案创作

在西方国家，关于古人如何思考、如何生活、如何处理人与人的关系等的思想都是通过句或篇章来记载、传承的，而中华民族的价值观、生活方式通过汉字就能传承，比如，女子持帚为“妇”（婦），簪发为“夫”，羊大为“美”，鱼羊为“鲜”，直接体现了古人对性别的认识、对美的理解、对生活标准的体认等。当然，有些汉字体现的思想与现代生活已是格格不入，但还有一些是合乎时宜的，尤其是几千年来沉淀在中国人心中的传统文化，如强调人与自然一体，人与人之间要相“亲”、有“序”，人遇到挫折时要内省，以及“己所不欲，勿施于人”，等等。这些都是汉字创意广告可资利用的。

1. 拆字创意法

利用汉字“意美”最常见的一种方法是拆字创意法，即将汉字拆成部件，利用分解后的部件和原字之间的意义关系来传递信息。如一则公益广告：

沃：① 土地肥；肥沃，沃土。② 灌溉，浇；沃田。③ 姓

世界没有水，剩下的是什么？

夭：夭折；未成年的人死亡。［夭亡］也说夭逝，夭殇。

该则广告信息是由“沃”字和“水”“夭”之间的关系来传递的，呼吁的是爱护水资源，深层体现的是人与自然一体的观念。

2. 缺陷文字创意法

拆字创意法还派生出一种与上述方式略有不同的创意法——缺陷文字创意法，即故意造成字体的某些缺陷，利用缺少的部件来传递信息。一些招聘广告经常用这种方法来“招兵买马”。如某杂志社将“创作天地”前三个汉字中“人”这一部件去掉，来传递该杂志社现招募三个人的信息。

3. 文字意象法

文字意象法，即某些汉字缺失一个部件就变成了另一个字，而这个新字的意义也昭示着这一变化。拆字创意法与这一方法的不同在于，前者以一个汉字为中心，后者以多个汉字为中心。

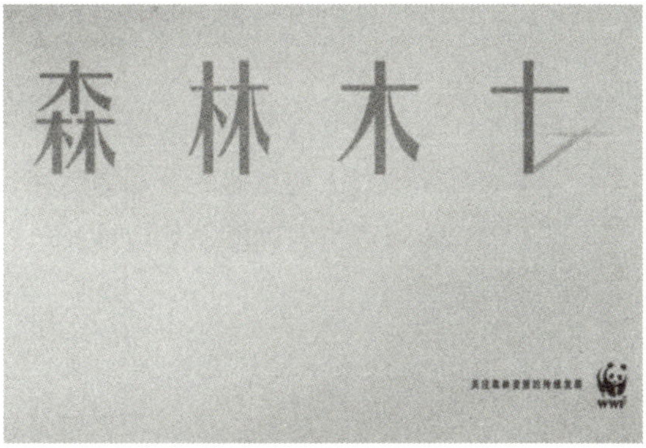

图 6-1　公益广告

公益广告中，“森、林、木、十”四个字的字形逐渐变化（图 6-1），意义也在变化，受众在视觉感知该广告后，眼前立即会浮现出一幅幅乱砍滥伐的画

面，并且顺畅无碍地明白该广告的主旨：盲目伐林，自取灭亡。

4. 文字图形化法

文字图形化法，也称“图形文字化法”，指的是将文字与所要宣传的产品或与产品有关的事物的图形相重合，最终要达到的结果是受众眼前的文字是图形，图形亦是文字。图形与文字的重合，使受众既能比较容易地明白广告主题，又延长了审美时间。如飞利浦“爸爸的光采下巴”广告（图 6-2），“爸”字与人的笑脸相重合，既简洁传神地表现了飞利浦剃须刀良好的性能，又暗示了该产品可以作为送给父亲的最佳礼物。受众通过读图读字来解码广告内涵。

图 6-2　飞利浦“爸爸的光采下巴”广告

二、词与广告文案

词，是比字大、比句子小的语言单位，按不同的分类标准，词有不同的种类。按词的感情色彩划分，可分为褒义词、中性词和贬义词；按词的语体划分，可分为书面语和口语；按语法功能划分，又可分为实词和虚词。下面将分析不同种类的词与广告文案创作的关系。

（一）词的感情色彩与广告文案

广告文案要服务于广告目的，将产品、服务或企业形象的正面信息传递给目标受众，使目标受众知道使用该产品、享受该项服务或采取这种生活方式能取得何种利益。相应地，广告文案使用的词语就以褒义词和中性词为主。例如：

（广告正文）无论怎么喝，总是不一般香浓！这种不一般，你一喝便能明显感到。伊利纯牛奶全乳固体含量高达 12.2%以上，这意味着伊利纯牛奶更香浓美味，营养成分更高！

（广告标题）青青大草原　自然好牛奶

这则广告文案中的“香浓”“不一般”“美味”“更高”“青青”“自然”“好”等都是褒义词，剩下的小部分是中性词。可以说，感情色彩的褒义性是广告词语的一个重要特征。

当然，使用贬义词来创作广告文案的也有，它的好处是能引起受众的好奇心，进而主动地阅读文案，接受信息。例如：

我就喜欢没骨气。（广告画面中有一男子在练瑜伽）
我就喜欢娘娘腔。（广告画面中有一男子在扮演花旦）
我就喜欢被人指指点点。（广告画面中有一妇女在享受按摩）

这是麦当劳“我就喜欢”系列的平面广告，“没骨气”“娘娘腔”“指指点点”都是贬义词，但在该广告文案中，这些贬义词已经没有了贬斥的意义，它和“我就喜欢”一起充分体现了麦当劳广告此次广告运动的反主流、反正统，强调个性的主题。

（二）词的语体义与广告文案

词按语体划分，可分为书面语和口语。书面语严谨规范、庄重典雅，有时还带有文言色彩，它经常运用于正式场合或书写文章中；口语通俗活泼、亲切自然，有时带有方言色彩，它经常运用于日常交谈、讨论等较随便的场合。①广告文案要营造的是一种仿佛和受众促膝长谈的亲切氛围，因此广告文案中一般使用的是口语。只有当广告定位是知识水平较高的群体或时尚潮流的年轻群体时，才应该考虑使用书面语来创作广告文案，比如，长城葡萄酒的一则广告（见章首二维码 6-1 广告鉴赏）。

除了书面语与口语外，还有使用方言来进行广告文案创作的现象。方言指的是在某一地区人们使用的语言，它不进入现代汉语的语汇中，只靠当地人的口头传播才得以保存。方言的特点是具有浓厚的地方色彩，在当地使用易让消费者产生亲近感，可增强广告在当地的感染力。缺点是出了当地，就变成“天书”，消费者不知所云。例如：

① 齐沪扬．汉语通论［M］．北京：中央广播电视大学出版社，2004．

肝哪没好，人生是黑白的！肝哪顾好，人生是彩色的！（护肝保健品广告）

麦叔叔去咗边度。（《前程周刊》广告）

前一则广告语用闽南语创作，“哪顾好”的意思是“那里好了”；后一则广告语用粤语创作，“去咗边度”意思是“去哪里了”，这则广告文案在后面揭开了谜底，原来麦叔叔看了《前程周刊》后奔前程去了。利用方言进行广告文案创作，广告传播效果只在有限的范围内发生，假使用作全国或全球传播，广告文案中的方言就会变成沟通障碍。

（三）词的虚实与广告文案

词按语法功能划分，可分为实词和虚词。实词指能表达实在意义的词，或外形，或动作，或状态，或本质，包括名词、动词、形容词、副词和代词等；虚词指的是不能表达实在意义的词，只表示句与句的关系或说话者的语气，包括介词、连词、叹词和语气词、助词。广告文案要传递的是关于产品或企业对受众在精神上或物质上有用的信息，因此广告文案应在表意准确的前提下，尽量少用虚词，虚词过多，只会减弱广告文案的传播效果。

在实词内部，各种词类给受众带来的感觉也不尽相同。名词的意义是固定的，不如动词和形容词更能引起受众的联想。如“海尔，真诚到永远”换成“海尔，永远的真诚”，效果就没那么好。在广告文案创作尤其是广告语创作中，可多用动词、形容词或动词词组、形容词词组，营造意境，引发受众的共鸣。

此外，在广告中运用代词时，应了解每种代词在受众心中产生的距离。代词分为三种：我、你、他（她、它），分别指代第一、二、三人称，其带给受众心理感觉上的距离依次由近及远。广告文案中使用第三人称“他”时，受众感觉谈论的是他人的事情，与自己关系不大，因此给其造成的心理距离较大。广告文案中使用第二人称“你”时，受众感觉信息传播主体像是在面对面地和自己交谈，从而在心理上缩短了广告文案与自己的距离。比如，“胃，你好吗？”斯达舒的这句广告语，以日常问候语“你好吗？”营造一种和谐的氛围，拉近产品与受众之间的距离。广告文案中使用第一人称“我”，可以使受众感觉谈论的是自己的事情，如康师傅冰红茶的“冰力十足，我的最爱”，受众在接受该广告语时，会将自己代入“我”的角色，一起去体验广告传递的信息。

人称代词还有复数形式：我们、你们、他们（她们、它们）。广告文案中一般不使用“你们”，因为“你们”在受众心理上是指与自己对立的一方，会增加广告与受众之间的距离。广告文案中使用较多的是“我们”和“他们”，复数形式会让受众感觉这种体验或这种生活方式是群体性的，于是情不自禁地去认同这个群体或者模仿该群体的生活方式。

事实上，在具体的广告文案中，有很多是两种或三种人称代词一起使用的，这种交叉使用人称代词的方法可以使得产品与消费者同时出现在广告中，清晰地表现二者之间的关系。例如：

它傻瓜，你聪明。（柯尼卡相机广告）

我的眼里只有你。（娃哈哈纯净水广告）

柯尼卡相机的易操作与消费者的开心，以及娃哈哈纯净水在消费者心目中的重要地位在广告文案中都一目了然。广告文案旨在描绘一幅图画，画面的主角是产品与消费者，他们妙趣横生和不即不离的关系不经意间就感染了大家。

三、句子与广告文案

句子与词一样，根据不同的分类标准有不同的类别，比如，按语气划分，可分为陈述句、疑问句、感叹句和祈使句；按结构划分，又可分为长句与短句。

（一）句子的语气与广告文案

人们进行交流，总有一定的语用目的，或向他人陈述一件事，或询问一个问题，或表达某种建议，等等。根据语用目的给句子进行分类，也就是一般所说的语气分类，因为句子的语气反映了句子的语用目的。广告文案运用语言文字向目标消费者传递有关产品、服务或企业形象的信息，因此广告文案中句子语气运用适当与否，对消费者是否认同广告起着很大的作用。

1. 陈述句与广告文案创作

陈述句是表示陈述语气的句子，我们平时向别人讲述一件事情时使用的就是这种语气的句子，它具体又可分为“断定、保证、通知、通告、提醒、建议、预告、报告、宣告、命名、辞职、任命、放弃、否决、批准；许诺、威胁、警告、拒绝”① 等语气，我们可以把上述划分简化为肯定语气和否定语气两种。

（广告标题）天生的，强生的——给您婴儿般的肌肤

（广告正文）他是上天的恩赐，天生就有柔顺的头发、柔嫩的肌肤。留住与生俱来的完美与娇嫩，只有强生的温和呵护。

强生婴儿爽身粉，经高温消毒，完全不刺激，保护宝宝天生幼嫩的肌肤，令他始终爽滑舒适。

（广告语）天生的，强生的

图 6-3　Lee 牌牛仔裤广告

这是强生婴儿爽身粉的广告文案，旨在向消费者传递该产品的功能，全文基本上用陈述句创作。广告的主要目的之一是让消费者了解产品信息，因此陈述句是广告文案最常用的一种语句。在使用陈述句时，广告文案中较多地使用表肯定意义的陈述句，就像强生婴儿爽身粉广告文案中，使用的全是肯定陈述句。用否定语气的陈述句创作的广告文案也有。例如：

在水里磨了这么久，就是不习惯和平凡的家伙打交道。（Lee 牌牛仔裤广告）（图 6-3）

这则广告语用否定陈述句的形式揭

① 温锁林．现代汉语语用平面研究［M］．北京：北京图书馆出版社，2001：218.

示了 Lee 牌牛仔裤在同类中的领先地位，既契合了美国西部牛仔狂放不羁的精神，又使消费者了解到该品牌牛仔裤的经久耐磨、品质优良。但使用否定陈述句创作广告文案时一定要谨慎，因为否定语气的陈述句表达的是放弃、否决、威胁、警告、拒绝之类的语气，含有浓厚的主观色彩，与信息传播的对象缺乏交流，稍不留心，就会成为信息传播主体的自说自话。

2. 疑问句与广告文案创作

疑问句是表达疑问语气的句子，它又可以分为质问、询问、反问等语气。在这些疑问语气中，质问的语气最严厉，通常是双方处于敌对状态或不平等状态时才使用，因此广告文案中一般不使用这种疑问语气。

询问的语气比质问要温和些，广告中使用较多的是这种疑问的语气。但在广告文案中不能像在文学中那样为了增强意蕴，设置一个疑问而不回答，因为广告文案传递的是信息传播主体已知的信息，而不是要向受众询问信息。所以，广告文案中必须有问有答，也就是我们通常所说的要使用设问。例如：

在单位里，哪一派最吃香？麦当劳苹果派。（麦当劳广告）

在使用询问语气的疑问句时，所提的问题应是消费者切实关心的，这样消费者才会有兴趣去阅读广告文案。

反问语气指的是不需要对方回答的一种疑问语气，它的答案就在问句中。例如：

跳到黄河都洗不清吗？（蓝月亮广告）

在使用反问语气时，要注意一个问题，即反问语气通常带有一定的责备意思，使用反问句时，尽量用些富有情感性的词语来减弱甚至消除它的责备意思。

3. 祈使句与广告文案创作

祈使句又可以分为命令、禁止、请求、建议等语气。命令和禁止的语气与对方缺乏交流，商业广告文案中一般不使用这种语气的祈使句，它们一般出现在一些公益广告中，如“严禁吸烟”“禁止燃放烟花爆竹”等。

请求语气的祈使句比较委婉，日常生活中，下级希望上级或晚辈希望长辈按他们的意愿采取行动时常使用这种语气。广告文案中使用这种语气并不是说传播主体与客体之间是一种不平等的关系，而是指它以礼貌的态度和恳切的言辞来唤起对方的参与。如“安不安全，不能差一点，开车请系安全带”这句广告语，就是以委婉的口气来劝说公众开车系好安全带。

建议的语气就更为委婉了，它并不强调产品如何如何得好，而是建议消费者进行尝试，然后自己做出判断。如某面包作坊的广告——“棒不棒您尝尝，好不好您试试”，用建议的语气实际上传递了“棒”和“好”的意思。

4. 感叹句与广告文案创作

感叹句一般表示较强烈的情感，如喜悦、赞赏、感激、惊讶、愤怒、悲伤、鄙视、无可奈何等，广告文案传递的是产品、服务或企业形象的正面信息，要激起的是人们的正面情感。因此，广告文案中使用的感叹句多用来表示喜悦、赞赏、感激之类的情感，希望以此引起受众对产品、服务或企业形象的喜悦、赞赏和感激之情。例如：

脉动，就是我的能量！（脉动广告）

东方彩妆，美得不像话！（美妆品牌广告）

这些感叹句都用来表达消费者对产品的赞赏、喜爱之情。它的优点是适当地使用可以引起消费者共鸣，有利于提高广告的传播效果；缺点是使用过度会变成信息传播主体的孤芳自赏。为了使这类感叹句具有感染力，在使用感叹句的时候，最好以消费者的口吻来传达。

（二）句子的长短与广告文案

长句是指结构复杂、词语使用多的句子，它的优点是信息量大，表意周密、严谨、精确；缺点是理解起来费时间且接受主体需要具备一定的知识。广告文案希望每个目标受众都能清晰且准确地理解、接受广告传递的信息，因此广告文案中一般不使用长句，而使用字数较少、结构较简短的句子，即短句。

小葵花妈妈课堂开课啦！孩子咳嗽老不好（怎么办呢?），多半是肺热，用葵花牌小儿肺热咳喘口服液，清肺热，治疗反复咳嗽，妈妈一定要记住哦！

这则广告文案使用的都是短句，消费者可以轻松了解广告文案的信息，如果换成长句“妈妈一定要记住，孩子咳嗽老不好多半是因为肺热，需要用葵花牌小儿肺热咳喘口服液清肺热，以此治疗反复咳嗽”，相信大多数人都会“敬”而远之。

四、修辞与广告文案

修辞，即修饰文字词句，运用多种表现方式，使语言表达得准确、鲜明而生动有力。修辞手法使用得恰当与否，对广告文案能否实现与受众的有效沟通起着重要的作用。下面主要讨论十种常见的修辞手法对广告文案创作的作用，以及在广告文案中运用修辞手法时应注意的问题。

（一）对偶

对偶就是把结构相同、字数相等的一对句子或句子成分排列在一起，表达相关、相连或相反意思的修辞手法。对偶的修辞手法能把内容表达得更深刻、更鲜明，而且朗读起来富有节奏感。根据上句和下句意义上的联系，对偶可分为正对、反对和串对。

1. 正对

正对指一对句子从两个角度、两个侧面来说明产品或企业形象的信息，表达相近、相关的联系。内容上相互补充、相互映衬。例如：

新春新意新鲜新趣，可喜可贺可口可乐。（可口可乐广告）

上句说的是新春里焕然一新的气象，下句说的是在新春里人的美好心态，二者合在一起，表达了可口可乐对人们的美好祝愿。语句精练，表意丰富。

2. 反对

反对指上下句表示相互对立的关系，通过一对句子间的正反来突出广告所要传递的信息。如在伊拉克战争爆发期间，统一润滑油推出的广告

"多一些润滑，少一些摩擦"，通过对国家之间起摩擦的否定来倡导国家之间的"润滑"，即和平。

3. 串对

串对又叫"流水对"，这种对偶方式的上下句在内容上存在因果、条件或承接的关系，上下句一般不能倒置。如"事事保险，岁岁平安"，上下句有因果关系，但又没有虚词的干扰，语句精练，给人较强的感染力。

（二）排比

排比是指把结构相同或相似、语气一致、意思密切关联的句子或句子成分排列在一起的修辞手法。它能使句子的节奏明快、语势增强、感情加深，广告文案中使用这一修辞手法能集中传达有关产品的复杂信息或加强受众对广告创意的印象。排比与对偶在形式上的区别表现为前者需要三个或三个以上的句子。例如：

> 让天下没有难做的生意！
> 让世界没有难做的生意！
> 让未来没有难做的生意！

阿里巴巴的这则广告文案运用排比的修辞手法传递了其使命和愿景——通过互联网技术帮助全球中小企业实现商业成功。如果只用这三句中的某一句，虽可以传递同样的信息，却不会使受众产生深刻的记忆。

> 老百姓心中有盏灯。
> 老百姓心中有杆秤。
> 老百姓心中有面镜。

这是《南方周末》的一则广告（见章首二维码 6-2 广告组图），它运用排比的修辞手法强调了大众对事理评判的作用，表达了《南方周末》始终站在大众的立场上来进行舆论监督的决心。

（三）夸张

夸张是指为了取得某种表达效果，有意对人或事物做夸大或缩小的描述。广告文案中使用较多的是夸大的手法，使用这种修辞手法既可以鲜明地传达信息传播主体的情感态度，引起受众的共鸣，也可以深刻地传递产品或企业的信息，引起受众丰富的联想。

臭豆腐，不尝不知道，一尝忘不掉，现金、刷卡，同样欢迎！（广告画面中街头一卖臭豆腐的小摊正在营业）

扦脚、捏脚、刮脚，治疗记录数字化，穴位、力度，无偏差！（广告画面中街头一捏脚师正在为人捏脚）

数字化温室培植，甘甜多汁，走过路过，不要错过！（广告画面中街头一水果摊贩正在贩卖水果）

本区已实施数字化管理，预定晾衣位置，请于网上登记。（广告画面中巷弄内一铁丝架上正晾着居民的衣服）

这是某城市网络信息化办公室推出的一系列广告。广告运用夸张的手法将人们的日常生活与数字化联系起来，受众在会心一笑的同时记住了“数字化城市，超乎想象”的信息。夸张手法如果运用得当，广告文案不但可以深刻地传递产品的信息，还能够拉近产品与受众之间的距离；如果运用得不恰当，就会变成虚假广告，于广告公司和广告主都不利。

（四）比拟

比拟是把物当成人或把人当成物来描绘的一种修辞手法。把物当成人来描绘的叫作“拟人”；把人当成物来描绘的叫作“拟物”。广告文案中使用较多的是拟人的手法，就是把无生命的事物、品牌、产品当成人来写，赋予物以人的思想、情感、行动，也能用具体、浅显、熟知的信息描述抽象、深奥、生疏的事物与道理。例如：

做人就像剃须，进退都得要拿捏好分寸。（飞利浦广告）

迷你裙在艳阳下示威，凉鞋在鞋架上联署完毕，泳衣主张解放毛衣，衣柜要求全面改造……夏天在5月20日，推翻了春天的“政权”。（诚品书店广告）

好的拟人文案是不是很富有戏剧性和画面感？它能使语言生动，富有张力，给事物以人格化特质。比如，“我走的时候叫Timberland，回来时才叫踢不烂”这则广告，“踢不烂”既是品质，也是品牌的气质。拟人化的文案可以更好地连接消费者，传达出品牌前后的温度和情感。

（五）通感

通感是利用多种感觉互通的心理现象，以一种感觉来描述和表现另一种感觉的修辞手法。这种修辞手法用在广告文案中，可以引起受众的注意，进而使受众展开丰富的联想，加深对产品或企业的印象。如“星河湾，一个心情盛开的地方”这句广告语，将本来由视觉器官看到的“盛开”用在了心这个感觉器官上，“心情盛开”使受众由花盛开时的灿烂联想到人物心情的极度愉悦，进而联想到星河湾不只是借房子带给人视觉上的愉悦，更要以人为本，尊重人、尊重生活。广告也因此达到了它的目的。如果将“盛开”换成“愉悦”，那就不能使受众明白这种愉悦究竟能达到什么程度，也就不能引起受众的联想，广告语也会因此减弱感染力。

（六）仿词

仿词指在现存词句的基础上，改变其中的个别字词，或仿照现存词句的结构，对原词句进行大幅度的改动，以创造一个新的词句。

在广告中有时直接引用原话并不能有效地表达信息内容，这时就可以对人们熟知的成语典故、诗文名句、格言俗语、流行歌曲进行某些改动，使之符合该广告的特定需要。仿词是广告语言对现行汉语成分的大胆创新和使用，在不失自然的前提下，可以给人以亲切感，并引起受众的回味和联想。例如：

上有天堂，下有江南。（江南空调广告）

路遥知马力，日久见跃进。（跃进汽车广告）

车到山前必有路，有路必有丰田车。（丰田汽车广告）

这些广告语都是仿诗词名句而创作的，诗词名句往往有特定的情调氛围，能使人产生一种定向思维，营造一种意境；诗词名句还富有深厚的文化底蕴，加以巧妙地借用，可以使原本比较浅薄的商业广告显得深沉、厚实；由于诗词名句往往产生于一定的上下文中，广告语即使只选用一两句，受众也可以从中体会出丰富的言外之意。

（七）反复

反复是广告修辞中最重要的手段之一。这是由广告传播与受众的特殊关系决定的。一般情况下，广告信息对受众来说带有某种强制性和不自觉性。因此，为了加深广告印象，可采用反复手法对广告的主信息进行频繁的重复。

反复是为了强调广告中的重点信息，或为了加强语言的节奏而连续或间隔地使用同一词语、句子或句群的一种修辞手法。

典型的反复手法有连续反复和间隔反复两种。连续反复经常出现在广告的结尾，有时也出现在开头。例如：

打折，就是打折。（宜家广告）

间隔反复的重复句之间有其他语言内容，这可以有效避免连续反复产生的机械感、生硬感，同时也能将所要强调的信息贯穿到更长的广告篇幅之中。例如：

患者甲：有治蛔虫的药吗？
医生：两片！
患者乙：有治钩虫的药吗？
医生：两片！
患者丙：有治蠓虫的药吗？
医生：两片！

使用反复的修辞手法要注意适度，同时应尽可能有所变化，否则会显得单调乏味。正如流行语“重要的事情说三遍”那样，一般反复三遍就足够了。

（八）双关

双关是利用语音、语义的条件，故意让一句话或一个词语有两种不同的理解的一种修辞手法。它在表面上是一种意思，内含的则是另一种意思，而内含的意思才是主要的、真正的意思。巧妙的双关能使语言含蓄、幽默、生动，给人以回味和想象的空间。

双关有语义双关和谐音双关两种。例如，广告语“谁都热爱英雄”，这里的“英雄”既指一种钢笔品牌，又形容优秀杰出的人，语义层面的双关，说的是英雄版钢笔就是优秀。再如，“万事俱备，只欠东风”，这个俗语典出《三国演义》，“东风”当时实指东边来的风，后人则将“东风”喻为影响某事成败的一个关键条件或关键人物。这是一层我们熟知的意思。可是当这个俗语用作东风汽车的广告，我们就会极其自然地引申出另一种含义来，即什么都准备好了，就差一辆东风汽车。在语形和语义都没有改变的前提下，我们解读时产生了两种语义，这就是语义双关。

“中意冰箱，人人中意”，两个“中意”读音不同，意义不同，但书写相同，这就是谐音双关。第一个“中意”（一声）是冰箱的品牌名称，意指中国和意大利合资产品的名称；第二个“中意”（四声）指正中人们的心意，使人们满意。谐音双关还可以表现为异形字，如“家有飞鹿，随心所浴”，在这则热水器广告中，“随心所欲”虽被改写成了“随心所浴”，却也巧妙、生动地调用了人们对沐浴时快乐和自由的向往。

（九）起兴

起兴也称“比兴”，是指先言他物以引起所咏之词的一种修辞方式。“起”的部分为铺垫、引言；“兴”的部分为广告信息所在。起兴手法可以增强语言的表达效果。

例如，“每天那么多点头之交，幸好还有人可以会心一笑”（某社交APP广告），这句广告文案通过起兴手法，从日常人际交往场景入手，引出该社交APP作为社交平台的核心价值——帮助人们找到真正能产生共鸣的朋友。起兴不仅增加了文案的趣味性，还传递了品牌的情感诉求。

（十）对比

将两种相对立的事物或者同一事物的两个不同方面并举出来加以比较描述，这种手法在修辞学上被称为“对比”。两个组合在一起的事物，形成对照，强化抒情话语的表现力。运用对比，好与坏、善与恶、美与丑便一目了然，既节省叙述篇幅，更能给人以深刻的印象和启示。广告中对比手法用得比较多。例如：

百万的企业，毫厘的利润。（奥尔巴赫百货公司广告）

美国奥尔巴赫百货公司的广告通过对比，表达了企业追求价廉物美的战略定位和经营风格。

不在乎天长地久，只在乎曾经拥有。(铁达时手表广告)

铁达时曾经创作过无数广告，但这句由香港广告名人朱家鼎撰写的广告语却千古流芳。

1983 年，史蒂夫·乔布斯（Steve Jobs）对时任百事可乐公司总裁的约翰·斯卡利（John Sculley）说："你是想卖一辈子糖水，还是想跟我们一起去改变世界?" 如果把这句话改成"你愿意和我一起改变世界吗?"，缺少了对比修辞，劝服力就大打折扣了。乔布斯通过对比手法，其实质是用苹果的品牌价值观（改变世界）去对比百事可乐的产品特征（糖水），其境界高下立判。

第二节　叙事聚焦与广告文案

叙事聚焦是叙事学中的一个重要概念，指的是叙事过程中观察和叙述的角度或方式。它决定了故事的讲述者（叙述者）如何呈现事件、人物和场景，以及受众如何理解这些内容。叙事聚焦可以分为三种主要类型：无聚焦（Zero Focalization）、内部聚焦（Internal Focalization）和外部聚焦(External Focalization)。

广告文案有时通过一个或几个事件来传递产品或企业的信息，叙述者站在不同的角度、立场上来描绘这些事件，使广告受众产生不同的心理感受。因此，借用叙事聚焦的理论来讨论广告文案的创作是大有裨益的。

一、外部聚焦与广告文案

外部聚焦是指叙述者对故事中的事件和人物保持一定的距离，只描述人物的外在行为和语言，而不涉及其内心世界。外部聚焦通常用于客观的叙述方式，让受众自行推断人物的内心想法。热拉尔·热奈特将外部聚焦分为两种：一种是全知全能的叙述，叙述者犹如上帝，无所不知，即叙述者>人物；另一种是纯客观的叙述，叙述者只描绘自己所看到的和所听到的，至于人物的所思所想，他全然不知，即叙述者<人物。① 在广告文案中，也一样存在这两种叙述。

全知全能式的外部聚焦文案，叙述者像一个旁观者或摄像机一样，只记录所见所闻，不做任何主观评价或介入人物的内心世界，如骏丰频谱水治疗保健仪的广告文案，就属于这一类型（见章首二维码 6-3 广告鉴赏）。

而纯客观式的外部聚焦文案，因为叙述者只叙述自己看到的，对产品的优势、消费者使用这种产品后的所思所想全然不知，所以它必须借助画面，将人物的心理通过外形、动作和语言等间接地表现出来。纯客观的叙述在电视媒体的广告文案中使用得比较多，如一则牙膏电视广告（见章首二维码 6-4 广告鉴赏）。

二、内部聚焦与广告文案

内部聚焦是指叙述者通过某一特定人物的视角来呈现故事。在这种情况下，叙述者只能描述该人物所感知到的内容，包括其视觉、听觉、触觉及思想、情感。内部聚焦通常用于第一人称视角或第三人称有限视角。

广告中使用的内部聚焦按与广告产品的关系可分为两种：一种是直接式的内部聚焦，表现为聚焦者是广告产品自身或者产品的直接消费者；另一种是旁观者式的内部聚焦，表现为聚焦者也存在于故事中，但他们既不是产品，也不是产品的直接消费者，而只是与产品和直接消费者有关的人、物，他站在一个旁观者的角度来叙述事件。

（一）直接式的内部聚焦与广告文案

直接式的内部聚焦通常以消费者亲身体验的视角来传递广告信息，娓娓道来，产品细节被植入叙述者的生活体验中，通过培养消费者代入感起到推广产品的作用，比如，Windows 系统的一则广告就是如此（见章首二维码 6-5 广告鉴赏）。这种内部聚焦的方法适宜于以情感诉求为主打的广告。

① 热拉尔·热奈特．叙事话语　新叙事话语［M］．王文融，译．北京：中国社会科学出版社，1990.

由于故事的主角体验到的产品优势相对来讲较为单一，因此当广告产品的优势较为繁多时，只使用一则广告文案就会挂一漏万；而由体验到了该产品某一方面优势的消费者在广告文案中再叙述产品的其他优势时，又会使得整个广告文案信息芜杂，减弱了广告文案的感染力，不利于实现有效传播。在这种情况下，最好采用系列广告文案的形式。比如，中国南方航空就曾将多个故事组成系列广告进行宣传（见章首二维码 6-6 广告鉴赏）。

直接式的内部聚焦还表现为聚焦者是产品自身，通过将产品拟人化来传递广告信息，如东风大力神商用车广告（见章首二维码 6-7 广告鉴赏）。

（二）旁观者式的内部聚焦与广告文案

我们在日常生活中都有这样的体验，旁观者的观点虽然不一定完全反映事物的原貌，但比当事人的叙述会更客观一些，旁观者式的内部聚焦在广告文案中的使用也能产生这种作用，旁观者对广告产品的性能既有可能是赞赏的，也有可能是责备的。上述中国南方航空的系列广告文案中，第一个文案和第三个文案则采取了旁观者式的内部聚焦，旁观者对中国南方航空的服务是持赞赏态度的。

当然，也有旁观者持责备态度的广告文案，比如，一则广告灯箱的广告（见章首二维码 6-8 广告鉴赏），将叙述者虚构为可爱的小老鼠，这种持责备态度的旁观者式的内部聚焦实际上是寓褒于贬，在旁观者的埋怨声中传递广告诉求。

三、无聚焦与广告文案

无聚焦是指叙述者知道和看到的一切都比故事中的任何人物更多。在这种情况下，叙述者既可以自由地进入任何人物的内心世界，描述他们的思想和感受，也可以提供超出人物感知范围的信息。这种叙事方式通常用于全知全能的叙述视角。伊利推出“过年好搭子”广告片（见章首二维码 6-9 广告视频），广告通过无聚焦叙事，展示了产品在春运、买年货、走亲戚等具体场景中的使用。品牌主动让出主角位置，化身“搭子”，通过一个个小场景不断加深“百搭”的主旨。这种叙事方式不仅让广告内容更加贴近生活，还增强了品牌的亲和力。

华为 Mate 60 系列广告“月球，从未如此 Mate”（见章首二维码 6-10 广告视频），通过全知全能的视角，展示了华为 Mate 60 系列手机在太空场景中的各种功能，如 AI 隔空操控、超可靠的玄武架构等。这种无聚焦的叙事方式不仅全面展示了产品的高科技特性，还通过宏大场景增强了品牌的高端形象。

四、叙事开放性

叙事开放性打破了传统广告中的单一叙事视角，鼓励多元主体参与广告叙事，通过用户共创、二次创作等方式，叙事主体更加多元，叙事内容更加丰富多样，从而极大地提升了广告的传播效果和受众参与度。

开放式的叙事表现之一是叙事视角的多元化。外部叙事与内部叙事融合，形成多角度叙事。例如，通过社交媒体上的用户评论、视频弹幕等形式，外部视角的用户反馈与内部视角的品牌故事相互交织，形成一种全新的叙事体验，让受众在享受故事的同时，也能感受到品牌与消费者之间的紧密互动。此外，用户共创叙事的出现，使用户不再仅仅是信息的接收者，更是内容的创造者和传播者，如品牌通过发起话题挑战、故事征集等活动，鼓励用户围绕品牌或产品创作自己的故事，这些故事往往能更真实地反映用户的生活场景和情感需求，从而增强品牌的亲和力和可信度。

开放式的叙事表现之二是叙事内容的开放性。如二次创作的无限可能，用户可以根据自己的理解和喜好，对原广告内容进行改编、重新剪辑或添加新的元素，创造出具有个人特色的版本。跨平台叙事则使得广告文案不再局限于单一的传播渠道，品牌通过整合不同平台的资源，构建了一个全方位、多层次的叙事体系，比如，服装品牌常通过社交媒体发布新品预告，在短视频平台发布新品试穿视频，同时在电商平台推出限时优惠活动等，形成了一套融跨多个平台的完整广告叙事链条。

开放式的叙事表现之三是叙事互动的深化。广告文案的叙事过程不再是单向的，而是双向甚至多向互动的，品牌通过社交媒体上的评论、私信等功能，实时收集用户的反馈和建议，并根据这些反馈和建议调整叙事策略与内容。品牌通过建立品牌社群，实现“社群化叙事”，将用户聚集在一起，共同参与叙事过程，形成一种基于共同兴趣和价值观的社群文化。

第三节 弹 幕

弹幕作为一种新兴的结构元素，在广告文案创作中具有独特的价值。它不仅提供了实时互动和反馈的机会，还为广告文案创作带来了更多的创意表达方式。通过有效利用弹幕，广告主能够增强广告的互动性和吸引力，从而提升广告的整体效果。

一、弹幕溯源

弹幕或弹幕评论是一种在视频播放过程中，用户实时发送的评论以滚动字幕形式呈现在屏幕上的互动方式。这种形式最初起源于日本的 ACG [Animation（动画）、Comics（漫画）、Games（游戏）的首字母缩写] 文化，后在中国的视频平台如 AcFun（A 站）和 B 站得到广泛应用。

弹幕的英文是“Danmaku”或“Bullet Comments”，源自日语“弹幕(だんまく）”。其原意指密集的炮火射击，像一张幕布一样密集。在视频平台上，大量评论从屏幕前飘过时的效果类似飞行射击游戏中的弹幕，因此得名。在视频播放过程中，用户在视频画面上实时发布的评论以滚动或固定的形式覆盖在视频画面上，与其他用户的评论一起展示，形成一种实时互动的形式。弹幕的核心特点是即时性和互动性，使用户能够分享观感、参与讨论，并在观看过程中增加趣味性。许多品牌为适应青年市场，将广告文案渗透到以弹幕为代表的用户互动区，意在引发青年群体的关注与讨论，激发参与度，以此提升品牌的知名度与好感度。

二、弹幕的形式特征

弹幕最基本的形式是滚动弹幕，即在视频播放过程中用户的评论实时从屏幕的一侧滚动到另一侧，直至滑出屏幕消失，类似于电视屏上的字幕。通过申请，用户还能发送高级弹幕，如改变弹幕字体、颜色、运动轨迹等。此外，还有各种各样的特型弹幕，比如，图片弹幕，指在弹幕播放过程中出现的图像，可以是表情包、动图、静态图片，甚至是手绘图；Combo 弹幕，是一种弹幕触发机制，当弹幕触发计数 Combo 达到某个阈值时，会播放特定的动效彩蛋；烟花弹幕，呈现烟花样式的弹幕，视觉效果华丽；流沙弹幕，所发弹幕呈现流沙飘散的效果；逆向弹幕，可将 A 视频弹幕迁移至 B 视频中逆向展示，使得弹幕能够在不同的视频之间穿梭，营造出平行时空的效果，常用于跨视频互动；词云弹幕，参与弹幕应援的用户弹幕会填充进词云中，组成一张大字形的应援图，直观地展示弹幕中的高频词汇或热门话题。

图 6-4　《爱情公寓》“弹幕空间”剧集截图

与弹幕深度绑定的观看习惯，帮助传统影视剧创新了剧集形式，如《爱情公寓》第五季第十三集将整集设置为弹幕主题（图 6-4），用户在观看过程中需要与视频即时互动才能观看后续剧情，并触发不同的剧情支线。这种形式新颖、互动感强的视频引发了用户的好奇心，提升了用户的参与度，有效提高了视频剧集的留存率。

三、弹幕广告文案创作

广告植入弹幕已不是新鲜事，不少品牌已经做过尝试，有些收获了比较积极的效果，有些却遭遇吐槽。通常，弹幕广告文案创作在遵循基本创作规律的同时，须更好地利用弹幕这一特殊形式，把握机会，建立良好互动。弹幕广告文案创作的基本原则有以下三点。

第一，抓住即时性。弹幕提供了实时的用户反馈，广告主可以通过分析弹幕内容，快速了解用户的反应和意见。这种即时反馈机制使得广告主能够迅速调整广告策略和文案内容，提高广告的针对性和有效性。电视剧

《择天记》中，结合剧情发送了“颜值这么高，是因为用了一叶子面膜吗？”的弹幕广告；电视剧《欢乐颂2》中，发送了“香水只配用六神！”的弹幕广告，这种幽默诙谐的方式让用户在会心一笑的同时达到了广告的营销目的；vivo联合《老九门》开始了“vivo X7柔光前来打光”的弹幕植入，与剧情呼应，可谓见缝插针。

第二，激发互动点。在广告文案创作中，弹幕的互动性可以极大地增强用户的参与感。例如，在视频广告中加入弹幕互动环节“分享你的使用体验”或“告诉我们你最喜欢的功能”，激发用户的积极性，提高广告互动率和参与度。小米品牌利用雷军在印度发布会上以“Are you OK？”问候的滑稽场景，在小米5发布时，特地将发布会的直播地址挂在了B站上，并邀请雷军录制了一支预告，利用弹幕的互动性进行创新传播，吸引了近三百万名网友围观。还有不少节目为达到宣传效果，明星“空降”弹幕区，与粉丝或其他用户发弹幕互动。

第三，具有辨识度。弹幕广告文案应既能在视觉上凸显又能和谐地融入视频内容，比如，使用醒目的颜色、字体或特效来增加视觉辨识度，运用特型弹幕如烟花弹幕、品牌Logo雨等来增强视觉冲击，以及将文案内容与品牌、视频巧妙而精简地融合并快速捕捉用户目光等方式呈现广告文案，但须注意避免过度干扰视频内容。

第四节　提示词

AIGC能帮助广告文案创作人员快速生产内容，但如何高效使用工具则需要一定的方法。如何发出AI听得懂的指令？如何跟AI对话、商榷，让它更进一步地理解自己所要表达的意思？不管是广告文案创作、文生图创作，都需要准确、合适的提示词作为指令，引导AI思考、生产与优化。

一、提示词与广告文案创作

AI辅助创作中，提示词是关键要素。提示词，简而言之，是指那些精心构思的、旨在向AI传达具体指令或引导性信息的词汇、短语或概念。这些指令或信息通常包含了广告的核心诉求、目标受众特征、产品特性及期望的文案风格、语言调性或情感色彩等。

首先，提示词是连接人类意图与机器智能的桥梁，它指导 AI 生成符合特定要求的文案。AI 根据提示词中的信息，运用其内部的算法逻辑和数据处理能力，生成与广告目标高度契合的文案，确保了广告文案的针对性和有效性。

其次，提示词是广告信息与创意构思的载体。提示词不仅包含了广告的基本信息，如产品特性、目标受众等，还隐含了对文案创意、风格等方面的具体要求。这些信息为 AI 提供了丰富的素材和灵感来源，使其能够生成多样化、富有创意的文案选项。它激发了 AI 的创意潜能，推动了广告文案的创新和发展。

最后，提示词也是精准定位与情感共鸣的媒介。通过对提示词的精细设计和优化，创作者可以确保 AI 生成的文案能够精准定位目标受众，同时引发其情感共鸣。提示词中的语言调性、情感色彩等元素，是连接广告信息与受众内心的纽带，能够激发受众的情感，增强广告的感染力和说服力。因此，提示词在广告文案创作中扮演着精准定位与情感共鸣的媒介角色。

提示词在广告文案创作中的作用主要体现在以下四个方面。

第一，明确创作方向。通过精准的提示词，AI 能够迅速理解广告的核心诉求，从而生成与广告目标高度契合的文案。这有助于避免广告文案创作的盲目性和随意性，确保广告文案的针对性和有效性。

第二，激发创意灵感。虽然 AI 不具备人类的情感与创造力，但合理的提示词能够激发其内部的算法逻辑，生成多样化的文案选项。这些选项可能包含新颖的视角、独特的表达或富有创意的构思，为广告文案创作提供丰富的灵感来源。

第三，优化文案质量。通过对提示词的精细调整和优化，AI 能够生成更符合目标受众喜好、更易于引发情感共鸣的文案。这有助于提升广告的吸引力和说服力，进而促进品牌形象的塑造和产品销量的增长。

第四，提高创作效率。相比传统的人工创作方式，利用 AI 和提示词进行广告文案创作能够大大提高工作效率。AI 能够在短时间内生成大量文案选项，供创作者筛选和优化，从而缩短创作周期，降低人力成本。

二、提示词的生成机制

提示词的生成机制是一个涉及自然语言处理、人工智能算法及理解用户需求和语言逻辑的复杂过程，包含提示词如何输出内容的生成机制，以及提示词本身如何生成的机制。

通过提示词的输入，AI 输出用户需要的内容，往往基于大量的 AI 数据训练，学习如何根据用户输入的提示词和上下文生成结果。通过语言理解与解析、知识检索与匹配，最终生成文本。当然，此后还需要进行多轮的评估优化，在创意和策略、情感和文化、合规性和道德审查方面做出最终的判断等。

在语言理解与解析方面，AI 通过对提示词的分词与词性标注、分析提示词的句子结构，确定各个词汇之间的语法关系和语义角色，理解提示词的整体意图和关键信息。比如，明确“美白功效”是“面膜”的属性，“写广告文案”是任务要求。

在知识检索与匹配方面，AI 基于语言理解的结果，在知识图谱中查询相关知识信息，为生成内容提供知识支持，并在大量已有的数据样本中，查找与提示词相关或相似的案例，借鉴其创意、表达方式、结构框架等。

生成文本时，AI 根据提示词的要求和检索到的知识信息，确定生成内容的大致结构和要点，运用自然语言生成技术，从词汇表中选择合适的词汇，按照一定的语法规则和语言逻辑，组合成表达准确、流畅的语句。比如，生成“这款面膜蕴含多种天然美白精华，能深入肌肤底层，有效抑制黑色素生成，让肌肤焕发出白皙透亮的光彩”这样的句子。最后，进行创意与风格的融入。如果品牌定位高端奢华，广告文案可能会使用更优雅、精致的词汇和表达方式；如果目标受众是年轻群体，广告文案可能会采用更时尚、活泼的语言风格和创意手法。

当然，除了根据自己的想法和经验输入提示词外，还可以借助提示词生成器生成提示词。具体来说，提示词生成器通常会使用一个预先训练的模型，该模型会分析输入的文本或数据，并尝试理解其含义和上下文。然后，模型会根据这个理解生成一系列可能的提示词，这些提示词在语义上与输入的文本或数据相关，并且可能有助于用户在接下来的任务中获得更好的结果。在生成过程中，模型会考虑多种因素，如词汇的频率、语义关系、上下文的相关性等。此外，为了生成高质量的提示词，模型还需要经过不断的调整和优化，以确保生成的提示词既准确又符合用户的期望。这种情况下，提示词本身的生成机制主要包括以下四个方面。

1. 基于对用户意图的理解

在语义分析阶段，生成器通过自然语言处理技术，对用户输入的文本进行词法分析、句法分析和语义角色标注等操作，从而理解用户表达的核心内容和意图。例如，输入“生成一款针对年轻人的运动饮料广告文案”这一提示词，生成器会分析出“运动饮料”是产品，“年轻人”是目标受众，“广告文案”是任务类型。接着，在上下文理解阶段，生成器会考虑提示词的上下文信息，以更准确地把握用户需求。如果用户在之前的对话中提到了运动饮料的某些特点，如低糖、富含电解质等，生成器在生成提示词时会将这些信息纳入考虑范围，使提示词更具针对性。

2. 结合知识图谱和数据

利用知识图谱将与产品、行业、目标受众等相关的各种概念和实体进行关联，比如，在生成运动饮料广告文案的提示词时，生成器会从知识图谱中获取运动饮料的常见成分、功效，以及年轻人的运动习惯、消费偏好等信息，从而生成更全面、准确的提示词，如“突出运动饮料能快速补充能量和电解质，满足年轻人高强度运动后的需求”。基于大量的文本数据，包括广告文案、产品介绍、用户评价等，生成器通过机器学习算法学习不同类型广告文案的模式和规律，发现常用的词汇、句式和创意方向，进而生成符合这一风格和规律的提示词。

3. 遵循语言生成规则

依据自然语言的语法规则和逻辑关系，生成器会组织提示词的语言结构，确保提示词表达清晰、合理。这样就不会生成“运动饮料针对年轻人具有补充快速能量”这种语法错误的提示词，而是会生成“突出运动饮料能快速为年轻人补充能量”这样符合语法逻辑的内容。根据用户对品牌风格、文案形式等的要求，生成器会运用相应的语言风格和语气来生成提示词。如果文案风格要求是活力动感的，提示词可能得包含一些富有激情和活力的词汇与表达方式，如“用充满激情与活力的语言，展现运动饮料给年轻人带来的澎湃动力”。

4. 考虑任务目标和约束条件

明确生成广告文案的最终目标，如提高产品销量、增加品牌知名度、吸引用户参与活动等，围绕这些目标来生成提示词。比如，如果目标是提高运动饮料的销量，提示词可能会侧重强调产品的独特卖点和购买理由，如“强调运动饮料独特的口感和丰富的营养，吸引年轻人购买”。根据用户设定的各种约束条件，如字数限制、特定的关键词要求、禁止使用的词汇等，对提示词进行调整和优化。若要求广告文案不超过 100 字，提示词可能就会聚焦于核心卖点和简洁有力的表达，如“以简洁明了的方式，在 100 字内写出运动饮料的核心优势和对年轻人的吸引力”。

三、提示词的指令优化

使用 AI 生成好的广告文案，关键在于提供清晰、具体、有引导性的提示词。提示词的本质是表达，需要用户明确并能准确表达。构思提示词的基本流程是明确角色—设定场景—分步引导—示例说明—迭代优化。

1. 明确角色

首先要清晰界定整个广告文案创作中的角色，明确谁是广告主，谁是目标受众。比如，广告主是一家新兴的智能家居企业，目标受众是追求高品质生活的年轻上班族。这样在提示词中就能精准围绕企业特点和受众需求来创作，如“为××智能家居品牌，针对 25—35 岁年轻上班族，生成推广智能音箱的广告文案”，让 AI 明白服务对象和沟通对象。同时，通过介绍产品或服务详情、品牌风格，以及进一步说明目标客户群体的特征，包括年龄、性别、职业、兴趣爱好、消费习惯等，更好地刻画任务角色。

2. 设定场景

设定具体的使用场景能让广告文案更具代入感。以智能音箱为例，可以设定“在忙碌了一天后，年轻上班族回到家中，疲惫地躺在沙发上，这时智能音箱能为他提供音乐放松、查询第二天天气等服务”的场景。在提示词中表述为“创作智能音箱广告文案，突出下班后在家中沙发上，用户通过它享受便捷生活的场景”，帮助 AI 更好地构建广告文案内容。通过突出产品或服务的卖点、确定广告文案表现形式、规定广告文案用途和渠道，更充分地设定内容框架与方向。

3. 分步引导

把广告文案创作拆分成多个步骤进行引导。先让 AI 介绍产品基本信息，如“先描述智能音箱的外观设计、尺寸大小及基础功能”；接着引导突出优势，如“再强调音箱音质出色、智能语音交互反应灵敏等独特卖点”；最后引导如何激发购买欲，如“结尾部分要引导用户下单购买，如提供限时优惠信息”。通过这样的分步引导，逐步提出效果要求，让 AI 生成的文案逻辑更清晰。

4. 示例说明

给 AI 提供一些成功的广告文案示例，帮助它理解期望的风格和内容。比如，“参考小米智能家居产品简洁明了又充满科技感的广告文案，像‘小米智能摄像头，高清画质，360 度全景视野，守护你的家’，为我们的智能音箱创作风格类似的文案”。也可以指出不希望出现的问题或风格，如避免过度夸张、避免使用生僻词汇、不要过于严肃等。通过示例，AI 能更直观地把握创作方向。

5. 迭代优化

查看 AI 生成的广告文案，评估是否符合预期。如果发现广告文案没有突出智能音箱的智能交互优势，可在提示词中补充“着重强调智能音箱能快速准确理解复杂语音指令的优势”；若广告文案风格过于平淡，就要求“增加一些活泼有趣的表述，使文案更具吸引力”。不断根据生成结果调整提示词，实现迭代优化。

延伸阅读

1. 陈望道．修辞学发凡［M］．上海：复旦大学出版社，2008．

2. 李思屈，等．广告符号学［M］．成都：四川大学出版社，2004．

3. 陈一，曹志伟．网络字幕组：公开的“偷渡”［M］．苏州：苏州大学出版社，2021．

4. 秋叶，宋宋．秒懂 AI 文案：轻松写出好文案［M］．北京：人民邮电出版社，2024．

5. a15a．一本书读懂 AIGC 提示词［M］．北京：中国科学技术出版社，2024．

思考题

1. 广告文案如何运用字形、字音和字意进行创作？

2. 广告文案中不同类型的句式分别会产生怎样的效果？

3. 搜集 3—5 条广告文案，分别指出所运用的修辞手法。

4. 谈谈你发送弹幕的经历，并结合弹幕广告文案创作原则，任选品牌为其编写一条弹幕广告文案。

5. 优化广告文案提示词指令有哪些注意点？

第七章
图文广告文案创作

第七章 图文广告文案创作

第一节 大众传播媒介图文广告文案

- 一、平面媒体广告文案
- 二、户外广告文案

第二节 社交媒体典型图文广告文案

- 一、微博：热搜与超话
- 二、微信：朋友圈、公众号与小程序
- 三、小红书：种草与生活方式
- 四、大众点评：商家店铺与评价系统
- 五、电商平台：宝贝详情与优惠促销

第三节 图文广告文案创作手法举凡

- 一、美化场景
- 二、营造情绪氛围
- 三、擅用流行语
- 四、设置互动

导读：

图文广告在传统媒体时代通常刊载于报纸、杂志这两类大众传播媒介上，也通常是户外广告的表现形式。互联网的发展推动了图文广告形式的多样化，各类网络广告盛行。随着社交媒体的兴起，图文广告创作迎来了新变革，同时也为图文广告文案提供了更为精准的受众定位及更为广阔的创作空间。本章不仅分析了平面媒体广告与户外广告的文案创作特征，还讲解了典型的社交媒体如微博、微信、小红书等的图文广告文案创作的类型与特征，以及图文广告文案创作的特性及手法。

本章学习目标：

1. 了解图文广告媒体类型。
2. 了解不同媒体类型上图文广告的重点表现区域。
3. 了解图文广告文案创作手法。

本章案例与分析：

除传统媒体图文广告案例之外，还以数智传播时代广告营销活动中各大社交媒体平台的图文广告为主要分析对象。

扫一扫

扫描二维码欣赏案例

第一节　大众传播媒介图文广告文案

在数智传播时代到来之前，图文广告文案主要通过报纸、杂志和户外媒介进行传播。报纸广告文案注重信息的准确性和时效性，常采用简洁明了的语言和直观的图表来传递信息；杂志广告文案则更加注重设计感和故事性，通过精美的图片和富有感染力的文字来吸引受众的注意力；户外广告文案则强调视觉冲击力和简洁性，以便在繁忙的城市环境中迅速抓住行人的目光。

一、平面媒体广告文案

平面媒体广告主要指刊载于报纸与杂志上的广告，虽然其广告表现力比不上可视、可听、可互动的新媒体，受众群体也愈发狭窄，但在广告传播中仍占有一席之地。纸媒的特性使得发布于其上的广告具有阅读自主性、产品信息和服务信息详尽、相对权威性、受众群体细分且稳定、可保存及制作费用低廉的优势。

报纸和杂志的广告文案相对于其他媒体的广告文案而言，具有比较完备的结构，比如，报纸广告通常都由广告标题、广告正文、广告语、附文及商标等内容构成，杂志广告也大体相似，虽然也有留白很多、结构欠完整的广告文案出现，但是其创作要求与本书第五章中所论及的各结构元素的创意与创作原则没有本质的区别。创作报纸和杂志的广告文案时，可以在形式上不断推陈出新，比如，通过广告文案的系列化、悬念化等方式，引人关注。

（一）系列化广告文案

所谓“系列化广告”，是指广告主出于连续推广的需要，在同一广告策略指导下创作的一系列广告作品，它们的创意诉求点、广告内容和风格基本相似，从而构成一个完整的整体，在媒体上连续刊登，以此形成合力，对企业形象或产品、服务等进行有效推广。

首先，系列广告中的每一则广告文案在内容上具有紧密的关联性，它们大抵都是为同一产品所做的广告宣传，即使是为不同产品型号或款式所做的广告，在文案上大体也还是比较接近和相似的。有时系列广告作品从不同的角度展示产品的特性，有时也可能是重复同样的诉求内容。其次，系列广告在风格上要保持一致，无论是视觉构图、色彩搭配还是语言文字，总有一部分是相似的，以形成系列作品之间的呼应和连贯性。再次，系列广告的文案在结构上有一定的相似性，甚至完全相同。比如，第19届广州日报华文报纸广告奖最佳文案和全场大奖作品就是非常典型的系列广告（见章首二维码7-1广告鉴赏），广告围绕“游子归”这一主题，图像与文案差异化呈现，但总体风格保持一致。通过“游子—宠物”“母亲—新衣”“爱人—思念”“父亲—归来”四组文案，丰沛的情感跃然纸上，逐层递进。

（二）悬念式广告文案

所谓“广告文案的悬念化”，是指在广告中不对诉求点加以直接说明，而是渐次将产品特点表现出来，让消费者因感到好奇而加以猜测，最后一语道破，给人留下很深的印象。这种手法适用于尚未发售之前的产品广告。比如，国外有家化妆品公司发明了一种新的化妆品，某天该公司在报纸上用整整一个版面登出一个大问号，读者自然很奇怪，议论纷纷，真可谓“不著一字，尽得风流”。第二天报纸一到，人们争相翻阅，急于弄清昨天那个问号的答案，可是报纸上除了那个大问号之外，只不过是加上了该公司的名字。直到第三天，该公司的新产品才登上报纸，广告详尽地介绍了产品的功效、价格、售货地点、购买方式等。由于广告手法奇特，强烈地刺激了读者的感官，新产品给市场留下了深刻印象。

悬念式广告文案，看起来似乎延缓了广告内容的出现时间，其实却延长了人们对广告的感受时间。悬念的出现，可使原来呈纷乱状态的消费者心理指向在一定时间内围绕特定的对象集中起来，并且为消费者接受广告内容创造比较好的感受环境，为以后促使消费者更有效地接受广告、加深印象埋下了伏笔。

悬念式广告文案既可设置标题悬念，也可设置单篇广告文案悬念，或者以系列广告文案构成悬念。某天，台湾的大小报纸上同时刊登了以下广告内容，并且连续七天在同样的媒体、同样的版面刊出：

（第一天）今天不要买摩托车。请您稍候六天。买摩托车您必须慎重考虑。有一台意想不到的好车，就要来了。

（第二天）今天不要买摩托车。请您稍候五天。买摩托车您必须慎重考虑。有一台意想不到的好车，就要来了。

（第三天）今天不要买摩托车。请您稍候四天。买摩托车您必须慎重考虑。有一台意想不到的好车，就要来了。

（第四天）请再候三天。要买摩托车，您必须考虑到外形、耗油量、马力、耐用度等。有一台与众不同的好车，就要来了。

（第五天）让您久候的这台外形、动力、耐用度、省油都能令您满意的野狼 125 摩托车，就要来了，烦您再稍候两天。

广告采用了逐日加强的悬念式文案，每天加重悬念的分量，非常诱惑和刺激消费者。据说，广告刊登后的当天，全台湾日销售数在 300 台左右的摩托车全部停销，广告起到了让消费者暂停购买的目的。仅在七天的广告期内，就足足累积了 2000 多台的购买力，因此只要广告做得足够吸引人，产品质量足够好，谜底揭晓的那天便是新型摩托车的“天下”。果然，该组悬念式广告文案确实造就了三阳摩托车野狼 125 在台湾的狂购热潮。

悬念式广告文案的表现主要有三个特点：一是欲言又止，欲扬先抑，决不和盘托出，而是留下一连串让人无法猜透的哑谜，耐人寻味，耐人思索，驱使人们去追根究底，弄个明白。二是一反常规，出其不意，以奇制胜。比如，加多宝凉茶推出的平面广告上，特大号文字“对不起!”引人注目。品牌为什么要说对不起，消费者自然会接着往下看，“是我们无能，卖凉茶可以，打官司不行”，“是我们出身草根，彻彻底底是民企的基因”，原来“对不起”恰恰是为了证明品牌发展历程的艰辛与发展势头的强劲，并不是真的感到抱歉。三是针对所要传递的新的产品知识，处处设下疑问，只要读者想找到答案，广告的目的就达到了。飞利浦问消费者：“每个人都需要一个舒适区吗?”这不由得使人疑惑：难道还有谁不需要舒适区？它说的舒适区跟我们理解的一样吗？于是，飞利浦又使用了两张广告牌接着说："有人说，去更大的舒适区吧！""听说敏感了就很难找到舒适区，不能太重视，也不能太轻慢。"至此，品牌方并没有解答疑惑。随着广告营销活动的推进，广告牌发生了变化，原先空白的部分被填满，谜底终于揭开——"不一定，但牙齿一定需要"。原来这是飞利浦电动牙刷广告，广告中的"舒适区"是指牙齿的舒适区，飞利浦以一句"放心，我会给牙齿一个干净又温和的舒适区"展现了产品的核心卖点。

二、户外广告文案

户外广告是在建筑物外表或街道、广场等室外公共场所设立的广告。这些广告形式多样，包括但不限于路牌、霓虹灯、电子屏幕、灯箱、气球、飞艇、车厢、大型充气模型等。户外广告的主要功能是向过往行人、车辆等流动物传递信息，展示商品或服务的特色与优势，以达到宣传、推广和营销的目的，具有位置灵活、形式多样、视觉冲击力强等特点。

户外广告文案创作是一项系统工程，它要求创作者具备敏锐的市场洞察力、深刻的品牌理解力、创新的思维能力和精准的表达能力。通过巧妙融合信息、情感与视觉元素，户外广告不仅能够成为城市风景线的一部分，更能成为品牌与消费者之间建立情感连接、推动市场行动的有效桥梁。户外广告文案创作的核心要素包括以下几点。

1. 品牌定位与受众洞察

明确广告面向的群体是谁，他们的年龄、性别、兴趣、生活方式等特征决定了广告文案的语言风格、内容选择和视觉呈现。例如，面向年轻群体的广告可能采用更活泼、创新的语言，而面向家庭用户的广告则可能更注重温馨、实用性的传达。

2. 视觉冲击与文字融合

广告文案与视觉元素的完美结合是户外广告成功的关键。设计师须根据广告文案的调性选择合适的色彩、字体、排版及图像，创造出既符合品牌风格又极具视觉冲击力的广告画面。在有限的展示空间内，广告文案须做到言简意赅，用最少的文字传递最多的信息。这要求创作者具备高超的文字驾驭能力，能够精准捕捉品牌精髓，同时兼顾可读性和趣味性。

3. 创意构思与情感链接

创意是广告文案的灵魂。在构思阶段，须打破常规，勇于尝试新颖的角度和表现形式，如故事叙述、幽默讽刺、视觉隐喻等，以吸引受众的注意力并激发其好奇心。优秀的广告文案能够触动人心，建立品牌与受众之间的情感纽带。通过讲述与受众生活紧密相关的故事，或运用能引起受众共鸣的语言，推动广告成为受众情感世界的一部分，增强品牌记忆度和好感度。

顾家家居“支撑你的软广告”户外广告系列（见章首二维码 7-2 广告鉴赏），深刻洞察消费者生活状态，以情动人，更创新地体现了户外广告的实用价值，获得了不错的广告效果。

第二节 社交媒体典型图文广告文案

随着社交媒体与电商平台的兴起，图文广告文案创作迎来了新的变革。社交媒体平台如微博、微信、小红书等，为广告文案提供了更为广阔的创作空间和更为精准的受众定位，这些平台上的广告文案不仅需要吸引用户的眼球，还需要激发用户的参与和互动，形成口碑传播。因此，社交媒体上的图文广告文案更加注重创意性、趣味性和情感共鸣，以吸引用户的关注和分享。

一、微博：热搜与超话

微博具有信息传播速度快、受众覆盖面广的特点，在现代社交网络中占据了举足轻重的地位。微博支持多种互动形式，如评论、转发、点赞、参与投票、发起话题挑战等，增强了用户的参与感。此外，热搜功能和超话功能共同构成了微博平台强大的内容生态和社交互动体系，不仅为用户提供了广阔的讨论空间和丰富多样的热门资讯，还为企业和个人提供了展示和推广的有效平台。

（一）热搜与广告文案

微博的热搜功能，是根据微博海量用户的真实行为进行计算，实时发现微博平台内正受到广泛关注的热点内容，形成实时榜单。这个榜单每分钟更新一次，致力于提供新鲜、热门、有料的资讯，提高用户发现微博热点的效率。热搜词条主要由网友搜索行为和讨论行为产生，或者由话题主持人产生。热搜算法会综合搜索量、发博量、阅读量、互动量等数据指标，建立搜索、讨论、传播三大热度模型，实时计算综合热度进行排序，生成榜单。榜单算法中包含严格的排水军和反垃圾机制，以确保公正、客观。对于企业或个人来说，登上热搜榜意味着曝光率的增加和关注度的提高，有助于品牌或个人形象的塑造和推广。

在微博热搜榜中，微博官方出售的广告资源位会嵌入其中。这些广告信息没有序号且使用独特的图标，与真正属于排行榜单的话题区别开来，比如，使用“重磅”“亮相”“大促”等蓝框图标，并且使用节庆时令、名人明星、优惠促销等具有即时性与讨论度的话题吸引用户点击。

微博热搜话题冲榜通常具备四个要素，即主持人、话题、内容素材与实时热度。以华为“把春节过成你喜欢的节”为例（见章首二维码 7-3 广告鉴赏），微博平台提供的功能支持满足了广告文案嵌入的需要，同时自媒体博主的加持，更丰富了品牌及产品文案的表现力。

（二）超话与广告文案

在超话中，用户不仅可以创建或加入自己感兴趣的话题，如明星偶像、热门剧集、体育赛事等，每天签到、关联自己的普通话题、建立相应微博群；还可以在话题中发布帖子、交流意见、转发、互评等，形成紧密的社群关系。特别是针对明星的超话，更是成为粉丝密集聚集地，是粉丝安利艺人、分享即时资讯、号召打投的重要途径，成为粉丝展示自我、表达情感的平台。不少品牌也建立起自己的超话，打造自有品牌社群。

以明星超话为例，广告通常出现在超话页的信息流中，并被打上“热推”“推荐”“广告”的标识，但这些广告信息与超话社区的关联度不大，给人一种强行出现的感觉。与超话融合度高的广告，通常是品牌及粉丝会发布的广告信息，这些广告通常与明星代言品牌有关。粉丝会将线下看到的偶像代言广告拍摄下来并发布在超话社区，配以文字“地广迅速铺上了”、创设话题、@品牌方等，庆祝偶像拿下代言，或者将线上搜罗到的精美代言图片整合发布出来，帮助品牌二次传播。明星超话中的内容，以粉丝对偶像的赞赏与告白为主，比如，在某女明星超话中有粉丝发布“你是人间星河，是我的满目柔情”的帖子，配图是安慕希代言广告，社群力量使得这样的内容在评论中被不断肯定，品牌形象得以不断强化。

二、微信：朋友圈、公众号与小程序

微信自 2011 年作为一款即时通信软件面世以来，凭借其简洁的操作界面、强大的功能和稳定的性能，迅速赢得了广大用户的青睐。随着用户基数的不断扩大，微信开始逐步拓展其功能，以满足用户日益多样化的需求，它逐渐发展成为一个融合了朋友圈、小程序、公众号等多种媒介形式的综合性社交平台。三大核心功能各自扮演着不同的角色、承担着不同的使命，共同构建了一个多元化、立体化的社交生态体系，微信也凭借其广泛的用户基础、高度的用户黏性和丰富的媒介形式，展现出了强大的社交媒体链接与互动特性。

（一）朋友圈广告文案

朋友圈作为微信社交功能的早期重要组成部分，自微信诞生之初便如影随形地陪伴着每一位用户。它不仅为用户提供了一个分享生活点滴、记录美好瞬间的舞台，更成为展示个人风采、传递情感与价值观的独特窗口。在朋友圈里，用户可以发布文字、图片、视频等多种形式的动态，与亲朋好友分享生活的喜怒哀乐，共同见证彼此的成长与变化。这种轻松愉快的氛围，不仅加深了人与人之间的情感联系，也让用户在忙碌的生活中找到了归属感，获得了温暖。

朋友圈广告是微信官方开放的投放渠道，以信息流的方式嵌入每位用户的朋友圈中，因人而异。自 2019 年起，微信广告每年发布朋友圈广告年度评选，从视觉效果、明星效应、点赞互动等维度评出广告效果优秀的作品。除了越来越丰富的互动形式及视觉呈现外，朋友圈广告最具特点的是好友评论互动开放，即用户可以看到来自通讯录好友的点赞与评论。豪车品牌法拉利曾投放过微信朋友圈广告，引起用户争相点赞和评论，如“我收到法拉利了！”“居然收到法拉利，我膨胀了！”“厉害了！”等，表现出用户被选为法拉利广告投放对象的激动，为法拉利带去了一波流量。此外，运用明星效应也是微信朋友圈广告的特色之处，璀璨的明星仿佛成了普通人通讯录里的一员，在朋友圈与之对话，充满亲切感。比如，瑞幸“费尔岛季”新品上市时期，以某明星发朋友圈的形式发布——“××：这个冬天，吹来了费尔岛的风。和我一起感受拿铁浓香，编织温暖浪漫”。

此外，微信朋友圈还为个人及小微商家提供广告信息发布窗口。这些朋友圈广告文案往往从生活场景出发，讲述产品使用心得，营造出亲切、真实的生活氛围，内容更加口语化，对词句工整与美感的要求并不高，致力于如何快速说服用户，利用限时优惠、限量发售等策略，营造出紧迫感，促使用户尽快做出购买决策。

（二）公众号广告文案

随着微信平台的不断成熟和用户对信息获取与分享需求的进一步细化，公众号应运而生，成为连接品牌与用户的新桥梁。公众号为用户搭建了一个集长文、图片、视频等多媒体内容于一体的发布平台，让品牌和企业能够借此讲述品牌故事、传播企业文化、介绍产品特点，并与用户进行深度互动。通过公众号的推送功能，品牌可以定期向用户传递有价值的信息，增强用户黏性，同时收集用户反馈，不断优化产品和服务。这种双向沟通的模式，不仅提升了品牌的知名度和美誉度，也为用户带来了更加丰富多元的信息体验。

公众号广告往往根据品牌风格自成一派，比如，“观夏 to summer”的公众号就极具东方美学韵味（见章首二维码 7-4 广告组图），文案通常结合传统文化、典籍典故、自然风物缓缓道来，描写细腻，但体量相当之大；而“麦当劳”的公众号广告（见章首二维码 7-5 广告组图）则运用亮丽活泼的色彩、多元有趣的交互形式，以及简明、具有强号召力的文字或谐音梗，起到产品推广的作用。

可见，公众号广告文案与品牌定位密切相关，较为宽松的版面给予广告文案创作更多可选择性，既可以简短也可以烦琐，既可以明快也可以晦涩，既可以喊口号也可以讲故事。

（三）小程序广告文案

小程序的推出，是微信在功能创新上的又一里程碑式的成就。小程序也是公众号的延伸，它为用户提供了一个无须下载安装即可轻松使用的应用平台，极大地降低了应用的使用门槛，提升了用户体验的便捷性与流畅度。小程序不仅涵盖了游戏、购物、餐饮、出行等生活的方方面面，还为企业和个人提供了展示产品、提供服务的新窗口。通过小程序，品牌和企业可以更加直接地触达目标用户，实现精准营销与品牌推广。同时，小程序的轻量化特点也让它成为一种高效、灵活的营销工具，助力品牌在激烈的市场竞争中脱颖而出。

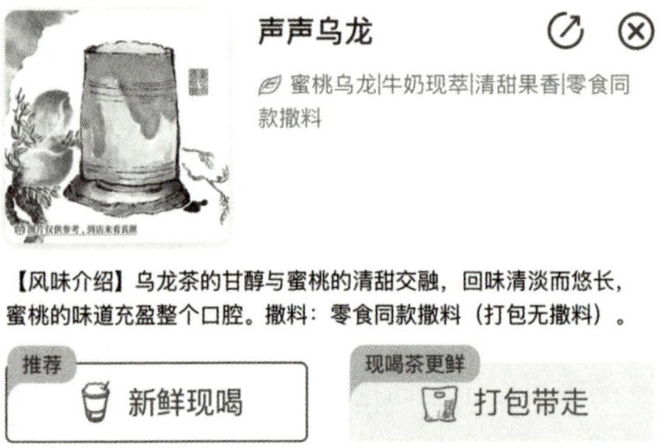

图 7-1 茶颜悦色点单小程序（局部）

小程序多搭载产品信息，连接了支付端口，是内容转化与变现的关键入口，因此商品信息是否清晰十分重要。小程序广告文案更追求简洁直接，强调语言的精练和行动的明确，在有限的展示空间内快速吸引用户注意并促成高效转化。当然，在简短的文字中体现独特的品牌形象也非常关键。比如，在茶颜悦色点单小程序（图 7-1）中，产品的一级文案“声声乌龙”、二级文案“蜜桃乌龙 | 牛奶现萃 | 清甜果香 | 零食同款撒料”，形象雅趣的同时又清晰写明了产品的口味特征、品质特征，凸显了古意盎然又年轻时髦的品牌形象。

三、小红书：种草与生活方式

小红书是一个以分享生活方式为主要内容的社交媒体平台，自 2013 年诞生以来，迅速吸引了大量年轻用户的关注，尤其是年轻女性群体。平台不仅为用户提供了一个展示生活、分享购物心得和美妆技巧的互动空间，还逐渐发展成为品牌与用户之间的桥梁，引领了时尚、美妆、旅游、家居等多个领域的潮流趋势，成为引领当代青年生活方式的风向标。

（一）种草类广告文案

在小红书上，用户可以自由地通过发布笔记、图片、视频等多种形式的内容，详尽地记录并分享自己的生活点滴和购物体验。这些内容不仅覆盖了美食探店、穿戴搭配、旅行攻略、家居装饰等日常生活的各个方面，更深入各类商品的具体推荐和使用心得分享，为用户提供了丰富的购物参考和生活灵感。无论是寻找最新潮流单品，还是探索实用生活好物，小红书都能满足用户的多样化需求。

种草类广告是一种通过分享商品的使用体验、感受及好处，以刺激受众消费欲望的营销手段。它通常借助网络达人、关键意见领袖、关键意见消费者等的影响力，通过视频、图片、文字等形式，对商品或服务进行“开箱”“测评”，从而增加产品或品牌的曝光度和认知度。这种广告形式偏重感性消费，客单价普遍较低，属于效果类广告的一种。

种草类广告以其具有情感化、故事化、个性化和体验优先、真实可信、社交互动等特征，成为现代营销中不可或缺的一部分，其独特之处在于能够深刻触动用户的情感需求。这类广告往往采用情感化的表达方式，通过讲述引人入胜的故事或分享真实动人的用户体验，让用户在情感层面产生共鸣，从而对产品产生强烈的认同感和信任感。这种情感连接，是种草类广告区别于传统硬性广告的关键所在，它让广告不再是冷冰冰的产品介绍，而是充满了温度和人情味的故事分享。在内容呈现上，种草类广告注重故事化和个性化，通过构建一个与用户生活紧密相连的故事情节，将产品巧妙地融入其中，让用户在欣赏故事的同时，对产品产生浓厚的兴趣和购买欲望。这种个性化的推广方式，不仅让广告更加贴近用户的需求、满足用户的喜好，还能够更精准地触达目标受众，提高广告的转化率和效果。种草类广告还强调体验优先和真实可信。它们通常基于真实的用户体验和感受进行创作，避免夸大其词和虚假宣传，让用户能够真实感受到产品的优势和使用的益处。这种真实可信的广告内容，不仅增强了用户的信任感，还提高了产品的口碑和销量。同时，种草类广告还鼓励用户参与互动，如评论、转发等，通过社交互动的方式扩大广告的影响力，增加用户的参与感和归属感。

图文种草类广告通常包含了产品介绍、个人体验分享、测评及推荐。小红书上的时尚博主发布穿搭笔记，通过精美的图片和详细的文字描述，推荐自己搭配的服装和配饰，吸引用户购买。图的运用往往多角度、多层面，既用实拍图体现真实性，又使用滤镜强化产品效果。而文字的使用往往非常细致入微且情感丰沛，运用具有说服力的词汇来表述。

（二）生活方式类广告文案

作为一个高度垂直化的社交媒体平台，小红书专注于生活方式的分享，这使得平台上的内容更加聚焦、精准，能够更有效地触达目标用户群体。从最初的购物分享社区，到如今涵盖美妆、旅游、家居等多个领域的综合生活方式平台，小红书不仅见证了用户需求的不断升级和变化，更通过持续优化平台功能和服务，为用户提供了更加优质、便捷的生活方式分享体验。

与此同时，小红书通过线上线下联动的营销活动，正不断顺应并创造着年轻人的生活方式，如“马路生活节”“外人节”“慢人节”等平台官方活动（见章首二维码 7-6 广告鉴赏），以生活方式为引领，汇聚品牌力量，联动线上线下空间，获得了年轻人一波又一波的关注与参与，把小红书本身也打造成为一个社交媒体界响亮、个性的品牌。生活方式类广告文案的创作需要建立在精准的群体洞察之上，理解群体痛点、顺应群体心态、说出群体的心里话，以缓解或解决群体面临的问题为创作思路，激发参与度，最终实现品牌、平台与用户群体的内容共创。

四、大众点评：商家店铺与评价系统

大众点评自 2003 年创立以来，已经从一个以上海为起点的本地生活指南，逐步发展成为国内领先的、以餐饮和娱乐等生活服务为主要内容的社交媒体平台。它不仅提供了海量的商家信息和详尽的用户评价，还通过不断的创新和完善，成为连接用户与品牌的重要桥梁。在功能特征上，大众点评以用户评价系统、优惠活动和社交互动为核心。用户可以通过平台上的搜索和筛选功能，快速找到符合自己需求的商家。同时，真实的用户评价和推荐为其他用户提供了重要的消费决策参考。

（一）商家店铺中的广告文案

在大众点评的餐饮类商家店铺页面中，优秀的广告文案往往具备几个显著特点：它们不仅诱人食欲，通过生动描绘菜品的美味与独特，如“鲜嫩多汁”的招牌菜，让人仿佛能立即品尝到那份来自味蕾的极致享受；还擅长营造氛围，讲述店铺的装修风格、灯光与服务细节，营造出一种温馨、时尚或独特的用餐环境，让用户心生向往。同时，这些广告文案会突出店铺的特色，无论是特色菜品、独家调料还是优质服务，都力求在广告文案中鲜明展现，形成差异化记忆点。语言简洁明了，避免冗长，确保关键信息一目了然，情感共鸣的融入则让广告文案更加贴近用户，讲述店铺背后的故事或用户的喜爱，增强用户的信任感与好感。

在“商家新鲜事”板块（图 7-2）呈现图文并茂的广告文案，将有效吸引受众。首先，明确目标受众，深入理解他们的需求与偏好。其次，精准提炼店铺的独特卖点，如特色菜品、环境氛围或优质服务，并运用创意构思，结合故事叙述、情感共鸣等手法，使广告文案既生动有趣又与众不同。精练语言，确保文案简洁有力，易于理解。最后，别忘了文案的视觉呈现，通过合理的排版、字体与色彩搭配，增强整体吸引力。比如，“欢迎莅临××，在这里，地道××的每一口都是对味蕾的深情告白，搭配店内精心打造的优雅环境、周到服务，让每一次用餐都成为一场味觉与视觉的双重盛宴。我们承诺，以最新鲜的食材与独家调料，为您带来独一无二的用餐体验。来吧，在××，与我们一起，开启一场关于美食与美好的探索之旅”。这样的

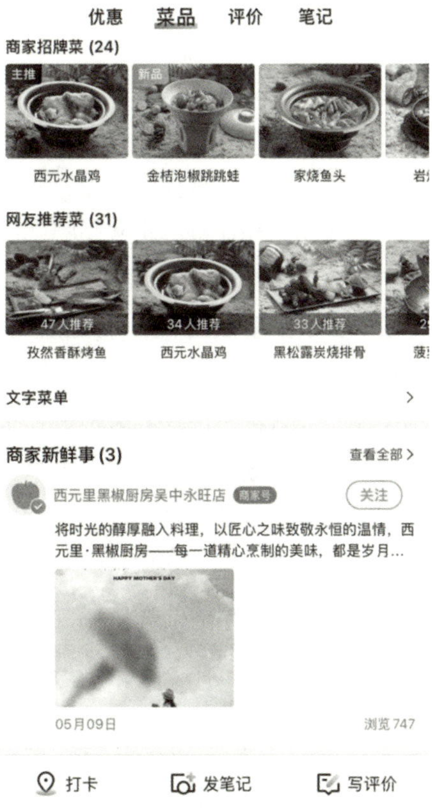

图 7-2　大众点评商家店铺页面（局部）

广告文案，既突出了店铺特色，又富有情感共鸣，是吸引用户的不二之选。

（二）评价系统中的广告文案

大众点评在本地生活服务领域发挥着重要作用，对品牌信誉的提升、消费决策的促进及行业的发展都产生了深远影响。用户的真实评价和推荐为商家带来了更多的曝光和客流，从而增加了销售额和利润。同时，平台上的优惠活动和用户评价也促进了商家的销售和品牌曝光，为行业带来了更多的竞争和创新动力。大众点评还支持用户进行点评和分享，这为广告文案提供了丰富的用户互动和口碑传播的机会，进一步增强了平台的传播力和影响力。

点评类广告吸引潜在用户的注意力并影响其购买决策。这类广告通过展示真实的用户反馈或专业机构的测评结果，为用户提供关于产品或服务的详细信息，增强广告的可信度和说服力。点评类广告的特征在于其内容的真实性、客观性，以及对用户购买决策的直接影响。

在社交媒体平台上，点评类广告的类型多样，既有用户自发分享的使用体验和评价，也有品牌或商家精心策划的口碑营销广告。用户会分享亲自使用产品或服务的心得，这些真实的用户评价往往成为其他用户消费决策的重要依据。同时，品牌会邀请知名博主或 KOL 进行产品体验，并发布带有正面评价的点评类广告，以此提升品牌的知名度和信任度。

点评类广告的表现形式也颇为丰富，一种常见的方式是直接将用户的评价截图或视频嵌入广告中，配以简短的产品介绍和品牌标识，让受众能够直观感受到产品的实际效果和用户满意度。另一种形式是通过设计精美的图文排版，将用户的好评、评分及产品特点融合在一起，形成一种直观且富有吸引力的广告信息。此外，还有一些品牌会采用对比测评的方式，将自家产品与其他竞品进行客观比较，通过数据分析和用户评价来展示产品的优势和特点，从而引导用户做出明智的购买选择。

点评类广告文案通过用户的评价和推荐来增强品牌的信誉度和吸引力。这类广告文案需要注重用户的真实反馈和口碑传播效果，通过收集和分析用户的评价数据来优化广告文案内容和营销策略。以下是一些关于点评类广告文案的创作原则和经验。

1. 强调真实性和客观性

由于点评类广告的核心在于展示用户或第三方的真实评价，因此广告文案在创作过程中必须确保所引用的评价是真实可靠的，避免夸大其词或虚假宣传。同时，广告文案应以客观中立的态度呈现产品特点，既突出优势也不避讳缺点，这样才能赢得用户的信任。

2. 简洁明了，突出重点

在有限的图文空间内，广告文案需要快速吸引用户的注意并传达核心信息。因此，广告文案创作时应避免冗长复杂的句子，而是用简洁有力的语言概括产品特点和用户评价。同时，可以通过加粗、变色等排版手段突出关键信息，使广告更加醒目。

3. 具有感染力和说服力

点评类广告不仅要展示产品特点，还要激发用户的购买欲望。因此，广告文案在创作过程中应注重情感表达，通过生动的语言、有趣的故事或贴近用户需求的场景来触动用户，使他们产生共鸣并产生购买行为。

4. 注重与视觉元素的结合

在图文广告中，文字与图片是相互补充的。广告文案应能准确解释图片中的信息，同时图片也应能直观地展示广告文案所描述的内容。通过文字与图片的巧妙结合，可以形成一个完整而富有感染力的广告信息，更好地吸引用户的注意力。

五、电商平台：宝贝详情与优惠促销

电商平台如淘宝、京东及近年来崛起的拼多多等，已成为图文广告不可或缺的重要传播渠道。这些平台不仅汇聚了海量商品，更通过其独特的运营模式，为商家提供了展示商品、吸引顾客的广阔舞台。

（一）宝贝详情中的展示类广告文案

展示类广告是指由网络媒体发布的图片、文字、动态图、动画等形式的广告，是网络营销的主要形式之一。这类广告可以通过搜索引擎、网站、社交媒体、聊天工具等多种渠道投放，其目的在于宣传品牌、提升知名度，并可能直接刺激购买。

展示类广告通常具备高度的视觉吸引力，通过精美的设计、生动的图片和视频及鲜艳的色彩，轻松捕获目标受众的目光。在内容上，展示类广告融合了品牌标识、产品图片、文字说明等多种元素，全方位展示品牌或产品的特点和优势。同时，借助先进的广告技术和算法，展示类广告能够精准定位目标受众，将广告信息准确传达给潜在消费者，提高广告的有效性和传播效率。此外，这类广告还具有一定的互动性，能够引导受众与广告进行互动，增强广告的参与感和趣味性。在投放方式和形式上，展示类广告展现出极大的灵活性，广告主可以根据不同的投放平台和受众特点，选择适合的广告尺寸、格式和投放时间。最重要的是，展示类广告具有可衡量性，广告主可以通过各种数据指标来评估广告效果，为优化广告策略和提升广告效果提供有价值的反馈和决策依据。综上所述，展示类广告以其视觉吸引力、内容丰富性、精准定位、互动性、灵活性和可衡量性等特征，成为现代网络营销中不可或缺的一部分，为品牌或产品带来更多的曝光和销售机会。

展示类广告文案注重产品的展示和描述，通过精美的图片和详细的文字说明来展示产品的外观、功能和特点。这类广告文案注重设计的美观性和信息的准确性，以便在吸引用户注意力的同时，提供足够多的产品信息来支持用户的购买决策。在创作图文展示类广告文案时，应遵循以下原则和经验。

1. 目标受众导向

深入了解目标受众的兴趣偏好、消费习惯和年龄段等信息，以便把握投放的定位和频次。广告文案应贴近受众的需求和心理，激发他们的购买欲望。

2. 简洁明了，但创意独特

广告文案应简洁明了，避免冗长和复杂的句子结构。使用简短有力的语句来传达核心信息，使受众能够快速理解广告的内容和价值。创意是广告文案的灵魂，独特的创意和巧妙的构思能够使广告从众多信息中脱颖而出。

3. 情感共鸣，符合本土化语境

广告文案应能够激发受众的情感共鸣，通过情感化的语言来打动他们。例如，以温馨的家庭场景、感人的爱情故事等作为背景，可以使受众在情感上与广告产生共鸣。考虑到不同国家和地区的文化差异、语言习惯，广告文案应进行本土化处理。运用当地受众熟悉的语言和表达方式，能使广告更具亲和力和可信度。

4. 数据支撑，凸显产品优势

在广告文案中巧妙地融入数据或统计信息，可以为广告观点和承诺提供有力的支撑，增强广告文案的可信度和说服力，如产品市场占有率、用户满意度、销量增长率、性能提升幅度等，从而获得消费者的信赖和认可，促进销售转化。

（二）优惠促销类广告文案

电商平台的优惠促销类广告文案，是商家在激烈的市场竞争中吸引用户眼球、激发用户购买的重要手段。这类广告文案通过精心设计的语言和内容，旨在短时间内迅速传达出产品的核心卖点、优惠信息及营造出购物紧迫感，促使用户做出购买决策。其特征鲜明，首先，要引人注目。优秀的促销文案能够迅速抓住用户的注意力，通过独特的视角、生动的描述或创意的呈现方式，让信息从众多广告中脱颖而出。其次，凸显优惠是关键。广告文案中通常会明确列出折扣力度、降价金额、赠品详情等具体优惠信息，用数字和数据直观展示优惠幅度，让用户一眼就能看到实实在在的利益。再次，清晰简洁也是不可或缺的特征，确保用户在快速浏览时能够迅速理解信息，避免冗长复杂的描述造成理解障碍。

在创作此类广告文案时，有几个关键点需要特别注意。一是确立明确的主题，广告文案应紧密围绕促销活动的核心，如“双十一大促”“限时秒杀”等，确保信息传递的一致性和准确性。二是紧密围绕产品与消费群体，了解目标用户的需求和偏好，用他们能理解的语言和方式呈现信息，提高广告文案的针对性和有效性。三是标题须具有洞察力，用简短有力的语句概括促销亮点，吸引用户点击阅读。四是内文应拒绝生硬，通过故事化、场景化的描述，让促销信息更加生动有趣，增强用户的代入感，刺激用户的购买欲望。五是图文结合，利用图片、图标等视觉元素辅助文字说明，提升广告文案的吸引力，增强阅读体验。

此外，广告文案的真实性和可信度同样重要。广告主应确保所宣传的优惠信息与实际情况相符，避免夸大其词或虚假宣传，以免损害品牌形象，降低用户信任度。同时，广告文案的行文须流畅，逻辑清晰，结尾要点睛，用精练的语句总结促销亮点，强化用户的购买动机。

第三节　图文广告文案创作手法举凡

图文广告文案的创作是一项艺术与策略并重的任务，旨在通过视觉与文字的结合，吸引目标受众的注意，激发其阅读兴趣，并最终促进行动的发生。图文广告文案的创作需要紧跟时代潮流，关注受众需求的变化，不断创新和优化创作手法、内容形式，以吸引用户的关注和参与，从而实现更好的传播，获取更大的商业价值。

一、美化场景

美化场景，一方面包括广告视觉元素的吸引力，图片不仅要与广告主题紧密相关，还应具备高清晰度和良好的构图，以吸引用户的眼球；另一方面应注重文字的场景表现力，进一步丰富图片所传递的信息，通过细腻、生动的词汇及富有想象力的场景描绘，使图片中的世界更加立体、饱满。例如，在推广一个海岛度假村的广告中，可以选用一张清晨阳光洒满沙滩的照片，文案则可以是“当第一缕阳光穿透薄雾，金色的沙滩与蔚蓝的海面交织成一幅绝美的画卷，邀请您来一场说走就走的旅行”。这样的描述不仅美化了场景，更激发了用户对美好假期的向往。

将产品融入用户的日常生活中，通过场景化的描述来展示产品的特点和优势，提高用户的购买欲望。以小红书上的广告文案为例，在撰写时需要格外注重产品的实用性和美观性，通过精美的图片和详细的文字描述来展示产品的特点与优势。这种直观且详尽的展示方式，不仅能够帮助用户更好地了解产品，还可以激发用户的购买欲望，提升品牌的知名度和美誉度。

场景植入则是一种常见的图文广告创意表现形式，它通常由间接相关的场景引发用户关注，在用户翻阅图片的过程中，将产品或品牌信息巧妙地融入，循序渐进地推广品牌或产品的信息。既可直接提及产品名称、描述产品特点，也可通过场景中的细节来暗示产品。这种形式的文字表现往往更加隐蔽和巧妙，能够在不引起受众反感的情况下，有效地传递产品信息。

二、营造情绪氛围

营造特定的情绪氛围，可以激发用户的情感共鸣，从而加深其对品牌的印象。营造情绪氛围的关键在于找到与广告主题相契合的情感点，如温馨、快乐、怀旧等，然后通过广告文案和图片的巧妙配合，将这些情感点传递给用户。例如，在推广一款家庭共享游戏的广告中，可以选用一张家庭成员围坐在一起玩游戏的温馨照片，文案可以是“在这个快节奏的世界里，让我们放慢脚步，与家人共享一段欢乐的时光”。这样的广告文案不仅营造了温馨的家庭氛围，还触动了用户对亲情和陪伴的渴望，从而建立起品牌与消费者之间的情感链接。

社交媒体图文内容中，软文是常见的一种文字表现形式。它通常以文章或故事的形式出现，通过讲述一个与产品相关的故事或体验来激发受众的共鸣，引起受众的兴趣。软文中的文字内容往往更加生动、有趣，能够吸引受众的注意力，并引导他们对产品产生兴趣。在软文中，品牌或产品通常会以较为隐蔽的方式出现，通过故事情节或人物设定来传达产品的特点和优势。

此外，在文字间穿插表情符号、亲昵的词汇等，也能让广告文案具有情绪感染力。

三、擅用流行语

流行语是社交媒体上的“语言货币”，它们不仅反映当下社会的热点和趋势，还具有较强的传播力和影响力。在图文广告中，巧妙运用流行语，可以使广告更加接地气，易被用户接受和传播。比如，在小红书上每过一阵都会集中出现一些流行语文案，如“我不允许还有人不知道××”“××不宣传××糊涂啊”“××会惩罚每一个××的人”“被无数人问的宝藏××”“××已经是 next level 了”等，这些文案在语言色彩上带有强烈的情绪感染力，又具有语汇的奇异性，引人注目，朗朗上口又便于理解，因此很容易聚起一大批使用这些流行语的用户，形成裂变式的传播态势。

然而，擅用流行语并不意味着只简单地堆砌网络热词，而是要将这些流行语与广告主题相结合，创造出既有趣又富有深意的广告文案。同时，广告文案须富有创意和话题性，以便从海量信息中脱颖而出，激发用户的好奇心和讨论欲。

四、设置互动

互动是提升用户参与感和促进分享的关键。通过设置互动环节，可以激发用户的兴趣，鼓励他们积极参与广告活动，并分享给更多的人。互动的形式多种多样，包括提问、投票、测试、有奖问答等。在广告文案中，要清楚地指示用户应该采取的行动，并强调参与的好处或奖励。例如，在推广一款美妆产品的广告中，可以设置一个肤色测试的互动环节，文案则可以是“想知道你的肤色最适合哪种妆容吗？点击下方链接，参与我们的肤色测试，赢取专属美妆礼盒”。这样的广告文案不仅设置了互动环节，还明确了用户的行动路径，通过有奖问答的形式增加了用户的参与度，激发了用户的分享欲。

延伸阅读

1. 维克托·迈尔-舍恩伯格，肯尼思·库克耶．大数据时代：生活、工作与思维的大变革［M］. 盛杨燕，周涛，译．杭州：浙江人民出版社，2012.

2. 维克托·迈尔-舍恩伯格，肯尼思·库克耶，弗朗西斯·德维西库. 框架思维［M］. 唐根金，译．北京：中信出版社，2022.

3. 杰奥夫雷·G. 帕克，马歇尔·W. 范·埃尔斯泰恩，桑基特·保罗·邱达利．平台革命：改变世界的商业模式［M］. 志鹏，译．北京：机械工业出版社，2018.

4. 梅萨里．视觉说服：形象在广告中的作用［M］．王波，译．北京：新华出版社，2003.

5. 阿里研究院．平台经济［M］．北京：机械工业出版社，2016.

6. 夏晓墨．秒赞短文案：新媒体文案写作速成［M］．北京：清华大学出版社，2024.

7. 流年小筑．微文案：直播、短视频、朋友圈、海报文案写作指南［M］．北京：机械工业出版社，2021.

8. 刘峙．在小红书，用文案捧红你自己［M］．北京：中国人民大学出版社，2025.

思考题

1. 广告文案系列化、悬念化与情感化创作分别有哪些特征？

2. 微信公众号广告文案创作与朋友圈、小程序广告文案创作有何异同？

3. 请选择一个传统文化风格的彩妆品牌，为其在小红书上创作系列推广文案。

4. 请自定义品牌调性与风格，为你所选择的某个服装品牌创作电商平台宝贝详情页内的所有文案。

第八章

短视频广告文案创作

第八章 短视频广告文案创作

第一节 短视频的类型与特征

一、短视频的类型
二、短视频的特征
三、短视频广告的演变

第二节 短视频广告文案的构成要素

一、封面图文："3秒定生死"的视觉"钩子"
二、标题与作品描述：文字精准狙击
三、#话题：隐秘流量磁铁
四、字幕、旁白与贴纸：多感官文字共振

第三节 短视频广告文案的类型及创作原则

一、告知型
二、故事型
三、代言型
四、剧场型
五、系列型

导读：

短视频无疑是当下最热门的传播媒介之一，其凭借短小精悍、内容丰富、易于传播的特点，迅速占据了用户的碎片时间。短视频平台用户规模持续扩大，内容生态日益丰富，为广告行业带来了新的机遇和挑战，无论是品牌、平台还是个人，纷纷涌入短视频领域，通过创意独特的广告内容，有效触达目标受众，实现品牌的曝光与转化。短视频广告文案创作因此显得尤为重要，优秀的短视频广告文案不仅能够迅速吸引用户注意力，还能精准传递品牌信息，激发用户的情感共鸣，从而最大化实现广告效果。因此，如何创作出既符合短视频平台特性，又能有效触动人心的广告文案，成为广告主和创意人员亟须解决的关键问题。本章将深入探讨短视频广告文案的创作之道，主要围绕以下三部分展开：首先，概述短视频的主要类型与特征，为广告文案创作提供平台适应性分析；其次，详细解析短视频广告文案的构成要素，呈现广告文案创作新领域的特性；最后，分类探讨短视频广告文案的类型及创作原则，为广告文案创作人员提供可借鉴的策略与技巧。

本章学习目标：

1. 了解短视频及短视频广告的内涵、类型、特征与发展历史。
2. 了解短视频广告文案的构成要素。
3. 了解短视频广告文案的类型。
4. 了解不同类型短视频广告文案的创作原则。

本章案例与分析：

包括短视频构成部分的广告文案创作、不同类型短视频广告文案创作的案例。

扫一扫

扫描二维码欣赏案例

第一节　短视频的类型与特征

短视频是一种通过互联网平台传播，时长通常在几秒到几分钟之间的视频内容形式。它以直观、生动、易于消费的特点，迅速成为当下最流行的数字内容之一。短视频不仅仅体现为视频长度的缩短，更是一种全新的内容创作、传播和消费模式。它融合了文字、图像、声音等多种元素，以快速、简洁、直观的方式传递信息，满足人们在快节奏生活中对碎片化信息的需求。同时，短视频也代表着一种全新的社交方式，人们可以通过点赞、评论、转发等方式参与互动，营造独特的社交氛围。

一、短视频的类型

短视频类型的划分维度多样，通常根据内容主题、创作形式、目标受众及传播目的来分类。

1. 内容主题维度

依据短视频所展现的核心议题或所属的内容范畴来划分，包括但不限于娱乐搞笑类、知识科普类、生活记录类等。娱乐搞笑类以轻松幽默的段子、恶搞场景、夸张表演等为主，内容轻松有趣且易于引发共鸣，受众广泛，传播速度快，易于在社交媒体上形成病毒式传播。知识科普类，以传播科学知识和生活小窍门为主，内容专业严谨，注重知识的准确性和实用性，语言简洁易懂，面向对特定领域感兴趣的用户，拓宽用户的认知边界。生活记录类，捕捉日常点滴，涵盖 Vlog（视频博客）、日常琐事、旅行记录、手工工艺等内容，真实自然，能够展现普通人的日常生活，易引发用户关注。

2. 创作形式维度

侧重于根据短视频的制作手法及其独特的呈现方式来分类，包括剧情短片类、动画短片类、纪录片片段类等。剧情短片类，以故事情节为核心，通过创意剧情吸引用户，紧凑有趣，角色鲜明立体，有助于用户产生代入感。动画短片类，运用丰富的色彩与生动的角色，创造出奇幻世界，激发用户的想象力。纪录片片段类，以其真实性和客观性，记录下世界的多样面貌，传递着生命的力量与自然的奥秘。

3. 目标受众维度

根据短视频所吸引的主要用户群体来划分，年轻群体偏爱潮流时尚、富有创意的内容，他们追求个性与自我表达；女性群体则更倾向于关注美妆、时尚、情感等话题，她们追求美丽与情感的共鸣；儿童群体则喜爱色彩鲜艳、寓教于乐的内容，通过趣味短视频学习知识、获得成长。

4. 传播目的维度

根据短视频所承载的特定使命或功能来分类，主要有品牌推广类、产品营销类、公益宣传类等。品牌推广类，以宣传品牌或产品为主，旨在提升品牌知名度和品牌或产品形象。产品营销类，展示产品的独特卖点和使用场景，激发用户的购买欲望。公益宣传类，传递正能量与社会责任感，呼吁公众关注社会问题。

二、短视频的特征

数智传播时代，短视频以其独特的方式影响着现代人的认知。这种融合了技术创新和文化元素的新媒体形式，有五个核心特征值得关注，它们正逐步改变着内容产业的运作基础。

其一，时间浓缩的创新表达。短视频最明显的特点是时长简短，15 秒到 3 分钟的时长迫使创作者在有限的时间里完成信息筛选和情感传递。抖音“黄金 3 秒法则”要求创作者做到像魔术师一样，在极短时间内最大化吸引用户注意。这种时间压缩并非简单删减，而是催生出新的叙事方式——慢镜头特写与快节奏剪辑的交替、长镜头留白与碎片化场景的拼贴，创造出比传统影视更有冲击力的视觉效果。就像快手上的“三农”博主，用 20 秒就能展示作物从播种到收获的全过程，时间的折叠和展开，给短视频带来了独特的戏剧效果。

其二，感官轰炸的视听装置。短视频提供了丰富的感官刺激，4K 高清画质和杜比音效的技术支持，极具视听冲击。美妆博主展示口红颜色的变化、美食创作者呈现的锅中焦糖色的翻滚气泡、户外探险者用无人机拍摄的雪山云海等，都在挑战人们的感官极限。这种视听强度甚至形成了一种新的美学风格——“ASMR① 沉浸体验”视频，通过放大咀嚼声、水流声等环境音，让用户有身临其境的感觉；“技术流”创作者则通过慢镜头和卡点剪辑，将日常场景变得如同精密的机械视觉作品。

其三，参与式创作的实验场。短视频平台打破了传统媒体的单向传播模式，营造了一个用户深度参与的创作环境。美颜滤镜、贴纸模板、AI 换脸等简单易用的工具，让专业影视制作变成了全民可以参与的活动。“模板创作”功能让普通人也能在三分钟内制作出电影级 Vlog；“合拍”模式则让用户从旁观者变为共演者。技术平权带来了独特的文化现象，比如，农民工群体用工地纪实视频解构精英叙事，银发族通过变装秀打破年龄刻板印象。当云南傈僳族少年用自制滑翔伞短视频收获百万点赞时，我们看到的不仅是内容生产，更是数字时代的民间叙事革命。

其四，算法驱动的生态进化。短视频平台通过智能推荐算法构建了内容的生命循环，像是不知疲倦的观察者，持续记录着用户的每一次点赞、停留和划走。这个精密的信息筛选系统，既带来“信息茧房”的隐忧，也催生了内容的进化——那些掌握流量密码的创作者，不断调整内容以适应算法，获得持续的生命力。知乎“盐选故事”在悬疑短剧结尾设置互动选项，实际上是将用户的选择转化为算法可以识别的数据；抖音“挑战赛”模式则像是一个设定好的框架，引导用户在特定主题下创作内容。

其五，社会情绪的镜像反映。短视频最终成为社会情绪的反映，它既记录了时代的瞬间——比如，新冠疫情防控期间的阳台音乐会视频，承载着集体的焦虑和抗争；也加速了文化的变迁，比如，一个“雪糕刺客”的梗在 48 小时内引发全国零售终端定价策略调整。文化流动性在平台上形成了独特的“模因生态”，比如，东北方言的梗可能被长三角的用户改编成商业广告，彝族的歌舞可能被改编成电子音乐素材。当河南卫视的《唐宫夜宴》传统文化 IP 被拆解成无数二次创作的短视频时，我们看到的不仅

---

① ASMR，全称为 Autonomous Sensory Meridian Response，中文为“自发性知觉经络反应”，是指一种愉悦的体现。具体表现为始于头皮，在身体中由上到下传播“触电般”的感觉，它能在一瞬间调动身体的感官，让人有放松、镇静的愉悦感觉。

是文化的传承，更是数字时代人们对文明基因的重新诠释。

在这场没有终局的媒介进化中，短视频的特点仍在不断变化，它既是技术理性的精密造物，也是人类感性的数字外延，在可量化的数据洪流与不可测的创意火花间，持续地书写时代。

三、短视频广告的演变

短视频广告从初步引入的试探性尝试，到快速发展期的多元化探索，再到智能化、精细化的现阶段，见证了广告行业对新媒体与智能媒体形式的深刻理解和积极拥抱。在这个过程中，短视频广告不仅重塑了广告的传播方式和效果评估体系，也引领了数字营销的新趋势，展现出巨大的发展潜力。

（一）视频广告

短视频兴起前，视频广告形式较为传统，通常通过电视、网络平台等多种媒介广泛播放，时间相对较长，内容详尽且丰富，旨在通过全方位、多角度的展示，让观众对产品或服务有一个全面而深刻的认识。

1. 电视广告

这类广告随着20世纪40年代电视机的出现而出现。1941年美国正式播出了商业电视广告。第二次世界大战以后，电视得到了迅速发展，尤其是20世纪50年代美国首创彩色电视之后，使这一媒体成为最理想的广告传播媒体。20世纪50年代中期开始，电影制作技术被引入电视广告的制作中，进一步丰富了电视的画面语言，多种广告表现技巧也使电视广告的视听效果达到了几近完美的程度。中国本土第一条电视广告是1979年1月28日由上海电视台播出的“参桂补酒”广告。这则广告时长1分35秒，由5个插片画面组成，没有使用任何运动镜头，很像是电视新闻片。尽管如此，它在本土广告历史上的重要意义也是不言而喻的。

电视广告覆盖面广，收视率高，对观众而言具有“入侵性”。电视广告可以迅速穿越空间到达电波能覆盖的任何地区，直接进入千万个家庭，接受者理解电视广告内容基本可不受文化知识水平、年龄、职业、性别的限制。对于一般观众来说，只要打开电视机，电视广告就会以各种不同方式“侵入”视线，带有强迫性。

电视广告具有强烈的艺术感染力。电视广告集语言文字、人物、动画、音乐、商品于一体，是一种综合表现力很强的感性媒体。每一则电视广告基本上都有一定的情节、构思和艺术内涵，所以有人评价电视广告是一部缩微的小电影，在艺术上甚至比电影更精致、更讲究。

电视广告要受时间限制，但有重复性。电视广告播出的费用较之其他广告媒体更加昂贵，它是以秒为基本单位计算收费的。广告主从经济效益的角度考虑，一般要求一则电视广告要在30秒内完成。电视广告的每一个镜头也相当短，有的只有几个画格，稍纵即逝。再加上，电视广告不能方便地保留、传阅和反复观看，不便于记忆，尤其是一些信息量大的商品很难记住。所以，电视广告只有播出次数多、反复出现，才能给观众留下深刻的印象。重复性可弥补电视广告时间短的弱点。

2. 网络视频广告

在短视频兴起之前，网络视频广告是互联网广告领域中的一个重要分支。它依托网络平台，以视频形式呈现，旨在通过动态影像和声音的组合，向目标受众传递产品或服务的信息。这一时期的网络视频广告，相较于传统的电视广告，具有更加灵活的投放方式、更广泛的受众覆盖、更低的成本投入等优势。

在网络视频广告的早期阶段，其主要形式包括在线视频贴片广告（如视频前的广告插播）、视频内嵌广告（如视频中的品牌植入），以及视频分享网站的广告展示等。这些广告通常具有较长的播放时长，内容相对完整，能够较为详细地介绍产品或服务的特点与优势。

随着互联网的快速发展与用户需求的不断变化，网络视频广告也面临着诸多挑战。一方面，用户对广告的耐心与注意力日益减少，传统的长视频广告形式难以有效吸引用户的关注；另一方面，随着短视频平台的崛起，用户更倾向于观看简短、精练的内容，这也促使网络视频广告向更加简短、有趣、互动性强的方向发展。

3. 微电影广告

这是网络视频广告领域中的一种高端形态。这类广告通常拥有较长的时长与完整的故事情节，采用电影化的手法进行拍摄与制作，力求在视觉与情感上给予用户极致的沉浸体验。微电影广告不仅注重产品或服务的展示，更强调通过故事情节的展开，传递品牌理念与价值观，从而与受众建立更深层次的情感连接。在数智传播时代，微电影广告已成为众多品牌塑造品牌形象、提升品牌价值的重要工具之一。

（二）短视频广告

随着社交媒体和移动互联网的快速发展，信息流广告作为一种新型广告形式开始受到关注。初期的短视频广告主要借鉴了 Facebook（脸书）和 Twitter（推特）等国外平台的信息流广告模式，通过大数据和推荐算法技术，针对用户兴趣进行精准投放。2016 年，抖音短视频社交软件正式上线，迅速积累了大量用户，为广告业务的拓展奠定了坚实基础。随着抖音平台的成熟，其广告形式也日益丰富，除了信息流广告外，还推出了开屏广告、搜索广告等多种广告类型。

短视频广告与社交媒体平台彼此借力，在广告生态、技术升级、内容营销方面对广告业做出了更新。以抖音为例，已经形成了包括品牌广告、效果广告、原生广告在内的多元化广告体系；在产品技术方面，抖音推出了 DOU+、直播间 Feed 流等创新广告产品，利用大数据和 AI 技术，短视频广告实现了更加智能化、精细化的投放，广告主可以根据用户画像和行为数据，精准定位目标受众，提高广告转化率和投资回报率；抖音引领了内容营销革命，广告主通过与热门 KOL 或网红合作，创作符合平台调性和用户兴趣的广告内容，实现品牌曝光和用户转化的双重目标。

短视频广告的兴盛带来了流量裂变与创意革命的狂欢，昭示着一个新时代的来临——广告不再是内容的附庸，而是驱动商业文明演进的核心引擎。短视频广告完成了从“流量生意”到“生态经济”的质变，这种变革不仅重塑了营销规则，更深层次地改写了现代人的消费认知与生活方式。

首先，在形式上，广告与内容的边界逐渐消解，表现在三个方面：一是信息流广告原生融合。抖音在 2017 年推出的“TopView 超级首位广告”，以全屏沉浸式体验打破传统贴片广告的干扰性。比如，某汽车品牌首条 TopView 广告采用“第一视角驾驶”创意，用户下滑瞬间仿佛坐进驾驶舱，首日互动率提升 300%。二是挑战赛营销病毒裂变。品牌通过发起话题挑战激活用户共创，将广告变成社交货币的玩法，重构了品牌与消费者的权力关系。三是 KOL 生态的产业化崛起。完整的达人营销产业链形成，以某直播间短视频切片为例，其团队将直播精华剪辑成数百条短视频二次分发，单条视频可撬动百万级 GMV（Gross Merchandise Volume，商品交易总额）。MCN 机构开始按“人设标签—粉丝画像—商业价值”矩阵孵化达人，建立起从内容生产到数据监测的标准化流程。

其次，在技术上，推荐算法全面成熟。抖音的“去中心化”算法体系，将广告与原生内容置于同一流量池竞争，每条广告必须通过完播率、互动率等数据指标的“生存考验”。这种机制倒逼广告内容进化，如某国产美妆品牌在抖音投放的 15 秒口红试色视频，因精准卡点“上班通勤”“约会急救”场景，获得算法持续推荐，单条视频带货量突破百万，验证了“内容即广告”的可能性。与此同时，AI 创作工具的普及降低了广告生产门槛。快手的“一键生成”模板让县域商家也能制作专业级广告；巨量引擎的“智能剪辑”功能可自动提取商品卖点生成视频。技术平权使得小微企业与国际品牌首次站在同一起跑线竞争。

再次，在消费逻辑上，从仅曝光迈向品效合一，这表现在三个方面：一是即时转化闭环构建。抖音小店、快手小店的相继上线，使“刷视频—点购物车—下单”极其便捷和丝滑。二是数据驱动动态优化。品牌可通过云图等工具实时监测“曝光—点击—转化”的全链路数据，快速调整策略，提高转化率。三是私域流量沉淀战略。微信视频号凭借社交链优势，开创“短视频+社群+小程序”的闭环生态，如品牌通过视频号发布短视频，引导用户添加企业微信，再通过社群分发优惠券，精准触达目标受众，降低广告成本。

最后，在文化上，短视频广告成为社会情绪的载体。国潮复兴运动、下沉市场觉醒及价值观营销的突破，展现出短视频广告强大的文化塑造力。品牌不仅能够传递产品信息，还能够引发社会共鸣，传递正能量和价值观。

（三）微短剧广告

微短剧广告是短视频领域中的一种创新尝试。结合微短剧内容和广告营销，这类广告通过连续的故事情节，将产品或服务巧妙地融入其中，通过短小精悍的剧情吸引用户，其独特的“爽感”与情绪价值衍生强烈的消费动力，把流量转化为销量。通常，微短剧由短视频平台或电商平台提供流量支持，品牌通过与微短剧创作者的合作，进行品牌植入或定制剧集，以最大化实现广告效果。

短剧领域内部存在不同的分类，其中，微短剧与当下极为流行的小程序短剧在商业运作逻辑上有本质差异。小程序短剧一般依赖投放流量来吸引用户的注意力，主要搭载微信小程序，如“金枝看剧”等，也有以 APP 形式将短剧聚合起来的，如“红果短剧”等，一旦用户被吸引并跳转到小程序或 APP 内，便会以精彩的剧情作为“钩子”，激发用户付费意愿或者付出时间收看广告从而获得免费观看次数的行为。

相比之下，微短剧则遵循账号逻辑，直接发布在短视频平台上，品牌方可以选择将产品信息巧妙地植入剧情之中，或者在视频屏幕下方添加商品跳转链接，以此来实现营销的目的。微短剧广告以品牌定制剧为主，品牌方可与 MCN 机构、专业影视生产公司合作。比如，护肤品牌韩束与 MCN 机构的头部达人深度绑定，接连推出 5 部品牌定制微短剧，总播放量共计 49 亿次，获得流量关注后，韩束立马通过自播和达播方式打造爆款系列护肤品；护肤品牌珀莱雅与专业影视公司旗下的微短剧厂牌合作，以女性成长题材为主，通过微短剧场景传递品牌价值，播放量超过 6 亿次，借助微短剧场景传递品牌价值，同时加大品牌自播力度，与粉丝、消费者直接对话；另一护肤品牌丸美，则是达人和专业影视公司两手抓，覆盖题材广泛，将定制微短剧的女主角设置成丸美集团的千金，剧外文案带上了“丸美四抗”的话题，用户点击话题便可直接跳转到品牌官方直播间，一键直达购买。此外，其他品牌如飞鹤奶粉、洁丽雅毛巾、茶百道等也纷纷涉足微短剧广告，推出定制剧并借助明星效应与流量达人来提升品牌知名度和转化率。

电商平台也将微短剧作为整合营销的一环，比如，“618 大促”期间，古麦嘉禾商业定制微短剧获天猫国际冠名，并在天猫平台配套推出多样玩法；“38 节大促”前后，京东新百货在古风微短剧单集番外中亮相，实现口碑飞跃；淘特 APP 也与快手携手推出了 9 部微短剧，并在平台内设置话题与品牌定制入口，提升“淘特年货节”的影响力。

微短剧广告的主要特征包括五个：一是强节奏与高反转。与传统长剧不同，微短剧注重快速吸引观众注意力，一般时长较短，但内容紧凑、情节高能，能够在短时间内形成观看的“爽感”。二是品牌植入更直接。广告内容通常通过品牌植入或定制剧情的方式自然融入，产品或品牌与剧集的情节、人物关系紧密结合，不会过于生硬。三是精准的受众定位。微短剧的投放往往基于 MCN 机构和短视频平台的数据分析，精确地根据目标人群的兴趣进行定制。四是转化效率高。微短剧不仅增加品牌曝光，也常与电商平台合作，在微短剧中加入购物链接、产品推广等元素，从而直接引导观众向购买转化。五是情绪驱动。微短剧通过塑造人物形象和剧情设置，引发观众的情感共鸣，以情绪价值驱动消费欲望。

微短剧广告在短视频广告领域已经崭露头角，凭借其高效的传播方式、紧凑的剧情及其与电商平台的结合，成为品牌营销的新趋势。随着市场的成熟和精品化要求的提高，未来微短剧广告将会更加注重创意和精准营销，以保持其在广告市场中的竞争力。

第二节　短视频广告文案的构成要素

短视频广告文案通常包含视频画面、音频及文字说明，通过动态的画面和声音来吸引用户的注意力，同时文字说明用于补充或强调关键信息，通过视频剪辑、特效、配乐等手段来增强视觉效果和听觉体验，使广告更具吸引力和感染力。短视频广告文案通常具有更强的互动性，观众可以通过评论、点赞、分享等方式参与广告互动，增强广告的传播效果。

在短视频广告中，关键区域的广告文案创作尤为重要，它们相互配合、相互作用，共同形成一个引人入胜且有效的短视频广告。

一、封面图文：“3 秒定生死”的视觉“钩子”

短视频封面作为内容的首要展示窗口，其设计的重要性不言而喻。在信息爆炸的今天，一个出色的封面能在 3 秒内迅速抓住用户的注意力，成为决定“生死”的关键。封面设计的核心功能就是在众多信息中制造视觉停顿，让用户不由自主地驻足，进而激发他们的点击欲望，以深入了解产品或内容。

设置短视频封面，需要注意以下四点。

1. 高对比度色彩冲击

色彩在封面设计中扮演着至关重要的角色，使用高饱和色系吸引眼球是一种策略，它能迅速吸引用户目光，产生强烈的视觉冲击。例如，某护肤品牌广告封面采用黑金渐变背景，中央的产品瓶身在光线的照射下呈现出迷人的反光效果，这种高对比度的色彩搭配不仅提升了整体的视觉效果，还成功吸引了用户的注意力，提高了用户的停留率。

2. 关键信息可视化

在封面设计中，将产品的核心卖点转化为简洁明了的图形符号，能够更有效地传递信息。但这不仅需要创作者有一定的视觉表达能力，还需要其深入理解产品特性与用户心理，确保所选图形符号精准传达卖点。

3. 人物情绪特写

人物的情绪特写也是封面设计中的重要元素，一个生动的表情能够瞬间传递出产品的使用体验，激发用户的共鸣。封面设置须捕捉并放大这种情绪表达，确保它既能吸引用户的眼球，又能准确反映视频精髓，从而在众多内容中脱颖而出。

4. 文字吸引力

可用开放式问题、情绪感叹结合数字制造悬念，如彩妆品牌橘朵用“因为 5 年 259 种颜色”作为封面文字（图 8-1），让用户产生好奇——259 种颜色指的是什么？5 年又与 259 种颜色有什么关系？用户自然就会点进去一探究竟（见章首二维码 8-1 广告视频）。再比如，

图 8-1 “橘朵”短视频封面

教育类广告的封面文案——“为什么她30天雅思从5到7?”，将抽象概念转化为可感知的量化指标，实现数字具象化；如扫地机器人广告的封面文案——“1次清扫=手动擦地10遍”，直击痛点，以目标用户视角描述亟待解决的问题；如防脱洗发水广告的封面文案——“‘90后’已经开始戴假发了?”，直击焦虑，触发点击。

二、标题与作品描述：文字精准狙击

标题是短视频广告文案的首要元素，它负责吸引用户的注意力并激发其兴趣。一个好的标题应简洁明了、新颖独特、具有吸引力，能够快速传递广告核心信息，迅速抓住用户眼球。作品描述指短视频主要内容的简介。作为视频内容的第二道认知门槛，一般要在20字内完成信息传递，同时拥有兴趣激发与行为引导的双重任务。标题与作品描述的核心功能在于补充视觉信息，在滑动惯性中植入并强化行动指令。值得注意的是，此处是算法抓取的关键文本区，须兼顾搜索优化与行为驱动。

标题和作品描述的创作策略相似，主要是抓人眼球和表意清晰，同时需要注意如何运用流量规则帮助短视频提高曝光量，引导用户进行更深度的互动，具体包含以下四点。

1. 关键词埋点

通常前3个词植入核心卖点词与场景词，例如，“新生儿手口专用|食品级成分”作为某婴儿湿巾的标题，直接点明了产品的使用对象（新生儿）和关键卖点（食品级成分，安全可食用），精准触达有新生儿护理需求的家长。

2. 悬念制造

用户在“认知补偿”的心理作用下，往往对那些未知或未完全了解的事物充满好奇，因此制造悬念缺口，可以激发用户的探索欲。句式模板如“90%的人不知道的××技巧”或“被问爆的××秘密，今天公开”等，都能有效吸引用户的注意力。

3. 指令型引导

通过“动词开头+利益承诺+行动路径”的文字搭配，可以迅速引导用户采取行动。如某课程广告描述“点击领取丨清华大学学霸的5步笔记法PDF”，以“点击领取”作为动词开头，直接告诉用户接下来的动作；“清华大学学霸的5步笔记法”是利益承诺，展示课程的价值；“PDF”则指明了行动路径，即获取资源的格式。这种结构简洁明了的标题，能有效促使用户点击。此外，包含“免费”“攻略”“揭秘”的标题能大大提高点击率。

4. 社交货币设计

用一些热梗热词如“yyds”“绝绝子”等作为标题的开头，可以迅速拉近与用户的距离，或结合时事热点，都能让标题更加接地气；使用带emoji（表情符号）的描述，不仅增加了图形阅读的视觉冲击，还能活跃交流气氛；激发用户转发的欲望，让用户觉得转发有“人设价值”，比如，某书籍推荐标题可设置为“发到家族群！哈佛教授颠覆性育儿观”，让用户觉得转发这样的内容能彰显自己“爱分享、有见识”的“人设价值”，从而愿意主动传播。

三、#话题：隐秘流量磁铁

话题不是摆设，而是算法识别的内容坐标，其功能在于融入内容生态，撬动平台推荐流量。在短视频正文内容描述后，通常须带上与内容有关的话题标签，更容易被算法识别并精准推送。

话题标签的创作有以下三种。

1. 借势热点话题，搭乘流量快车

热点话题是社交媒体上的流量“金矿”，搭乘热点话题的快车能够为品牌带来大量的曝光和互动。每逢重大节日或特殊事件，如春节、奥运会等，相关品牌会迅速推出与之相关的话题标签，如#春节美食大赛、#奥运会激情瞬间，运用“热点嫁接术”将品牌与热点深度绑定。

2. 品牌专属话题，构建传播主阵地

品牌专属话题是品牌传播的重要阵地，它能够聚合品牌相关的内容和用户，营造品牌独特的传播氛围。这需要品牌自创标签，并吸引用户在此标签下持续共创，形成具有独特个性和有一定原创价值的品牌标签。比

如，护肤品牌珀莱雅率先在国内提出并践行“早 c 晚 a”的科学护肤概念，在社交平台创立“#珀莱雅早 c 晚 a”（图 8-2）话题标签，聚合了大量讨论。

图 8-2 “#珀莱雅早 c 晚 a”抖音话题量

3. 精准垂类话题，渗透细分圈层

精准垂类话题能够深入渗透细分圈层，帮助品牌触达目标用户。“#职场女性穿搭”“#摄影大师之路”等话题标签，都能更有效地触达目标用户。

当然，标签的使用并不只能选用其中的一种，而是可以同时使用多种，如选择品类标签、品牌标签、场景标签等，可构成多阶标签矩阵，达到吸引搜索流量、建立私域流量、激发圈层共鸣的效果。

四、字幕、旁白与贴纸：多感官文字共振

短视频广告文案还可能包含一些其他辅助元素，如对白、独白、旁白、字幕、歌词、画中字、标版（品牌 Logo、品牌名、Slogan、联系方式等）、分享语等。对白指的是在短视频广告中，角色之间的对话，这是传递信息、展现故事情节的重要手段，因此对白的设计需要符合角色的性格和身份，同时能够自然融入广告内容。旁白通常用于解释画面内容、补充背景信息或强调广告主题，需要清晰、准确，同时能够吸引用户的注意力。这些元素可以根据广告的具体需求和创意进行灵活运用，以增强广告的吸引力和互动性。

字幕是视觉焦点，旁白是情绪催化剂，贴纸则活跃了画面，这些辅助元素的运用形成了多感官文字共振，从听觉、视觉等多维度强化信息密度，降低理解门槛。在创作时，可从以下三个方面构思。

1. 动态字幕强调视觉焦点引导

动态字幕能够在视觉上强调关键信息，吸引用户的注意力。比如，某彩妆品牌用流光溢彩的悬挂字幕突出“俊雅东方美　凯启好气色”这一关键信息，抓人眼球，不仅凸显了品牌风格定位，也融入了代言人信息，强

化了消费者对营销活动的记忆。以放大痛点、突出特点、设置悬念等方式创作动态字幕，均可获得用户关注。

2. 魔性旁白强调语音情绪驱动

魔性旁白的设计能够迅速吸引用户的注意力，通过语音情绪驱动用户的行为。比如，一些直播间切片广告中的“OMG！这个颜色也太显白了吧！”就是一句典型的魔性旁白，主播用夸张的语气和生动的描述吸引用户的注意，提升广告完播率。但须注意节奏控制，每15秒设置4—6个情绪起伏点；以及须将产品介绍进行口语化改造，比如，书面语“本品蕴含玻尿酸成分”，可口语化为“脸干到卡粉的姐妹，这里面打的玻尿酸够你的脸喝饱水！”，等等。

3. 互动贴纸强调参与行为激发

互动贴纸能够激发用户的参与行为，提升广告的互动性和传播效果。比如，带有广告歌曲的短视频，通过弹幕贴纸的植入触发用户跟唱、点头等行为，体现了一种独特的广告互动形式；飘屏贴纸“已售10+万件”等，以数据说服用户，激发其购买欲望。与此同时，互动贴纸丰富了行动呼吁（Call to Action，CTA）的表现形式，成为行动呼吁的关键一环。行动呼吁通常是一句鼓励用户采取具体行动的话语或短语，如“立即购买”“点击了解详情”等。互动贴纸可通过更丰富的词语表达结合形象生动的图案，如“戳我领100元券”（利益型）、“点开看结局”（好奇型）、“@那个需要的人”（情感型），更好地达到行动呼吁的目的。

第三节　短视频广告文案的类型及创作原则

与图文广告相比，短视频广告的主要差异在于其动态性和多媒体元素的融合。图文广告主要依赖静态的图像和文字来传递信息；而短视频广告则通过动态的视频画面、音频和文字的有机结合，能够在短时间内吸引用户注意力，并更有效地传递品牌信息或产品特点。此外，短视频广告还具备更强的视觉和听觉冲击力，能够给用户留下更深刻的印象。

在短视频广告的竞技场中，精准的类型化策略是撬动用户注意力的核心杠杆。以下将针对五大主流内容形式，解析创作原则与实战应用逻辑。当然，成功的短视频广告既不是死板地只遵循这五种类型，也不是每种类型的创作原则孤立存在、无法互通，顶级案例往往呈现复合型特征，需要将类型与原则更为多元地组合。

一、告知型

告知型短视频广告的主要目的是直接、简洁地向用户传达产品或服务的信息，包括功能、特点、价格等，其本质就像是在消费者心中构建一个15秒的认知“快闪店”，适用于新品速递（如手机、美妆产品）、限时促销（如电商大促活动）及功能革新（如智能家电的新功能）等场景。告知型短视频广告文案往往使用简洁有力的语言，强调产品特点或优惠信息，应避免冗长的描述，注重信息的准确性和传达效率，并起到快速渲染情感的作用。

创作这类广告时，可遵循以下三个原则。

第一，信息优先级，采用FABE模型来组织信息，即先介绍产品的特性（Feature），然后阐述这些特性带来的优势（Advantage），接着说明这些优势能给消费者带来的利益（Benefit），最后提供证明这些利益的证据（Evidence）。比如，手机新品广告可能会这样说：“我们采用了骁龙8 Gen 3芯片（特性），这让游戏帧率提升了40%（优势），意味着你在团战时操作零延迟（利益），实验室跑分数据也证明了这一点（证据）。”

第二，数据可视化，要求广告文案将抽象的参数转化为消费者能感知的符号。比如，扫地机器人广告可能会将“99.9%除菌率”转化为“地板干净到可以舔”的直观感受呈现，让消费者更直接地理解产品的效果。

第三，情感速燃，指的是在理性陈述中植入感性触点，让广告更具吸引力。比如，香皂广告可能会说：“我们的香皂是pH值5.5弱酸性（理性），这给宝宝肌肤带来了安全感（感性）。”

值得注意的是，告知型短视频广告要尽量避免说明书式的罗列，避免枯燥乏味的陈述，而应该通过构建“痛点—方案”的强关联，在用户心中树立关心真问题并积极解决问题的靠谱品牌形象。

二、故事型

故事型短视频广告通过讲述一个与产品或服务相关的故事，吸引用户的注意力，激发他们的情感共鸣，并传达品牌价值观。通过搭建消费者价值认同的移情通道，故事型短视频广告往往使用情感化的语言，意图与用户建立情感联系，具有情节性，注重情感渲染，通过故事来传达产品或服务的深层价值，适用于品牌理念输出（如公益倡导）、文化赋能（如国潮复兴）及情感营销（如节日节点）等场景。

创作这类广告时，可遵循以下两个原则。

第一，三幕剧结构，它包括困境（10%）、转折（30%）和升华（60%）三个部分。“困境”，即设定故事的背景和问题，展示主角面临的挑战或冲突；“转折”则是故事发展的关键，主角通过一系列行动或事件找到解决问题的线索或方法；“升华”则是故事的高潮，展示主角如何克服困难、达成目标。

第二，情感锚点设计，创作者要在每 30 秒设置一个情绪爆点，以吸引消费者的注意力。情绪爆点可以是冲突解决、角色转变、意外转折等，旨在触动用户的情感，使其产生强烈的情绪反应。情绪爆点广告文案的创作，应紧密围绕广告主题和产品特性，同时考虑目标受众的情感需求。例如，在一段讲述母子亲情的短视频广告中，情绪爆点可以设置为母亲在孩子离家多年后，首次收到孩子亲手制作的礼物——“那一刻，岁月仿佛静止。她的眼中，闪烁着久违的泪光，不是因为岁月的沧桑，而是因为这份跨越千山万水的爱，终于回到了她的身旁。××产品，让爱，不再等待”。

通过 AI 写作工具，如“彩云小梦”智能 AI 故事写作、“创一 AI”脚本撰写等，可生成、优化故事型短视频广告的拍摄脚本，帮助创作者拓宽创作思路、快速生产内容。

三、代言型

代言型短视频广告文案主要依赖明星、网红等代言人的影响力，通过他们的推荐和体验来展示产品或服务的优势，以他们的影响力和公信力来吸引用户，构建“人—货—场”的信任三角，提高产品信任度和销量。代言型短视频广告文案通常包括代言人的台词和推荐语，强调代言人与产品或服务的契合度，以及他们的使用体验，以真诚、坦白和证明化的用语为主，获取用户信任，适用于功效型产品（如保健品）、决策高风险品类（如母婴用品），以及同质化赛道（如美妆产品）等场景。

创作这类广告时，可遵循以下四个原则。

第一，信任矩阵完善，包括专业背书（如医生、专家的推荐）、体验背书（如 KOL 的试用分享）、数据背书（如检测报告中的权威数据）。比如，手表广告可能会邀请瑞士设计师解读设计理念（专业背书），某明星或知名配饰类博主日常佩戴（体验背书），并展示销量榜数据（数据背书）。

第二，体验真实感塑造，通过设置产品使用的前后对比，消费者能更直观地看到效果。比如，一些护肤广告可能会要求主播采用“素颜出镜—即时使用—特写对比”的三段式结构，伴随简明的产品使用前后的对比解说，突出产品的功效。

第三，人设产品共生化，挖掘代言人与产品的精神契合点，让代言人成为产品的代言人，而不是简单的形象代言。比如，请某奥运新秀作为代言人，可使用“年轻就要尽 99% 的努力”这样的口号，引发奋斗者的共鸣。

第四，进行代言人、KOL 与素人的合理匹配和组合投放，为不同的主体定制差异化广告文案，提高转化率。

社交媒体平台自带的营销工具，可以用来查询 KOL 数据，比如，抖音“巨量星图”、小红书“蒲公英”等，通过筛选模型，帮助品牌匹配合适的合作者。

四、剧场型

剧场型短视频广告文案通过模拟一个与主剧内容相关的场景或情境，将产品或服务融入其中，通过情节和角色的演绎来传达产品或服务的价值，延展用户对主要剧情的体验，构建产品的情景记忆点。剧场型短视频广告文案具有完整的情节和角色设定，并且与主剧相关，强调情节的吸引力和角色的表现力，适用于生活方式品类（如家居产品）、社交属性产品（如饮品），以及体验型服务（如旅游项目）等场景。

创作这类广告时，可遵循以下四个原则。

第一，场景颗粒度控制，锁定适量核心使用情境，让消费者在熟悉的场景中联想到产品。比如，床垫广告可能会展示加班族失眠、情侣周末赖床、老人起夜安全这三种情境。

第二，角色结构设计，覆盖核心用户及关联人群，让广告更具包容性和共鸣性。比如，奶粉广告可能会模拟新手妈妈、长辈、儿科医生的对话场景。

第三，产品戏剧化呈现，制造“危机—解决”的情节张力，让广告更具故事性和吸引力。比如，消毒液广告可能会通过“野餐打翻食物—快速消毒—安心进食”的微剧情来展示产品的效果。

第四，可以尝试将产品植入变成剧情彩蛋，让消费者在自主发掘产品信息的过程中增强互动感。《繁花》这部剧以黄河路小卖部老板景秀为剧后彩蛋的主角，植入美团团购广告（见章首二维码8-2广告视频），自然流畅，仿佛正片的延续，追剧期间大家都在期待这则广告，因为可以从景秀口中获得“剧透”。美团团购这一品牌通过剧场模式的融入，保证了用户的观剧体验。

五、系列型

系列型短视频广告通过多个短视频组成一个完整的故事或系列，通常是在一定时期内连续发布的一系列广告，这些广告在主题和风格上保持一致，但在内容和表现上有所变化，每个视频都围绕一个主题展开，共同传递品牌信息，打造品牌记忆的复利效应。系列型短视频广告文案应具有连贯性和一致性，保持统一的广告语，但又在每则广告内容上呈现差异，同时这些差异化的内容均需要围绕核心广告语展开，强调系列广告的整体效果，通过连续发布来增强用户的记忆，适用于品牌升级（如VI焕新）、产品线拓展（如汽车换代），以及长期营销（如年度Campaign）等场景。

创作这类广告时，可遵循以下三个原则。

第一，符号强化机制设置，在每期广告中重复核心视觉或语音符号，以增强消费者的记忆。比如，奥利奥的“扭一扭，舔一舔”动作就贯穿在其十多年的系列广告中。

第二，悬念链设计，在每集广告中预留未解之谜，以引发消费者的好奇心和持续关注。比如，京东“618”的悬念广告就通过“神秘盒子”连续剧带动了搜索量的日均增长。

第三，版本迭代推进，通过基础版（功能介绍）、进阶版（情感共鸣）和限量版（稀缺性营销）等不同的版本迭代来吸引消费者的注意力。比如，花西子的“苗族印象”系列就分为“工艺揭秘—文化溯源—限量发售”三波次进行推广。

当然，系列短视频广告也可综合运用上述原则，比如，饿了么星选“好运餐”系列广告（见章首二维码 8-3 广告视频），通过塑造“李智”这一人物符号，以 5 个小故事“薪资翻倍吃出来”“职场得意吃出来”“颜值暴增吃出来”“桃花朵朵吃出来”“人生赢家吃出来”，打开人物命运与食物关系的脑洞，笑点连连。

延伸阅读

1. 潘霁，周海晏，徐笛，等．跳动空间：抖音城市的生成与传播［M］．上海：复旦大学出版社，2020.

2. 真实故事计划．快手人类学［M］．北京：台海出版社，2021.

3. 李恩英．流量扶持：一本书读懂 MCN［M］．李倩，译．北京：中国人民大学出版社，2023.

4. 秋叶．抖音思维［M］．北京：台海出版社，2022.

5. 林桂枝．秒赞：文案女王 20 年创作技巧与心法［M］．北京：中信出版社，2021.

6. 王小亦．短视频文案：创意策划、写作技巧和视觉优化［M］．北京：化学工业出版社，2021.

7. 吕白．从零开始做内容：爆款内容的底层逻辑［M］．北京：机械工业出版社，2020.

思考题

1. 短视频广告文案的类型有哪些？它们分别遵循怎样的创作原则？

2. 谈谈令你印象深刻的一则短视频广告，分析其广告文案构成要素的特征。

3. 请任选一个品牌，为其一款产品或服务创作系列短视频广告文案(每个系列不少于3组)。

第九章

直播广告文案创作

第九章 直播广告文案创作

第一节 直播的类型及特征

一、主播类型
二、直播场景
三、直播品类

第二节 直播话术

一、主播话术
二、助播捧哏
三、多平台适配策略

第三节 直播间字幕

一、装饰区字幕
二、消费区字幕
三、评论区字幕

导读：

直播行业已成为当下广告营销的重要手段，其以即时互动场景丰富、信息传递效率高、用户群体广泛等特点，迅速吸引了大量个体经营户与品牌商家“入局”。直播广告文案创作的重要性不言而喻，优秀的直播广告文案不仅能够吸引用户的注意力，提高直播的观看率和转化率，还能够塑造品牌形象，增强用户的忠诚度和黏性。因此，如何创作出具有吸引力、创新性和针对性的直播广告文案，已成为品牌和营销人员必须面对的重要课题。本章将围绕直播的类型与特征、直播话术与直播间字幕，探讨直播广告文案创作的核心技巧和方法。

本章学习目标：

1. 了解主播类型、直播场景与直播品类划分。
2. 了解主播话术、助播话术与多平台适配策略。
3. 了解直播间装饰区、消费区与评论区的字幕创作。

本章案例与分析：

将有一定知名度与热度的主播直播片段、媒体访谈视频作为参考资料。

扫一扫

扫描二维码欣赏案例

第一节　直播的类型及特征

直播，全称为“网络直播”，是一种依托互联网技术，实现音视频内容的实时在线传输与观看的新媒体形式。主播通过特定的直播平台或软件，将自己的实时音视频信号发送给互联网用户，而用户则可以在任何具备网络连接的地方，通过电脑、手机等终端实时观看直播内容，并与主播进行互动。

直播的发展历程与互联网技术的飞速发展紧密相连。从最初的萌芽到如今多元化应用，直播已经从一个简单的概念成长为一种具有深刻内涵和社会影响力的媒体形态。追溯直播的起源，我们可以发现，它并非一蹴而就，而是经历了长时间的演变和积累。在直播的早期阶段，它主要以 PC 端为载体，内容相对单一，主要集中在秀场直播等领域。随着移动互联网的迅猛发展，直播逐渐从 PC 端转向移动端，这一转变极大地拓宽了直播的主播和受众范围，使得直播内容更加多元化。从最初的娱乐直播，到后来的游戏直播、教育直播、电商直播等，直播的应用场景不断拓展，成为一种全新的媒体传播方式。当前，直播行业格局正从“百花齐放”向“巨头争霸”过渡，流量、主播和资本开始向头部平台聚拢，直播电商获得爆发式增长。直播内容渗透到电商、体育、财经、教育、社交、音乐等各个领域。

进入数智传播时代，直播的概念和内涵得到了进一步丰富和发展。数智化技术的应用，使得直播的互动性、实时性和个性化程度得到显著提升。用户不再只是被动地接收信息，而是可以通过弹幕、评论、点赞等方式与主播进行实时互动，甚至参与到直播内容的创作中来。同时，数智化技术也为直播带来了更多的可能，如虚拟主播、智能推荐等创新应用，使得直播行业呈现出更加多元化和个性化的发展趋势。在数智化技术的推动下，直播将成为一种更加高效、便捷、互动的媒体传播方式，一种重要的营销手段。

一、主播类型

主播是直播中最关键的人物，是直播内容的创造者和传递者，直接决定了直播的吸引力和用户的参与度。他们不仅是直播活动的核心，也是品牌与用户之间沟通的桥梁。主播是内容创作者，无论是娱乐性质的才艺展示、幽默段子，还是教育性质的知识分享、产品讲解，主播都需要根据自己的定位和用户需求，设计并呈现出有吸引力的直播内容；主播是信息传递者，需要准确、清晰地传递品牌信息、产品信息或活动详情，确保用户能够理解和接受，还须具备将复杂信息简化表达的能力，以便不同层次的用户都能轻松理解；主播是互动引导者，直播的魅力在于即时互动性，主播需要主动引导用户参与互动，如提问、投票、抽奖等，以增强用户的参与感和归属感，收集用户反馈，及时调整直播内容和节奏，增强直播效果；主播是品牌形象代言人，他们的言行举止、穿着打扮都会影响用户对品牌的印象，主播需要了解并认同品牌文化，以积极、正面的形象展现给用户；主播也是情绪管理者，需要面对各种突发情况和用户的不同情绪反应，具备情绪管理能力，保持冷静，理性地处理各种情况，用积极、乐观的态度感染用户，营造良好的直播氛围。

（一）按照主播身份来划分

1. 个人 IP 型

个人 IP 型主播是指通过自身特色和内容创造形成独特个人品牌形象和影响力的主播，在直播内容、风格、形象等方面都有明确的定位。董宇辉就是典型的案例，通过塑造“知识+直播”的个人风格（见章首二维码 9-1 广告视频），他积累了大量粉丝，随之而来的是个人影响力的增强与个人 IP 价值的体现。随着个人品牌的建立，个人 IP 型主播会吸引众多品牌和企业的关注，实现个人价值的最大化。

2. 明星达人型

明星达人型主播凭借个人影响力和粉丝基础，吸引大量用户。在直播中，他们巧妙地将个人风格与产品相结合，用户在享受他们带来的娱乐和欢乐的同时，也容易被他们推荐的产品吸引，实现销量与口碑的双赢。

3. 品牌自播型

品牌自播型主播代表企业或品牌进行直播，旨在推广产品或服务。在直播中，他们不仅介绍产品的特点和功能，还分享品牌的价值观和理念，激发用户产生情感共鸣，从而建立品牌信任。这种直播形式不仅有助于提高品牌知名度和美誉度，还能有效促进销售转化，为企业带来可观的商业回报。

4. 专家权威型

专家权威型主播在特定领域有深厚的知识和技能，如美妆博主、汽车测评师等。他们凭借自己的专业素养，为用户提供有价值的信息和独到的见解。在直播中，他们不仅展示产品的特点和优势，还分享实用的技巧和经验，让用户在购物的同时也能学到新知识。

（二）按照直播内容来划分

1. 游戏主播

游戏主播主要直播自己玩游戏的过程，向用户展示游戏技巧、攻略等，并与用户分享游戏乐趣。这类主播通常会选择热门游戏进行直播，如《英雄联盟》《王者荣耀》《绝地求生》等，分为通关直播、解说直播等。

2. 娱乐主播

娱乐主播的内容更为多元化，包括唱歌、跳舞、器乐、搞笑表演等才艺展示，通过才艺吸引用户。这类主播通常具有一定的艺术天赋和表演能力，能为用户带来欢乐和愉悦，与用户进行互动，如聊天、讲段子等，增强用户参与感和黏性。

3. 生活主播

生活主播多分享自己的日常生活、旅行经历、饮食文化等，吸引对生活方式感兴趣的用户。这类主播通常会选择具有特色的生活场景进行直播，如烹饪美食、旅行探险、家居装饰等，分享自己的生活经验和感悟，与用户进行交流和互动。

4. 教育主播

教育主播专注于知识分享，涉及语言学习、编程、绘画、法律咨询等领域。他们的目标是帮助用户获取新技能和提高自身的知识水平。这类主播通常具有丰富的专业知识和教学经验，能够为用户提供高质量的学习资源和指导。

5. 电商主播

电商主播通常与电商平台合作，在直播中介绍和销售商品。通过展示商品的特点、使用方法等，激起用户的购买欲，促进商品销售。这类主播通常具有一定的销售技巧和营销能力，能够有效地与用户进行沟通和互动，提高商品的转化率。

6. 户外主播

户外主播多直播自己户外旅行、探险等经历，与用户分享户外美景和趣事。这类主播通常会选择具有特色的户外场景进行直播，如山川湖泊、古迹遗址等，分享户外生存技能和经验，为用户带来独特的观看体验。

二、直播场景

直播场景指进行直播活动所设定的具体环境或背景，它不仅是直播内容的载体，也是用户感知直播氛围、情绪的重要元素。直播场景的设计对于提升直播的吸引力、增强用户的参与度和沉浸感至关重要。直播场景的构成包括以下五个方面。

① 物理空间，它是直播实际发生的物理环境，比如，室内直播间通常配备专业的灯光、音响设备，以及符合直播主题的背景装饰，或者户外直播时选择的自然风景、城市空间等。

② 虚拟背景，比如，主播可使用绿幕技术，结合视频编辑软件，将实际直播环境与虚拟背景相结合，创造出丰富多样的视觉效果。

③ 氛围营造，如以灯光、音乐、色彩、画外音、道具、布景等元素的搭配营造不同的氛围，如温馨、活泼、庄重等，以符合直播的主题和情绪。

④ 互动元素，如互动区域、用户留言、抽奖活动等，激发用户的参与热情，增强直播的互动性和趣味性。

⑤ 品牌元素，如品牌 Logo、色彩、风格等，以强化品牌形象，提升品牌认知度和忠诚度。每逢大促，如“618”“双十一”等，直播间场景须配合平台需求予以调整，营造全平台狂欢购物的氛围。

图 9-1 电商直播间场景图

（一）按照直播内容的主题划分

1. 电商直播

电商直播是以产品销售为核心的直播类型，其场景设计倾向于展示型（图 9-1）。主播会在精心布置的直播间内，详细描述产品的使用场景、使用方法及使用效果。当然，也有些电商直播非常“简单粗暴”，比如，“九块九上车”“只要九块九”等只说价格而不做详细的产品解说，或者以低价为主要策略又以聊天的形式频频“爆梗”从而建立差异化的直播风格等（见章首二维码 9-2 广告视频）。

2. 秀场直播

秀场直播强调娱乐性和观赏性，主播往往通过别出心裁的妆容造型和舞台设计，打造出一种剧场式或综艺式直播场景，放大娱乐效果，满足用户对于新鲜感和刺激性的追求，成为许多才艺主播展示自我、积累粉丝的重要场景。

3. 运动直播

运动直播兼顾专业性与舒适度，比如，健身、瑜伽等直播往往可以在家庭环境或健身房内进行，家庭环境温馨舒适，适合初学者和寻求轻松氛围的用户；而专业健身房则提供了齐全的健身设备和专业的训练环境，适合有一定基础的用户。公园、海滩、山顶等也是不错的选择，能够结合自然元素，提升训练的愉悦感和放松度。

4. 生活直播

生活直播的场景更加贴近日常生活，通常以特定领域的线上展示与分享、聊天与讲段子为主，以其独特的魅力和实用性，成为用户休闲娱乐、提升自我技能的选择。

5. 教育直播

教育直播不仅注重知识的传授，还融入大量的文化元素，以达到视觉上丰富用户精神世界的效果。从语言学习到编程技巧，从艺术创作到历史解读，教育直播涵盖了广泛的学科领域，为用户提供了便捷且高效的在线学习途径。主播通过生动有趣的讲解和互动，让学习过程变得不再枯燥，意在实现知识的有效传播。

（二）按照直播进行的场地来划分

1. 室内直播

室内直播通常发生在相对封闭的空间内，如家庭、办公室、专业直播间等。这些环境通常具有稳定的照明、温度和声音条件，便于主播进行高质量的直播。室内直播适合展示服饰、美妆、家居等产品，且不受天气和环境的限制。

2. 户外直播

户外直播发生在自然环境或开放空间中，如景区、农田、公园、海滩、街头等，适合展示农产品和汽车等产品。这种直播形式更具动态性和互动性，能够带给用户全新的观看体验。户外直播通常与旅游、运动、探险等内容相关，能够吸引热爱自然和爱冒险的用户。

3. 活动直播

活动直播通常与新品发布、行业交流、娱乐表演等内容相关，能够展示活动的多样性和专业性，适合宣传新产品或品牌活动，如展览、发布会、音乐会等大型活动。这种直播形式能够实时展现活动现场的氛围和精彩瞬间，吸引更多用户关注和参与。

此外，按照直播场景的特色和创意来看，直播场景包括四种：一是第二现场直播。当销售功能较复杂、卖点较多、使用范围广的商品时，可搭建展示直播间，深度讲解商品的实际使用场景、使用方法、使用效果等。二是产地直播。特别是生鲜、蔬果类的商品，很适合采用产地直播的形式。产地营销满足用户对产品生长或生产过程的好奇欲望，从而打消对产品质量的疑虑，促进购买。三是探店/逛仓直播。以线下探店的形式实现“流动式直播”，“云逛街”还原线下购物体验，并在无形中营造商品质量保证、等同线下的感觉。四是异域场景直播。比如，在直播间复制异国场景风格，或者直接去异国进行直播，营造新奇的直播氛围，引起用户关注。

三、直播品类

直播品类是指在直播活动中展示和销售的产品或商品的种类，这些品类根据直播间的定位、目标受众及销售策略的不同而有所差异。直播间既可选择综合品类进行营销，也可选择特定品类进行推广，比如，一些头部直播间往往是综合型的，即各类商品都能在里面展示；而一些主题类直播间，像健身、烹饪、乐器等，直播品类往往只是与直播内容相关的商品。

（一）按照电商类目划分的直播品类

按照电商类目来划分，常见的直播品类主要包括八种。

① 服饰品，注重时尚、潮流、搭配，注重展现个性与风格，丰富的款式能满足用户对美的追求。

② 美妆用品，强调效果、成分、安全性，用于改善肌肤状态或提升外貌美感，因此关于其成分的安全性和实际功效是用户关注的重点。

③ 家居用品，注重品质、设计、实用性，为用户提供舒适、美观且实用的居家环境。

④ 食品，强调口感、做法、食材，对味道的描述和对原材料的解析将帮助用户更好地了解产品。

⑤ 母婴用品，注重安全、健康、实用性，产品品质尤为重要，需要确保对婴儿无害。

⑥ 数码产品，追求高科技、高性能，以满足消费者对先进技术的需求。

⑦ 农产品，强调绿色、健康、原生态，为消费者提供纯净、天然的食品选择。

⑧ 服务类产品，如课程、咨询、设计及旅游等。

（二）按照直播策略划分的直播品类

按照直播策略来划分，常见直播品类的主要有七种。

① 引流款产品，顾名思义是用来引流的产品，通常用在起号阶段，带来直播阶段的第一波流量。这类产品具有性价比高、受众广泛、价格认知高等特点。通过让用户觉得"占到便宜"，促进流量增长，并带动其他产品的销售。

② 福利款产品，是作为引流款产品的补充或承接流量用的产品，旨在拉动直播间的互动和交易指标。多为同行爆款或自身性价比高的产品，价格相对亲民，商家可能不赚钱甚至略亏，但能够吸引用户关注和购买，提升直播间的活跃度和用户黏性。

③ 主推品/爆品，是主播重点推荐、希望用户能迅速记住并产生购买欲望的产品。这类产品具有知名度高、品质上乘、价格优势等特点。这类产品通常既是直播间销量的主要来源，也是提升直播间品牌形象和口碑的关键。

④ 利润款产品，这类产品主要用来赚取利润、拉动交易指标的正价商品。这类产品会相较成本价而上浮一定比例用作销售。这类产品通常具有较好的市场潜力和销售稳定性，能够为直播间带来持续的利润。

⑤ 形象品，这类产品主要用于展示直播间的品牌形象和定位，可能不是销量最高的，但能够提升直播间的整体格调和用户认知。

⑥ 基础品，是指满足用户基本需求的产品，通常具有稳定的销量和较低的价格，用于维持直播间的日常运营和用户黏性。

⑦ 凑单款产品，这类产品可能通过限量发售、预约购买等方式制造紧迫感，吸引用户关注并留在直播间等待购买。

直播品类的差异将带来截然不同的推销话术。不同品类拥有各自独特的特性和卖点，这就要求主播在推销时能够精准把握，并采用与之相匹配的话术（表 9-1）。

表 9-1　直播品类的文案差异

品类特性	品类列举	文案侧重点	话术技巧举例
冲动型消费品	服饰品、美妆用品、食品、农产品	感官刺激+即时优惠	这个颜色美到窒息！库存只剩 50 件！

续表

品类特性	品类列举	文案侧重点	话术技巧举例
高决策成本品	家居用品、母婴用品、数码产品	专业背书+风险消除	支持7天无理由退换！三年只换不修！
体验型服务	培训、旅游	场景化描述+情感共鸣	想象一下周末带着孩子在这里度假……

当然，直播品类的特性具有一定的流动性，比如，家居用品也可能被冲动消费，像餐厨类商品等价格不高的，很有可能因为主播对外观和实用性的渲染，而造成消费者在需求之外进行购买的行为；或者美妆用品也需要充分被体验，才能激发消费者的购买欲。

第二节　直播话术

当下直播广告正从“叫卖式”向“内容式”迭代，“东方甄选”知识带货模式证明，融入文化价值的直播广告文案可获得更长的生命周期。直播时要怎么说话？有哪些通用的话术？不少主播培训宝典给出了丰富的经验和方法。纵观直播发展历程，话术发展趋势也因技术加持而发生转变，如AI实时话术辅助，可根据用户画像自动匹配应答策略；情感计算应用，通过声纹识别调整话术情绪强度；跨场景叙事整合，直播间与短视频形成话术联动。直播犹如一个注意力“战场”，直播广告文案则是精密设计的武器——既要懂得用“3、2、1，上链接”点燃冲动，也要学会用“诗与远方”培育长期价值。

一、主播话术

主播话术是指在直播过程中主播所使用的言辞技巧，这是直播广告文案的重要组成部分，旨在吸引用户、促进互动、增强信任，并最终推动销售。主播话术是直播成功的关键因素之一，它能够帮助主播更好地与用户建立联系，提升直播的吸引力和转化率。

（一）主播话术的结构与特征

主播话术通常由多个部分构成，主要包括开场话术、留人话术、产品介绍话术、互动话术、催单话术、结束话术等。不同的话术在直播过程中各自发挥不同的作用，共同构成了一个完整的话术体系。

开场话术用于直播开始时吸引用户注意，营造直播氛围，通常包括自我介绍、直播内容预告、福利活动透露等；留人话术旨在留住用户，增加用户在直播间的停留时间，通过提问、讲故事、分享趣事等方式让用户愿意继续观看直播；产品介绍话术用于详细介绍产品的特点、优势、使用方法等，以激发用户的购买欲，需要突出产品的独特卖点，结合用户需求、痛点和个人体验进行讲解，增加可信度；互动话术用于促进主播与用户之间的互动，增强直播的参与感和趣味性，可以通过提问、选择题、节奏型话语等方式引导用户参与直播，提高直播间的活跃度；催单话术则指在直播接近尾声时，催促用户下单购买的说辞，通过强调产品的稀缺性、限时抢购、优惠力度、购买保障等方式激发用户做出购买决策；结束话术指直播结束语，可做全场直播的回顾，以示礼貌，比如，总结直播亮点、感谢用户参与、引导用户关注下次直播等。

平台上的直播间数不胜数，主播数量持续攀升，直播类型与风格日趋多样化，无法一一尽数罗列。不同主播因个性特点、机构要求或品牌要求，也呈现出差异化的语言与体态习惯。主播话术是一门务实的艺术，讲究用词通俗精准又鲜明独到，在日常口语化表达的同时，也需要带有一些思想深度。虽然无法对每位主播的说话方式进行一一解读，但主播话术的总体特点相较于播音主持、戏剧表演等口语类活动，还是有较明显的差异的。这主要表现在四个方面：首先，直播的针对性更强，需要根据不同的用户群体、产品特点和直播场景进行定制，以确保话术的有效性和吸引力；其次，情感丰富，需要运用丰富的情感表达，通过真诚、热情、幽默等话语方式拉近与用户的距离，增强用户的信任感和归属感；再次，具有网感，需要运用生动的网络流行语等，将抽象的产品特点和优势转化为用户可感知、合心境的信息；最后，节奏把控，根据用户的反馈和直播的进程适时调整话术的内容与方式，以确保直播的流畅性和连贯性。

（二）主播与用户互动话术

在多种主播话术类型中，与用户的互动话术是提高用户参与度和购买转化率的关键。主播通过巧妙地运用互动话术，可以拉近与用户的距离，促使其成为忠实用户。

首先是昵称话术的运用。昵称指直播过程中，主播对用户的特定称呼，用以增强互动性和亲切感。这些昵称，诸如“家人们”“老铁”“宝宝们”，以及“所有女生”“小姐姐”等，不仅易于记忆与发音，还具有情感色彩，能够迅速拉近主播与用户之间的心理距离，使用户感受到被重视与关怀，好像就是身边经常出现的那个人在叫自己一样。为了最大化地提升直播效果，主播需要精心构建一套全面且富有创意的用户昵称体系，并将其灵活、巧妙地融入直播的每一个环节中。这一昵称体系的设计，可以从多个维度出发，以满足不同用户的心理需求。比如，身份标签法，“欢迎××小仙女进入直播间！”“欢迎杭州的创业小姐姐，今天有办公神器推荐！”；情感共鸣法，“刚下单的姐妹都是懂生活的人！”“所有买过精华的老粉举手！今天给你们追加赠品！”“明天还要早八的同学们，速囤这款提神咖啡！”；价值赋予法，“感谢 ID 带‘兔’字的家人们，你们是本场幸运星！”“连续签到 7 天的真爱粉，今天神秘大礼只属于你们！”，等等。

其次是问答话术的技巧。这是主播与用户之间通过提问和回答的方式进行互动的一种沟通技巧，旨在增强直播的互动性，提升用户的参与感，帮助主播更好地了解用户需求，解答用户疑问，从而建立更加紧密的用户关系。在直播中，主播可能会通过提问互动引导用户参与讨论，如询问用户对某个产品的看法、对直播内容的建议等；或者使用评论互动，读取评论区问题并回答。用户一般通过弹幕、评论等方式与主播进行问答互动。当然，也有直播连线的方式，直接促成主播与用户的对话。直播变现方式通常为销售产品或服务，因此以电商直播的场景为例，主播的问答话术可归纳为三种策略：第一，产品咨询类问题的应答策略可遵循“三要素法”，即“特性+优势+证据”，比如，“能机洗吗？这款采用××黑科技面料，机洗 50 次不变形，请看实验室测试视频！”。第二，比价质疑类问题的应答策略可遵循“转移焦点法”，强调附加价值，比如，“虽然贵 50 元，但多送价值 200 元的护理套装”。第三，售后担忧类问题的应答策略可遵循“风险共担法”，强化保障体系，比如，“我们支持 30 天价保，买贵直接退差价!”。

最后是求关注话术的使用。为了吸引用户关注自己，增加粉丝数量，提高直播间人气，主播需要运用求关注的方式达成目标。直播开场、过程及结束部分，求关注话术始终贯穿其中。一是点赞互动，鼓励用户点赞、分享直播内容，增加直播曝光度，扩大直播影响力；二是抽奖互动，如鼓励用户使用留言、点赞或分享等方式参与抽奖，以此吸引更多用户参与；三是加入粉丝群号召，用以提升直播黏性，增强粉丝归属感。“关注引导四阶法”可较好地帮助主播运用求关注话术，第一阶为“利益承诺”，让用户在获得实惠的同时也成为主播的粉丝，如“点关注领 10 元无门槛券”；第二阶为“情感绑定”，让用户感受到主播的真诚和热情，如“加入粉丝团，你就是自家人”；第三阶为“特权塑造”，提升粉丝尊贵感，让用户感受到成为粉丝的独特价值，如“只有粉丝能参与秒杀”；第四阶为“仪式设计”，增强粉丝归属感，如“新粉宝宝扣 1，老粉扣 666，看看有多少家人在”。

（三）主播核心话术模型

主播核心话术是直播带货中驱动用户从观看到下单的关键语言策略体系，本质是通过精准设计的语言模块在特定时间节点触发用户心理机制。其核心话术模型由三大组件构成。

首先是 5 秒留人话术，如同直播间的“心理磁铁”，在用户进入瞬间，通过利益刺激与悬念设置完成注意力捕获，如“刚进直播间的宝宝们，今天价格史无前例!”，利用价格锚点制造紧迫感；或“所有没抢到上周爆款的姐妹，今天补货了!”，通过稀缺记忆唤醒用户的参与欲望。这类话术往往融合数字具象化（如直降 300 元）与情感符号（如宝宝们）形成双重刺激。

其次是产品讲解的 FABE 模型，将技术参数转化为用户可感知的价值链条，以某品牌精华液的讲解话术为例，以“这款含 15%原型 VC”建立专业信任，以“透皮吸收率是普通 VC 的 3 倍”制造认知对比，以“熬夜党用一个月就能看到透亮改变”绑定使用场景，最后以“第三方检测报告”完成信任闭环，四环节层层递进形成说服逻辑。

最后是逼单话术，通过稀缺性话术如“库存只剩最后 30 单！”来激活损失厌恶心理，利用从众话术如“这款已经被 500 个姐妹加入购物车！”来构建群体决策压力，配合限时话术如“明天恢复原价，错过今晚血亏！”在时间维度制造压迫感，三种话术策略交替使用形成购买决策的“临门一脚”。这套话术体系本质是消费心理学的场景化应用，在平均停留时长不足 1 分钟的直播间里，通过模块化的话术组件实现注意力留存、信息传递与行为转化的无缝衔接。

在掌握通用话术模型的基础上，更需要理解不同主播类型的差异化表达逻辑，没有放之四海皆准的话术模板，只有因人而异的策略组合（表 9-2）。

表 9-2 主播类型与文案适配

主播类型	特征解析	文案策略	典型案例
个人 IP 型	强调个人风格，粉丝黏性高，信任感强	强调个人体验与情感共鸣，多用“我推荐”“亲测”等主观视角	某头部主播的“所有女生”口头禅，建立闺蜜式信任关系
品牌自播型	专业性强，注重品牌调性统一	突出技术参数与品牌背书，采用 FABE 模型（特性—优势—利益—证据）	小米直播间用“实验室跑分数据+用户评价截图”组合呈现
明星达人型	流量势能大，但专业度较弱	侧重营造氛围及与粉丝互动，文案须预留“追星”话术空间	某明星直播间“××女孩/男孩”身份标签打造
专家权威型	知识输出型，理性说服力强	采用“问题—解决方案”结构，植入行业术语与对比实验	“××测评”通过成分检测、报告解读，建立专业形象

二、助播捧哏

助播，又名“副播”，是指在直播间配合主播的助理，负责协助主播补充产品信息点、回答用户问题、引导关注、介绍下单流程、协助调动直播间气氛，以及应对直播间突发情况等。在主播有事需要离开时，助播还可能担任临时主播的角色。助播需要经历无数次锻炼、积累足够多的经验，才能成长为优秀的助播，并且成为独当一面的主播（见章首二维码 9-3 广告视频）。

一方面，助播应协同主播做好前期准备。比如，与主播沟通开播前的排品顺序，梳理产品卖点；提前核实好促单时的道具，如价格表、计算器、尺码表、秒表等；提前核对库存、物流、发货时间等信息；协助主播拍摄开播前需要播放的视频；等等。在直播时应按照直播方案协助主播推进流程。另一方面，助播也需要具备临场应变的能力。通过气氛互动的问答、秒杀限购等活动与主播配合话术，制造紧张气氛；通过即兴发挥调动粉丝情绪，增加活跃度，保证直播间的热度；有任何关于货品、数量等临时更改的问题，及时处理并回馈告知主播；主播中途不在时，以福利话术拉人气；及时处理黑粉的不良言论；与主播互动，提高趣味性，增加产品的看点；当人气上升或产品销量递增时，提醒主播继续升华产品卖点及活动力度；当促单时，须营造货品紧缺、市场好评的氛围感。

如果说主播是直播的明线，那么助播则是暗线，两条线索缺一不可。助播也像是相声中的捧哏，要对主播有回应，才能推动“剧情”，他们将自我角色功能设计为数据播报员、氛围调节器和产品体验官，通过“刚上架的 100 件防晒衣已经秒空!”“家人们把‘想要’打在公屏上!”“这个面料真的超清凉!”等话术，展现了丰富的销售技巧，打造了优质的直播体验。

助播的话术需要灵活多变，根据直播场景和产品特点进行调整，常见的助播话术包括以下几类。

1. 制造问题

通过巧妙地提出问题，如“主播，这个衣服能不能防污？要不给大家展示一下呗!”，引导主播对产品进行更深入的演示，让用户更直观地了解产品特性，目的在于激发用户的好奇心，促使他们更专注于直播内容。

2. 反驳主播（正面反驳）

正面地提出与主播不同的看法，如“我觉得你平常用的面膜不适合你，你换买这个吧!”。这种反驳并非为了制造冲突，而是从一个新的角度引导主播推荐更适合当前用户需求的产品，以展现产品的多样性和适用性，满足不同用户的需求。

3. 放大特点

通过提问的方式突出产品的某个特点或优势，如“这个会起球、变色吗?”，用来强调产品的耐用性和质量稳定性，目的是让用户对产品产生更深刻的印象，增强他们对产品的信任感和购买意愿。

4. 互动评论

利用用户评论或疑问作为话题，如“主播，有宝宝皮肤干，能用这款护肤霜吗?”，引导主播及时解答用户疑虑，增强直播的互动性和用户参与感，从而建立更紧密的用户联系，提升直播的观看体验。

5. 引导下单

通过紧迫感和限时优惠等方式引导用户下单购买，如“××号链接要抢完了，没抢到的宝宝们抓紧了!”，激发用户的购买欲望，促使他们尽快做出购买决策。

三、多平台适配策略

直播话术需要遵循多平台适配策略，这一策略是根据不同直播平台的用户特点、平台调性、使用习惯等因素，根据不同平台的特性制定、调整和优化与之相匹配的直播话术，以确保直播内容能够在各个平台上都取得良好的传播效果和用户体验。以下是针对淘宝、抖音、小红书、微信视频号四个平台的具体话术适配策略。

1. 淘宝

侧重“比价优势”话术。淘宝作为电商平台，用户购物目标明确，注重价格比较和优惠信息。比如，“这款商品在淘宝上原价××元，但今天在我们的直播间，只要××元，比原价便宜了××%！快来抢购吧!”，或者“和线下品牌比，超市卖××元，我们直播间卖××元，优惠多多，快来选购!”等。通过突出价格优势，吸引用户的注意力，提高用户的购买意愿。

2. 抖音

侧重“秒杀氛围”话术。抖音的用户以年轻人为主，注重娱乐性和互动性，且平台算法倾向于推荐高互动率的直播内容。比如，“大家抓紧时间，这款商品库存不多了，先到先得，错过就没有了！快来抢购吧!”，或者“8 点整会上一波福利，大家守护在我们的直播间哦!”等。通过营造秒杀氛围，构建紧迫感，激发用户的购买欲望，提高购买转化率。

3. 小红书

侧重“生活方式”话术。小红书用户以年轻女性为主，注重生活方式和品质感，喜欢分享和推荐。比如，“这款护肤品是我最近一直在用的，效果非常好，可以让你的皮肤变得更加细腻光滑。推荐给大家!”，或者“这款风衣真的是线下门店的爆款，很多姐妹都抢着要，在直播间购买会有更多优惠!”等。通过分享个人使用体验和推荐产品，建立与用户的信任关系，提高购买转化率。

4. 微信视频号

侧重“社交裂变”话术。微信视频号依托微信社交平台，用户群体广泛，注重社交关系和分享。比如，“大家可以把直播间分享给你的亲朋好友，一起来参与我们的活动，享受更多优惠!”，或者“姐妹们，今天在我直播间你可以先不亮灯牌，但是一定要把左上角免费的‘关注’点起来，方便以后找到我哦!”等。通过引导用户分享和关注，扩大直播的曝光度和影响力，实现社交裂变。

第三节　直播间字幕

直播间字幕是指在直播过程中，为了增强用户对直播内容的理解，提高互动性和观看体验，在直播画面上添加的文字说明或信息。这些字幕既可以是实时的动态文字，也可以是预先设计好的静态文字。不同直播间字幕的设置各不相同，同类的则会有共通之处。字幕不仅注重美感，也注重文字信息的写作与编排。

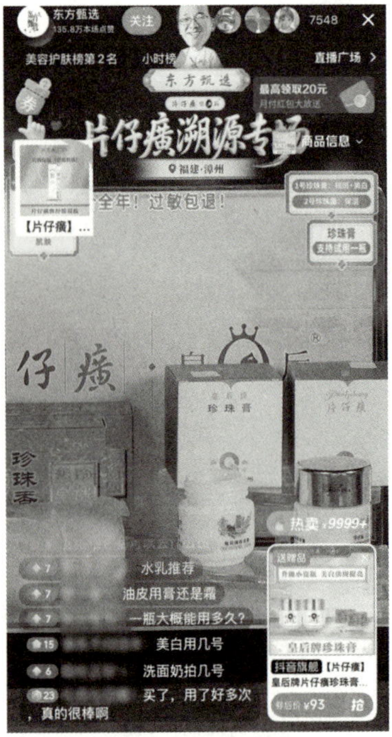

图 9-2　直播间字幕分布

直播间字幕的类型多种多样（图 9-2），根据不同的分类标准，可以将其划分为不同的类型，如信息类字幕、引导类字幕、情感类字幕。这些字幕尽可能全面地展示在直播间，丰富画面，时刻提示给观众直播间的关键信息。下面将按照字幕所在区域进行划分，探讨直播间字幕创作的技巧。

一、装饰区字幕

装饰区字幕主要用于营造直播间的氛围，通常表现为直播间顶部横幅、背景板、边框装饰带等，通过图案与文字等元素，增加直播间的视觉吸引力，有静态字幕和动态字幕之分。欢迎语、直播间主题或口号，以及节日或特殊活动装饰贴纸，都可以挂在直播间。

静态字幕在直播画面中的固定位置上显示，不随时间变化，一般包含直播间主要内容介绍、开播时间提示等，如品牌 Slogan“科技改变生活”、直播间主题“618 超级品牌日”、主播人设标签“十年配方师严选”等。还有将正在讲解的商品信息挂在界面上的，包括发货时间、功效等。

动态字幕既可以是滚动的，也可以是闪烁的、带有特效的，还可以放置一些促销信息、实时数据及荣誉背书，比如，用倒计时制造紧迫感——“剩 02：18 恢复原价”、增强从众效应——“已售 2830 件”、提升信任感——“天猫类目 TOP1”等。

字幕颜色和风格应与直播间的整体风格相协调，否则整个直播间会显得杂乱、低劣，影响用户对直播间的印象，造成用户对直播间内容的不喜爱与不信任。

二、消费区字幕

消费区字幕主要用于展示与用户消费相关的信息，如打赏、购买商品等，通常在商品展示区、购物车按钮周边、价格标牌旁出现。消费区字幕以动画效果居多，一些是平台自带的功能，比如，打赏提示——“××打赏了火箭”、购买商品提示——“××购买了××商品”、优惠券或活动信息——“领取 10 元优惠券，点击购买”。还有一些需要直播间自行设置，尤其是购物车里的产品名称，须实现“秒懂价值—激发欲望—消除顾虑—促成点击”的极速说服链条（表 9-3）。

表 9-3　购物车信息要素

模块	要素拆解	典型案例
产品关键信息	产品核心功能+使用场景+差异化卖点	【油皮亲妈】持妆粉底液丨16 小时不脱妆丨持妆版
促销杠杆	价格锚点对比+限时机制+附加权益	日常价￥299→直播间￥199丨买正装送替换装丨限前 500 单
信任体系	销量背书+好评数据+权威认证	热销 10 万+丨98%好评丨SGS 认证
行动指令	行动动词+利益点+紧迫感	点击立减 100 元丨库存告急丨剩 32 件

三、评论区字幕

评论区字幕主要用于展示用户的实时评论和互动信息，如弹幕飘屏、固定引导条、自动回复气泡等，是直播间与用户沟通的重要渠道。评论区字幕主要包括系统提示信息，如“××加入了直播间”“××被管理员禁言”，以及需要直播间进行设置的“欢迎来到直播间”之类的欢迎词、自动回复等，在直播间营造出一种人头攒动又井然有序的感觉，用户因此获得沉浸式体验。

需要注意的是，主播需要及时回复用户的评论，如用户评论“这个直播真好看！”“主播加油！”，主播应尽快通过口头形式进行回复，如“谢谢夸奖！”“有问题请随时提问！”等。同时，助播须及时用文字回复，遇到咨询问题，就依据实际情况予以回复。无论是面对赞美还是批评，评论区回复都要保持谦逊和礼貌，比如，“谢谢亲的支持!”“感谢您的宝贵意见!”等。

延伸阅读

1. 辛丽如．直播文案写作［M］．北京：中国人民大学出版社，2022.

2. 葛杭英．电商直播话术实践［M］．北京：电子工业出版社，2024.

3. 水滴石团队．文案卖货：2 小时上手，3 步用好［M］．北京：机械工业出版社，2024.

4. 笛子．TikTok 爆款攻略：跨境电商的流量玩法与赚钱逻辑［M］．北京：民主与建设出版社，2023.

5. 柏承能．直播创业：主播技能+文案脚本+引流运营+带货卖货［M］．北京：清华大学出版社，2023.

思考题

1. 常见的直播类型有哪些？它们分别有何特征？请简单介绍并描述你经常收看的直播。

2. 不同类型的主播分别需要运用怎样的文案策略？

3. 如果你是助播，可以从哪些方面配合主播？你认为助播的说话之道是什么？

4. 请自行设定直播场景、直播品类、主播类型及直播平台，提供 2—3 个直播间字幕创作方案。

第十章
音频广告文案创作

第十章 音频广告文案创作

第一节 音频广告的类型与特征

一、车载广播广告
二、播客广告
三、智能语音广告

第二节 音频广告的构成要素与创意原则

一、构成要素
二、创意原则

第三节 车载广播广告文案

一、车载广播的特性
二、车载广播广告的表现形式
三、车载广播广告文案创作策略

第四节 播客广告文案

一、播客的特性
二、播客广告的表现形式
三、播客广告文案的平台类型及创作

第五节 智能语音广告文案

一、智能语音的特性
二、智能语音广告的类型
三、智能语音广告的媒体类型及创作

导读：

音频广告文案创作是一项融合了创意、策略与技术的工作，对于品牌传播与市场推广至关重要。本章将从音频广告的类型与特征开始，介绍不同类型的音频广告及它们各自在传递信息、吸引听众注意力方面的独特优势。接着，探讨音频广告的构成要素与创意原则，阐释车载广播、播客（Podcast）及智能语音三类载体中的广告表现形式，并对其中具有代表性的平台进行广告文案创作策略和要点的分析。

本章学习目标：

1. 了解音频广告的构成要素和创意原则。
2. 掌握车载广播、播客和智能语音的特性。
3. 能较为熟练地根据不同音频媒体和平台差异创作相应的广告文案。

本章案例与分析：

包含富有趣味性的传统广播广告案例。

扫一扫

扫描二维码欣赏案例

第一节　音频广告的类型与特征

音频广告文案的创作，是一个须持续创新与优化的动态过程，旨在精准对接不断演进的消费者需求与瞬息万变的市场环境。深入理解音频广告的类型特征、创作规范及文案精髓，是打造兼具吸引力与影响力的音频广告文案的关键所在。音频广告，凭借其独特的传播媒介与广泛的受众基础，已然构筑起品牌与消费者之间不可或缺的沟通桥梁。具体而言，音频广告大致可划分为车载广播广告、播客广告及智能语音广告三大类别，每一类别均蕴含鲜明的个性特征与特定的创作要求。

一、车载广播广告

广播广告是指依靠广播传播，诉诸人的听觉的广告。其覆盖广泛，受众群体多样。其优势在于能够迅速传递信息，同时不受空间限制，适合在特定时间段内集中投放，拥有收听自由、感染力强、费用低廉的优势，也存在稍纵即逝、易受干扰、转化效果甚微的不足。

在广播广告这一基本内涵的阐释之外，我们不得不提及一种特殊而重要的形式——车载广播广告。车载广播广告，顾名思义，是指通过安装在车辆上的广播接收设备播放的广告，它依托移动中的车辆，将广告信息传播给乘客及驾驶者。车载广播广告作为广播广告的一种特殊形式，在继承传统广播广告优势的基础上，发展出了伴随性、精准定位、互动性等特征。然而，面对日益激烈的市场竞争和用户需求的多样化，车载广播广告仍需不断创新和优化，以适应不断变化的市场环境。

首先，车载广播广告具有高度的伴随性。在私家车日益普及的今天，人们越来越多的时间是在车内度过的，无论是通勤、旅行还是日常出行，车载广播成为许多驾驶者和乘客的陪伴首选。车载广播广告因此能够在人们无法进行其他阅读或观看活动的时刻，悄然进入他们的听觉世界，实现广告信息的有效传递。

其次，车载广播广告具有精准的目标受众定位。不同于传统广播广告的广泛覆盖，车载广播广告往往能够依据车辆类型、行驶路线及时间段等因素，对目标受众进行更为精准的划分。比如，在早晚高峰时段的城市主干道上，车载广播广告可以精准地触达上班族群体；而在旅游线路上的车辆中，则更可能吸引到正休闲旅游的消费者。这种精准定位有助于提高广告的转化率和效果。

最后，车载广播广告具有独特的互动性。随着智能车载设备的普及，许多车辆已经具备语音交互功能，驾驶者和乘客可以通过语音指令来操控广播的播放内容和方式。这种互动性不仅能够为用户提供更为便捷和个性化的收听体验，也可为广告主提供与用户进行实时互动和反馈的机会，从而增强用户的参与感，提高品牌的影响力。

二、播客广告

“播客”一词源自苹果公司的便携播放器 iPod 和广播（Broadcasting）两个词的结合，是指基于互联网，利用 RSS（Really Simple Syndication，简易信息聚合）等技术发布的、可供下载的聚合音频文件。它允许用户使用 RSS 订阅并自动接收文件，互联网成为其发布平台。它打破了传统媒体的界限，赋予每个人生产和创新内容的权利，展现了极大的开放性。播客内容往往聚焦于口语化的社会文化与生活类话题，由主播以个性化的方式呈现，这种特性吸引了大量用户，形成社群，极大地提升了用户的创造与传播热情。在新媒介环境下，播客不仅实现了人与人、人与物的连接，还成为人们日常生活、工作和学习中的重要组成部分。其情感互动性更是通过 UGC 与 PGC（Professional Generated Content，专业生产内容）的多元生产模式得到加强。

播客广告，作为这一新兴媒体形式的衍生品，利用播客节目向用户传递品牌或产品信息。它通常以嵌入式中途插播的形式出现，由主持人以自然亲切的方式播报，以非打断式的方式呈现，能够巧妙地融入节目内容之中，更加满足用户的听觉习惯。播客广告的受众群体相对精准，多为对特定主题或领域感兴趣的用户，作为一种直接响应的频道，在降低用户获取成本（Customer Acquisition Cost，CAC）和品牌考虑阶段的活动中被应用得十分成功。这种广告形式不仅触及广泛的用户群体，还因用户对主持人的信任和喜爱而获得更高的信任度和接受度。播客广告往往鼓励用户采取行动，如使用优惠码省钱或浏览网页领取免费产品，为用户提供便利，促进购买行为的发生。然而，与数字广告相比，播客广告的追踪较为困难，测试成本也更高，这要求广告主通过问卷调查等方式来评估广告效果。尽管如此，播客广告的直接响应性、高触及率及其与用户之间建立起的深厚信任关系，仍使其在广告市场中占据一席之地。

三、智能语音广告

智能语音是一种融合了人工智能技术和语音识别、语音合成技术的高科技产物。它能够实现人类语音的精准识别和理解，以及自然流畅的语音合成，从而让人与机器之间进行自然对话和交互。智能语音技术的核心在于语音识别，它能够将人类语音转化为文本或命令，从而使计算机理解并处理这些语音输入。通过自然语言处理技术，计算机可以进一步分析这些文本，提取意图，实现对话交互和回答问题等功能。而语音合成技术则能将文本信息转化为自然流畅的语音输出，实现机器向人类的语音反馈。

智能语音设备应用广泛，包括智能家居、智能客服、智能驾驶等多个领域。在智能家居中，通过语音指令可以控制灯光、电视、空调等家电设备，提高生活的便捷性和舒适度。智能客服则利用智能语音技术提供自动语音应答、语音导航等功能，提高客户服务的效率和满意度。而在智能驾驶领域，智能语音技术可以实现语音控制车窗、导航、音乐等功能，提升驾驶的安全性和舒适度。此外，智能语音在教育领域可辅助语言学习，提供个性化教学；在医疗领域可为医生进行病情询问和记录提供帮助，有着广泛的应用前景。

随着新能源汽车市场规模的不断扩大，以及智能家居系统的普及，智能语音广告已成为一种新颖的广告形式。智能语音广告是利用智能语音技术，通过语音形式发布的广告。它可以是语音指令中的插播广告，也可以是智能语音设备在播放内容中嵌入的广告。智能语音广告的特征在于其直接性、互动性和个性化。由于智能语音设备能够识别用户的语音指令和偏好，因此智能语音广告可以针对用户的兴趣和需求进行精准投放，提高广告的转化率。同时，智能语音广告还支持语音互动，用户可以通过语音指令与广告进行互动，获取更多信息或执行购买等操作，增强与广告的互动性。

第二节　音频广告的构成要素与创意原则

无论是车载广播、播客还是智能语音，最大的特点就是通过音频的方式传输信息、打造内容、建立社群，这为音频广告的介入提供了可能性，甚至提供了无缝衔接的场景。要想创作优质的音频广告，首先需要了解它的构成要素，并初步探索它的创意原则。

一、构成要素

与视频广告不同，音频广告往往没有跃然于屏幕上的真实可见的画面，而是需要经由声音进行画面的想象，因此音频广告的声音要素及其如何表现是十分讲究的。我们把构成音频广告的语言、音乐、音响称为音频广告“三要素”。

（一）语言

语言是人类最重要的交际工具，它是以语音为物质外壳、以词汇为建筑材料、以语法为结构规律而构成的体系。

语言和文字是两个不同的概念。语言是声音和意义相结合的复合物，它的接收器官是耳朵。而文字是记录和传达语言的书写符号，它的接收器官是眼睛。有人把文字说成是音频广告的要素，这显然混淆了语言和文字这两个不同的概念。文字只能是供阅读的印刷广告的要素，语言才是供倾听的音频广告的要素，二者是不能替换的。

语言具有交际的职能。列宁说：“语言是人类最重要的交际工具。”音频广告利用语言进行传播，从这一点上说，音频广告是语言的艺术。创作者在创作音频广告文案的时候一定要明确：听众是看不到这些广告文案的，他们只能听到这些广告文案的声音，他们接受的是语言而不是文字。

所以，创作者必须为听而写，而不能为看而写。另外，语言还可分为口头语言和书面语言两大类。口头语言是指人在面对面交谈时使用的语言，一般来说比较随意，也不是很讲究语法结构；书面语言则是按语法规则严密加工的语言，有较强的逻辑性。广播语言是介于口头语言和书面语言之间的一种语言，但无论是从句式的运用还是风格特色上来说，它都更接近口头语言，更少“规矩”。所以，一流的文章高手，也未必能设计出一流的广告语言。这就要求创作者在创作音频广告文案的时候，努力追求语言艺术的至善至美，不怕麻烦，不惮修改。

语言还具有体现思想的功能。语言是思维的工具，思想是思维的产物。从语言和思想的关系来看，语言既是思想的条件，又是思想的表达和体现。音频广告宣传就是一种思想的表达，是把广告客户或广告物的思想（如树立企业形象和产品信誉、介绍商品特点、促进产销的思想等）表之于声，达及听众。音频广告的语言体现着创作者的思想，要努力使这种思想为广大听众所感知、所认识。因此，创作设计音频广告词句的时候必须做到：第一，检查所使用的语言是否准确地体现了自己的思想；第二，考虑所使用的语言能否被听众准确地理解和认识，会不会产生误解和歧义。所以，对音频广告来说，语言体现思想这一点，与其说是为广告设计者计，不如说是为广大的听众计；与其说是以写在纸上是否准确为基本要求，不如说是以听在耳里能否正确理解为最高准则。

（二）音乐

音乐是一种用有组织的、和谐的乐音来表达思想感情和反映社会生活的艺术，它的基本构成要素是旋律和节奏。

作为音乐的物质材料——声音，是非语义性的（不同于语言）和非造型性的（不同于美术），因此音乐反映生活的方式是间接性的、非确定性的。

音乐的主要内涵是感情因素，而不是逻辑因素。因此，音乐的功能在很大程度上取决于它对听众的感情的影响程度。

音乐有表象功能，人们能够利用音乐构造“形象图片”。圣歌起，教堂显；钟声响，寺庙见。音乐的表象功能同听众个人的联想有关（而听众个人联想又受到其教育、经历、性格、修养等因素的制约)。听阿希尔-克洛德·德彪西（Achille-Claude Debussy）的《大海》，一个从未见过真正大海的人同一个在海边长大的弄潮儿的联想，绝不会是一个模样。

音乐既是国际性的，又是民族性的。“列宁曾说：‘一个有觉悟的工人，不管他来到哪个国家，不管命运把他抛向哪里，不管他怎样感到自己是异邦人，言语不通，举目无亲，远离祖国’——他都可以凭《国际歌》的熟悉的曲调，给自己找到同志和朋友。”① 同时，音乐又具有自己的民族特点和民族风格，为人民群众所喜闻乐听。而且，往往是民族特点、民族风格愈明显的音乐，愈能受到世界范围的喜爱。

为了扩大音乐的表现力和感染力，音乐更倾向于同其他艺术的结合，特别是同语言艺术、舞蹈艺术、戏剧艺术的结合。

正因为音乐反映生活是间接性的、非确定性的，所以在音频广告中，《万泉河边》《溜冰圆舞曲》既可以用来作家用电器广告的音乐，又可以用来作化妆品广告的音乐。

正因为音乐的主要内涵是感情，它的功能取决于听众对这种感情的理解，所以创作者如果用艰涩难懂的古典音乐作为现代的家用电器音频广告的音乐，就会显得曲高和寡。

正因为音乐既是国际性的，又是民族性的，所以在音频广告中排斥优秀的、富有时代感的外国音乐或轻视人民群众喜闻乐见的民族音乐的做法，都是幼稚的、片面的。

正因为音乐有着强烈的同语言艺术结合的特点，且音乐的基本构成元素是旋律与节奏，而音频广告的语言表达要素也是旋律和节奏，这就为音频广告和音乐的结合找到了一条相同的跑道。只要创作者在选择音乐时注意到它和语言的旋律与节奏的和谐，音频广告和音乐就能在相同的跑道上不相上下地冲过终点。音频广告重视创作，使用好音乐，一定能够添姿色、悦人心，倍增魅力。

---

①《战士音乐欣赏手册》编委会编. 战士音乐欣赏手册［M］. 北京：解放军文艺出版社，2002：2.

（三）音响

音频广告中的音响要素，是指运用专门器具和技法，模拟或再现现实生活中的各种声音，如风声、雨声、商品生产或使用时的声音等，以烘托环境气氛，增强音频广告的真实感和感染力。

音响有着强烈的提示和暗示作用，它能诉说人的行为及人和自然的物质变化，从而加深听众对商品的印象。在某广播电台播出的一则介绍扁丝双面复合塑料帐篷的广告中，其音响的运用就是一个证明：

> （闷雷声由远及近，雨声大作，压混）
> 男：下雨了，赶快把那些水泥盖好！（盖水泥的嘈杂声，压混）
> 女：好啦，水泥全盖好了，多亏了这些轻便、结实的塑料帐篷。
> …………

音响更是小品式音频广告不可或缺的组成部分，因为广告小品是一种源于生活、再现生活的艺术，离开了生活中的各种音响（如敲门声、喝水声、脚步声、家用电器工作声等），就会失去真实感，影响广告的说服力。

音频广告在使用音响时，有一条原则必须遵循，那就是所用音响必须有利于增强音频广告的审美价值和传播效果，而不是削弱或破坏它的审美价值和传播效果，因此在音频广告中使用音响时必须做到以下两点。

第一，不能有响必录。有些音频广告中的音响，或机器轰鸣，震人耳鼓，或嘈杂吵闹，破坏情绪，或因环境造成背景音响大而杂，冲击和淹没了主题音响，结果都会削弱和破坏整条广告的审美价值和传播效果。因此，我们认为音频广告音响的最起码的审美条件是清晰、悦耳、适当。

第二，音响必须典型，能为烘托广告主题服务。在现实生活中，我们常常会听到许多类似的音响，有的甚至极为相似，如一些机器的工作声、街道和市场上的嘈杂声、掌声、笑声等，听众很难区别其本质特点。音频广告应尽量少用或不用这种相似音响，而应努力采录和使用典型的、能烘托广告主题的音响。

二、创意原则

音频广告文案在创作前应进行充分的准备，广告文案创作者要综合分析产品的特点、市场状况与竞争对手的情况，然后结合音频媒体的特点与广告主题的要求，对广告文案进行整体性的构思创意。广告创意构思的好坏，将直接影响广告促销力的高低。

音频广告基于表现形式和制作技巧的特殊性，其文案创意原则也应与其他媒体广告有所不同。音频广告是供人听的，而供人听的东西一定要用适宜于听的方法来设计、制作、传播。所以，制作音频广告文案应遵循以下四个原则。

（一）明白

念起来顺口，听起来顺耳。音频广告文案若写得冗长、拗口，播音时无法播顺，听起来就不会顺耳。要避免使用冗长的句子，就必须把长句尽量设计成明快的短句，只有把广告文案设计得通俗易懂、简洁明了，人们才能一听就明白。比如，“越过千山万水，征服艰难险阻，OK，北京吉普”。

要字字听得清。音频广告应文简句短，字字珠玑，必须让人每个字都听得清清楚楚。只有这样，才能准确、明白地向听众传递广告的信息。创作者设计广告文案时，对所用的字词是否通俗、响亮、和谐，人们是否一听就懂，要一一审视、悉心推敲，倘觉不妥或无把握，就要毫不迟疑地进行修改。

要避免误解和歧义。对可能产生误导的词句，一定要改成明确无误的词句。比如，“全不合格”易听成“全部合格”，“切忌”易听成“切记”，“兼顾”易听成“坚固”。遇到这种情况，“全不合格”应改为“全部不合格”，“切忌”应改为“一定不能”，“兼顾”应改为“统筹兼顾”或“还要考虑”。此外，不被大众公认的、非约定俗成的省略往往会导致误解或使人不知其意，故应把“商风”改为“商业作风”，把“日销”改为“每天销售”，把“最佳柜组”改为“最佳柜台和小组”，等等。

要句句听得懂。音频广告哪怕字字听得清，也未必能句句听得懂。听清楚了但并不懂的情况是确实存在的。有则音频广告说：“每分钟加工能力为750千克。”这句话，即使每个字都听清了，也并非谁都能听懂。如一些中老年人，对“千克”就较不敏感，若改成“公斤”，说成“每分钟加工能力为750公斤”，或许他们就都明白了。

从“一听就明白”这一要求出发，对广告题材应该有所选择、有所取舍。音频广告一播而过，不像印刷媒体广告那样可以边看边想，推敲琢磨，甚至可以借助他人或工具书。音频广告要让人完完全全听懂、听清，必须自始至终无任何疑难才行。这就要求音频广告不仅语言浅显明白，而且广告物应是听众比较熟悉的或一说就懂的。一般说来，广播宜做同广大听众的物质生活和精神生活有比较密切关系的商品广告，少做同大多数听众的生活距离较远的商品广告。换言之，生活资料的广告宜多做些，生产资料的广告宜少做些，特别是那些很少人接触、很少人懂得的生产资料广告和技术术语，以及无法做通俗解释的广告，播出去不仅收效甚微，甚至还会影响多数人的收听情绪。在诸多的广告媒体中，广告的接近性对音频广告是最为重要的。

（二）可感

音频广告千万不能跟在报刊、电视广告后面“学舌”，因为报刊广告只适合报刊，电视广告只适合电视，音频广告只适合广播，各有特点，不能“两栖”。

音频广告是供人听的，这是基本特点，而声音是稍纵即逝的。因此，创作者在设计音频广告时要扬长避短，想点子、出新招，以特色立足，靠听觉享受取胜。正如“钟声牌”皮衣广告（见章首二维码10-1广告鉴赏），男女主的对话就极具生活趣味。

为了使音频广告文案具有可感性，要特别注意视觉传达的特点，无论是告白型的，还是感情型、诉求型的，都应该力避抽象化，力求形象化。让受众听了音频广告后，如同见到了广告产品或看到了广告所传达的情景，产生一种视觉感受，比如，“猎犬牌”防盗报警器音频广告（见章首二维码10-2广告鉴赏），在音乐音响与旁白的混合作用下，听众如临现场。

（三）重复

由于音频广告具有稍纵即逝的特点，因此如果创作者不运用特殊手段反复地强调商品品牌，广告效果就会明显受到影响。

广告如果把传播重点放在品牌上，就能为企业创名牌、保名牌，对企业起鼓励、促进作用，使听众认识商品、信任商品，这有利于商品的产销。小霸王学习机、中华牙膏、青岛啤酒，只要打出商标，谁都认识。国际市场更是如此，奔驰汽车、永不磨损的雷达表、挡不住诱惑的可口可乐，人们认的就是品牌。国内创作者创作的不少音频广告，往往把重点放在生产过程、生产设备上，或者把重点放在罗列产品的多个特点上，却忽视了对品牌的宣传。

对路牌、报刊、电视、网络媒体等诉诸人的视觉的广告媒体来说，强调品牌比较容易，它们可以十分鲜明地画出或拍摄出商标的形象，把它置于醒目的位置，有的还可以借助标题进一步强调品牌；电视可能通过特写、特技等图像来强调所要传递的信息。但对音频广告来说，强调商标要困难些，稍不注意，便会疏忽，实现不了传播意图。比如，一款介绍药物的音频广告要让消费者记住生僻的药品名，没有不断强调是万万不可能的。

音频广告一定要采用合理重复的方法来强调商品或产品名称，以加深听众的印象。一则一分钟左右的音频广告，对品牌的强调以不少于三次为宜。

（四）亲和

音频广告无形无色，既要听起来入耳，又要起到传播作用，就应使其同听众在感情上联系起来。音频广告依赖声音传播，亲和，最能体现传播者的情感，引起听众的共鸣。从心理学角度看，凡是伴随着一定活动的任何一种愉快的情绪体验，都能使这种活动强化，而不愉快的情绪则会抑制这种活动。也就是说，只要是亲切愉悦的情绪体验，不管它是由需要引起的，还是受刺激引起的，都能强化传播效果。

音频广告的亲和性可以通过各种形式表现出来。

第一，轻松幽默。音频广告文案措辞宜轻松，如果能够略带幽默当然更好。音频广告文案切忌严肃和枯燥乏味，也应防止以一副冷冰冰的面孔居高临下地教训人。这样的广告，无人爱听。

第二，播音员音质的选择。录制音频广告时应该选用适合于广播商业性广告的播音员，声调抑扬要适度。

第三，气氛的配合。音频广告播放的时间要与广告的内容协调一致，有相应的气氛。这一点，创作者往往很少考虑到。比如，在早晨要播放有晨间气氛的广告；在深夜就要播放有深夜气氛的广告。中国有句俗语：同样一件事，不会说话的，会说得让人跳起来；会说话的，会说得让人笑起来。“人人都害怕衰老，害怕死亡”，这是一种说法；“人人都希望延年益寿，老少康乐”，这又是一种说法。音频广告的学问也就是说话的学问，怎样说得让人爱听，关键是心中要有听众，并且心甘情愿地为他们服务。

第三节　车载广播广告文案

在封闭的车载声场中，优秀的广播广告应是方向盘上的“隐形销售顾问”，用声音的温度化解钢铁机器的冰冷，让每次出行都成为品牌与用户的价值共鸣之旅。

一、车载广播的特性

车载广播，通常包括调频（Frequency Modulation，FM）和调幅（Amplitude Modulation，AM）广播接收功能，是一种利用无线电波传输音频信号的方式，它允许驾驶员在行驶过程中收听当地的广播节目。它接收到的广播内容通常包括音乐、新闻、体育节目等，为驾驶员和乘客提供丰富的听觉享受及信息来源。除了传统的调频和调幅广播接收功能外，现代车载广播还逐渐融入了卫星数字音频广播（Digital Audio Broadcasting，DAB）等新技术，利用静止轨道通信卫星向全球或某一地区无线电用户群体（如汽车音响等）广播数字音乐、新闻和体育节目，具有更高的音质和更广泛的覆盖范围。

车载广播具有普及性与便捷性、低成本与高效益、应急性与公共性等特性。传统油车均搭载无线广播，现有部分新能源汽车却取消了无线广播功能，只能在车载屏上选择收听网络节目，或通过手机连接车从而收听手机上的音频 APP 节目。对此，2023 年 8 月，国家广播电视总局、工业和信息化部、国家市场监督管理总局三部委联合印发《关于进一步加强车载音视频管理的通知》，指出将从规范车载无线广播接收终端管理，积极引导推动在国内市场生产、销售的所有国产汽车和进口汽车的车载终端设备配置无线广播接收模块；规范车载网络音视频服务管理，强化公共服务节目源供给；规范车载音视频运营管理，制定和完善相关国家标准等方面，促进车载音视频相关产业链健康有序发展。

车载场景具有注意力碎片化、声音单通道性、场景强关联性的传播特征。驾驶员往往处于“三心二意”的状态，主要精力集中于路况与操作，仅有少量精力用于信息接收。因此，在大多数情况下，广告文案输入需要分秒必争，在8—15秒内完成核心信息触达；尤其需要把握时间（早晚高峰）—空间（城市高架/高速路段）—行为（堵车/长途驾驶）场景，尽可能多地获取注意力；而缺乏视觉辅助的纯声音环境，则要求广告文案构建“听觉画面感”。

二、车载广播广告的表现形式

车载广播广告的表现形式与广播广告相似，即用声音描绘产品使用场景、介绍产品信息，达到广告的劝服目的，通常有以下几类。

（一）直陈式

这是音频广告中最基本的表现形式，一般音频广告大多用这种方法制作。在直陈式音频广告中，只有播音员朗读广告词。为了弥补这类广告的单调，一般要配上音乐或音响，或选择音色优美、独特的播音员。比如，曾获日本电通广告奖的松下全自动洗衣机爱妻号“DAY”音频广告（见章首二维码10-3广告鉴赏），独特的落棋声为广告词添色不少。

（二）对话式

由两个或两个以上的人以对话的方式介绍商品或其他的广告物。对话式广告比直陈式广告活泼，所以收听的效果更好。做这类广告最好不要一上来就说商品，可以先找一个由头来铺垫一下。当然，这种铺垫要恰如其分，而且必须十分精练，如“孔雀牌”手表音频广告（见章首二维码10-4广告鉴赏）。

这种对话方式能丰富音频广告的声音和画面内容，引发人的联想。但是，真正能体现音频广告优势的对话方式应该是专题访谈或谈话式节目，即在节目中引入嘉宾、接入专线，让听众积极地参与进来，形成互动。比如，当下音频广告中最热门的医药广告，通常就是通过宣传健康知识或卫生知识的方式进入电台的广告时段，直播室内既有冠以专家美誉的嘉宾，也有节目主持人，还有不断打入热线的听众。这种音频广告一般采用主持人对嘉宾的访谈形式或嘉宾与热线听众的对话方式宣传药品的适应证、价格、使用疗程、优惠等，充分利用了广播媒体可以提供的互动技术。当然，由于虚假医药广告的泛滥成灾，听众对此类音频广告的可信度大幅度下降。但这不是音频广告对话方式的错误，而是道德低下和法律规范的漏洞。

（三）戏剧式

戏剧式音频广告是以十分短小的戏剧、曲艺、相声、评书、快板等艺术形式来表现广告内容和介绍商品。这类广告形式灵活多样，也比较容易营造热烈生动的气氛。比如，“美多牌”收录机音频广告运用对话式冲突的方式，在戏剧张力中突出品牌名称；羊羔美酒音频广告则运用京剧演出片段，随戏曲声而引人入胜（见章首二维码 10-5 广告鉴赏）。

（四）歌唱式

歌唱式音频广告，顾名思义，就是用唱歌的方式来做广告，因为悦耳动听的歌声比讲话更能减少收听者感官的抗拒，加上广告歌曲大多曲调悠扬悦耳，歌词通俗顺口，韵律简明浅显，易学易记，很容易被人模仿和传唱，能起到很好的传播效果。歌唱式音频广告形式多样，既可以将整则广告创作成一首广告歌，也可以一半用歌唱方式，一半用讲白方式，比如，“富儿蜜饯”音频广告就先用童声歌唱、再用主播对话的方式进行广告词设计（见章首二维码 10-6 广告鉴赏）。

（五）小品式

小品式音频广告是深受听众喜爱的一种广告形式。它以相对完整的故事情节或生活片段来贯穿广告的内容，赋予广告生活气息，避免简单的说教。由于这些故事情节大多来自现实生活，和大众的生活有着紧密的联系，因此特别容易被接受。

三、车载广播广告文案创作策略

车载广播广告文案须在短时间内、陪伴式场景下，通过精准定位与创意表达，吸引驾驶员的注意并传递有效信息，可以参考以下创作策略以生产精彩的车载广告内容。

首先是黄金3秒定律。在车载广告中，抓住用户收听的前3秒至关重要。我们采用多种方法来实现这一目标。一种是“痛点刺激法”，直击驾驶员的经济敏感点，如“油价又涨了？别担心，中石化会员日每升直降8毛！”这样的信息能迅速引起关注。一种是“悬念引爆法”，利用地域性信息制造悬念，如“浙A车主注意！明日××路段将有重大变化……”这样的表述能激发驾驶员的好奇心。还有一种是“情感共鸣法”，讲述触动人心的故事，如“出租车司机老张，深夜收工时听到这首歌会泪流满面……”，以情感共鸣拉近与用户的距离。

其次是声音戏剧化设计。通过戏剧化的声音设计可直接增强广告吸引力。智能车载系统注重音质音效，杜比全景声、云听三维菁彩声等应用技术逐渐普及，为音频广告效果优化提供了技术支持。三维音效的应用，如通过不同声道将导航提示音和与广告产品相匹配的日常生活音环绕呈现，可营造沉浸式体验；环境声音叙事，利用环境声音作为过渡，如从城市的鸣笛声自然过渡到“平安车险提醒您：请保持安全车距”的温馨提示；语音情绪图谱，根据时段调整语言风格，早间使用清亮主播声提神醒脑，深夜则切换为温暖主播声抚慰心灵，实现情感与信息的双重传递。

最后是动态信息编排的策略。车载广告应紧跟驾驶员的实际需求，提供实时、有用的信息。第一，地域变量植入，根据车辆所在位置提供定制化信息，如“杭州钱江新城车主请注意，前方500米右转即可到达蔚来换电站”；第二，实时数据绑定，结合天气、温度等实时数据，如“当前气温36℃，不妨打开车载冰箱，享受一口冰镇可乐的清凉”；第三，路况场景触发，利用智能监测系统，在特定路况下播放相关信息，如高速拥堵时自动播放“打开喜马拉雅，让郭德纲的相声陪伴您轻松等待”。

第四节　播客广告文案

在播客广告的“蓝海战场”，理解平台基因如同掌握不同乐器的演奏技法，唯有因平台制宜，才能在声波的世界里奏响品效合一的乐章。

一、播客的特性

播客与传统广播相比，更具个性化。用户可以根据自己的兴趣与偏好，轻松订阅心仪的播客节目。借助先进的 RSS 技术，这些节目的更新信息会自动推送到用户的设备上，仿佛一位私人助理，时刻关注着最新动态，确保用户不错过任何精彩内容。播客提供了极大的灵活性，用户可以根据自己的时间安排，随时随地点播喜爱的节目，无论是在通勤路上、闲暇时光，还是在夜深人静之时，都能享受自由的收听体验。播客平台的开放性，为内容创作者提供了更多机会，传播的主体变得更加个性化与多元化，不再局限于专业的广播机构或知名人士，任何拥有联网电脑、手机、麦克风的人都可以成为播客创作者，播客平台的进入门槛相比传统广播低得多。播客互动分享的特性更为明显，用户不再是被动的接收者，而是积极参与其中，通过评论、点赞、分享等多种方式，与播客创作者建立起紧密的联系，使得播客成为一个更加紧密和活跃的音频内容爱好者社区。

二、播客广告的表现形式

播客广告一方面以声音为载体，以声传情，向用户传递广告信息；另一方面也借助屏幕传递图像类的广告信息。当然，也有品牌在播客平台创设“品牌播客”，成为品牌营销的一部分。在此，播客广告的表现形式主要围绕以下四个方面展开。

（一）嵌入式

嵌入式广告是在播客节目发布之前就已经存在于音频文件中的广告。它们既可以是主持人阅读的内容，也可以是广告主上传的音频片段。这种广告形式与播客内容紧密结合，听起来就像是节目的一部分，因此用户对它们的接受度相对较高。比如，在经济分析类播客节目中嵌入金融产品广告，由于广告内容与节目主题紧密相关，用户在收听过程中不会感到突兀，反而可能会对产品产生兴趣；如播客“凹凸电波”曾为脱毛仪品牌 Ulike 做产品推广，在一档节目中植入产品信息。

（二）定制式

定制式广告是企业根据播客节目的主题和风格，定制广告内容，再由播主根据主题自然地把广告代入的一种形式。这种广告形式能够充分展现企业的品牌形象和产品特点，同时与播客节目形成良好互动，提高用户的参与度。品牌与播客节目进行共创，根据节目主题和风格，定制与产品相关的广告内容，并通过播主的口播形式自然地带入节目中。比如，葡萄酒品牌 Jollee 投资了大量播客节目，与播客“自由人 Libero”合作，制作了“权力、生活、爱：你为什么而喝酒?”系列节目，通过与酒相关的话题吸引用户，并形成较深的品牌连接。

（三）品牌播客

品牌播客是指企业录制一整期的品牌广告，这种形式相对较难，因为用户收听播客的需求更多来自精神满足，品牌播客需要花费大量的精力在内容和制作时长上，才能生产出优质的品牌营销内容。比如，奢侈品牌路易威登（LOUIS VUITTON）在小宇宙播客平台开设“EXTENDED”播客频道（图 10-1），通过讲述城市故事、品牌故事，呈现品牌精神；耐克在 Apple 播客“耐听”频道邀请职业运动员、运动爱好者等加盟谈话。

图 10-1　小宇宙“路易威登”品牌播客

（四）音频带货

音频带货类似直播带货，播客通过种草的形式介绍品牌信息，有坑位费。播客利用自己的影响力和专业知识，向用户推荐优质的产品或服务，并引导用户进行购买。一些知名的播主会在自己的节目中推荐各种产品或服务，如美食、旅游、电子产品等。他们通过生动的描述和真实的体验分享，激发用户的购买欲望。用户在收听节目的过程中，可以直接通过播客提供的链接或二维码进行购买，实现音频带货的效果。

三、播客广告文案的平台类型及创作

播客广告文案的平台主要分为三类：第一类是音频平台，以喜马拉雅、荔枝 FM、蜻蜓 FM 为主要代表；第二类是垂类播客平台，如小宇宙、Apple 播客等；第三类是音乐流媒体平台，如网易云音乐、QQ 音乐及国外的 Spotify 等。播客广告的创作，除遵循音频广告的创意原则外，还具有一定的特殊性，即不同播客平台因其定位、用户特征与使用场景而存在差异（表 10-1），广告创作策略也须因地制宜。

表 10-1　五大播客平台特征

平台	核心定位	用户特征	典型使用场景
喜马拉雅	综合性音频库	全年龄段覆盖，下沉市场占比高	通勤、家务、睡前
荔枝 FM	年轻化 UGC 社区	“Z 世代”女性主导，二次元、情感类偏好	深夜陪伴、社交分享
小宇宙	精品化播客社区	一线城市高知青年，偏好深度内容	午休、周末沉浸式收听
Apple 播客	全球化内容平台	中高端用户，国际化视野强	运动、驾驶、工作背景音
网易云音乐	“音乐+播客”融合生态	文艺青年，情感共鸣需求强	情绪调节、碎片化聆听

喜马拉雅可谓大众化渗透的“声量放大器”，其平台用户覆盖广，内容丰富度高，因而喜马拉雅上的广告文案应做到信息直给和高频重复，强调产品功能与促销利益，并利用用户碎片化收听习惯，设计“简单粗暴”的广告语，通常以前贴片的方式出现，可自动重复。

荔枝 FM 具有情感共振的特征，因而荔枝 FM 上的广告文案创作重点可放在情感投射与社交裂变上，比如，用 ASMR 声效营造亲密感，通过互动话术带动用户情绪、呼吁用户参与评论。

小宇宙注重内容共生，用户对栏目具有一定的信任度，因此适合深度软植，将广告融入节目叙事逻辑，比如，将品牌故事作为案例插入访谈中。同时，进行价值观绑定，用“理念输出+产品露出”替代硬推销，拒绝程式化广告，以内容获取用户认同。

Apple 播客上的广告须契合苹果本身极简又富有质感的品牌调性，在强调音效的同时，将内容精练化呈现，带来声音与文字的视觉美感。

网易云音乐的社群文化较为发达，它也是一个注重情绪营销的音乐平台，播客作为其中的一个模块主营“音乐播客”内容。因此，音乐化叙事、歌单融合，成为网易云音乐上的广告文案的差异化形式，将产品与音乐、情绪标签绑定，形成“播客+音乐+广告”三位一体的模式。

第五节　智能语音广告文案

在语音交互重构人机关系的时代，广告文案不再是单向输出，而是可对话、可进化、可感知的智能体。掌握声波中的情感密码，方能在这场“耳朵经济”的竞争中抢占心智高地。

一、智能语音的特性

智能语音区别于其他音频类媒体的特征，是交互指令的存在。通过语音识别与自然语言处理技术，智能语音能够准确识别用户的语音指令，理解其意图，并允许用户通过语音参与到控制设备、内容的环节中，实现实时互动。

在语音识别与理解方面，智能语音系统能精确捕捉并理解用户的语音指令，不仅具备语音识别能力，更能深入理解语音中的语义信息。利用自然语言处理技术，系统能够精准提取关键词和意图，从而提供更加智能化的响应。在语音合成与交互方面，智能语音系统能将文本转化为自然流畅的语音，实现人机间的语音交互，系统支持语音、文字、手势等多种交互模式，赋予用户根据需求和习惯选择交互方式的灵活性。个性化与智能化服务也是智能语音系统的一大亮点。系统能根据用户喜好和需求提供定制化服务，用户可自由设置交互场景和模式，系统将据此调整服务。

基于交互指令，广告行为的发生成为可能，甚至更自然、精准。

二、智能语音广告的类型

智能语音广告作为一种新兴的广告形式，凭借其独特的交互性和个性化特点，在市场上逐渐崭露头角。以下三种是典型的智能语音广告表现形式。

（一）自动播放与智能识别型

这种广告形式能够根据预设的语音内容，在特定时间或感应到行人经过时自动播放，同时具备语音识别功能，能够根据场景或关键词触发特定的宣传信息。比如，在商业区或公园等公共场所设置的智能语音宣传杆，能够根据行人的经过自动播放宣传信息，并且能识别行人的语音指令，提供定制化服务或产品信息。

（二）语音互动型

语音互动型广告允许用户通过语音与广告进行实时互动，如询问产品信息、获取服务指南等。这种广告形式不仅增强了用户体验感，还提高了广告的转化率和用户参与度。比如，可口可乐曾与 OpenAI 合作进行市场营销活动，利用 AI 技术制作的广告允许用户通过语音与广告进行互动，询问关于产品的问题或获取个性化的推荐。

（三）多媒体融合型

智能语音广告不仅能够播放语音信息，还能结合视频、图像等多媒体元素，形成更为丰富和生动的广告形式。这种广告往往能吸引更多用户的注意力，提高广告的曝光率和影响力。比如，在某些智能电视或智能家居设备上，智能语音广告可以结合视频画面和语音信息，向用户展示产品的特点和优势。

三、智能语音广告的媒体类型及创作

智能语音技术已经全面渗透到我们生活的方方面面，不仅覆盖了多个核心领域，还进一步细化为多种类型。在消费电子领域，智能音箱、手机语音助手及可穿戴设备等，不仅为我们的家庭娱乐增添了乐趣，还通过日程管理和智能家居控制，极大地增强了生活的便捷性。而在汽车交互方面，车载语音系统和语音导航等技术的运用，不仅让驾驶指令更加便捷，还能实时查询路况，享受车载娱乐，让出行更加轻松愉快。此外，智能语音技术在企业服务中也发挥着重要作用，智能客服、会议语音助手及 AI 培训系统等，不仅有效处理了客户咨询，还优化了会议记录流程，并提供了个性化的员工技能培训。在公共设施领域，政务语音终端、医疗问诊机器人及教育智能教辅等，更是广泛应用于政务查询、预诊分诊及个性化学习等方面，为社会公众提供了极大的便利。不仅如此，智能语音技术还在垂直行业中大放异彩，如金融语音助手、工业设备语音控制及农业智能播报等，分别用于账户查询、设备操作指令发布及气候预警，进一步推动了各行业的智能化发展。

智能语音广告在创作上须注意交互逻辑适配、场景化唤醒及声音品牌化设计，最终形成即时转化的闭环。市场上涌现出了一批主流的智能语音平台，它们集成了最前沿的智能语音识别与处理技术，有着差异化的用户构成、交互特性（表 10-2）。因此，在不同智能语音平台上进行广告文案创作，也会有差异化的方式。

表 10-2 主流智能语音平台及代表

平台类型	代表平台	用户基数/设备量	交互特性
智能音箱	亚马逊 Alexa、天猫精灵、小米小爱同学	Alexa 为全球 1 亿+设备，小爱同学国内月活跃用户数达 2 亿	远场唤醒、多轮对话、家居联动

续表

平台类型	代表平台	用户基数/设备量	交互特性
手机语音助手	苹果 Siri、Google Assistant、华为小艺	苹果 Siri 全球 10 亿+设备激活，华为小艺国内有 3 亿+用户	移动场景适配、应用深度集成
车载系统	特斯拉车载语音、蔚来 NOMI、百度 CarLife+	特斯拉有全球 200 万+车辆搭载，NOMI 用户日均交互 15 次+	驾驶场景优先、降噪处理优化
企业级平台	科大讯飞听见智能会议、阿里云智能客服、微软 Azure 语音服务	科大讯飞覆盖全国 80% 的政务会议场景，Azure 服务支持 120+语种	多语种翻译、行业术语库支持

智能音箱（以天猫精灵为例），须重视家庭场景渗透及多设备联动。比如，在育儿场景中可通过播放音频的交互指令，搭载与音频相关的广告，如发出指令“天猫精灵，给孩子放英语启蒙课”，则回复“已为您匹配斑马 AI 课免费试听，说‘报名’领取教具礼盒”；在起居场景中，智能音箱在控制家电的同时，可伴随回复“使用××品牌滤网，$PM_{2.5}$过滤效率提升 99%，说‘更换’享上门安装服务”等。

手机语音助手（以苹果 Siri 为例），要符合用户个性化推荐与服务即时性的要求。比如，基于用户行为数据进行推荐——“您常听的播客××由××商学院赞助，回复‘咨询’获取 MBA 课程表”“检测到您正在查询机票，××旅行 APP 现推出语音订票免手续费活动”等。

车载系统（以蔚来 NOMI 为例），要注意驾驶安全优先及情感化陪伴。比如，进行充电桩推荐“前方 2 公里××超充站空闲，说‘导航前往’解锁免排队权益”；结合行车数据，触发语音“连续驾驶 2 小时，××功能饮料可在最近服务区购买，说‘前往’将为您导航”等。

企业级平台（以科大讯飞听见智能会议为例），需要更具专业化的文案渗透到使用场景中，在行业术语库建设、多模态融合的基础上，传导广告信息。比如，医疗场景广告须通过专业审核，体现严谨性、严肃性，不能用“看病神器”这类模糊诱导性的话语；会议系统广告可在载入广告信息的同时，同步推送文字纪要“点击查看××智能办公套件转化成果”等。

总之，智能语音广告文案须更加简洁明了，易于理解，注意语音的自然流畅和语调的变化，以符合用户的听觉习惯。音频广告文案创作人员可充分利用智能设备的特性，如语音识别、个性化推荐等，提高广告的精准度和互动性。

延伸阅读

1. 詹姆斯·弗拉霍斯. 智能语音时代：商业竞争、技术创新与虚拟永生［M］. 苑东明，胡伟松，译. 北京：电子工业出版社，2019.

2. 约瑟夫·图罗. 声音捕手：获取人们感受、隐私和金钱的智能语音营销［M］. 林相森，葛结根，段娟，译. 上海：格致出版社，上海人民出版社，2023.

3. 李荪，曾然然，殷治纲. AI 智能语音技术与产业创新实践［M］. 北京：人民邮电出版社，2021.

4. 杰克（陈宏远）. 声音的力量：唤醒听觉，让听觉进化，与好声音共振［M］. 台北：地平线文化，2020.

思考题

1. 音频广告的构成要素有哪些？请谈谈对音频广告创意原则的理解。

2. 车载广告的表现形式有哪些？车载广告如何适应新能源汽车市场的发展？

3. 请自选一个品牌及播客平台，为其打造一档品牌播客栏目，写出策划方案。

4. 智能语音媒体类型有哪些？分别适用的广告文案特征是怎样的？